日本史籍協會編

昨夢紀事 一

東京大學出版會發行

中根雪江翁肖像

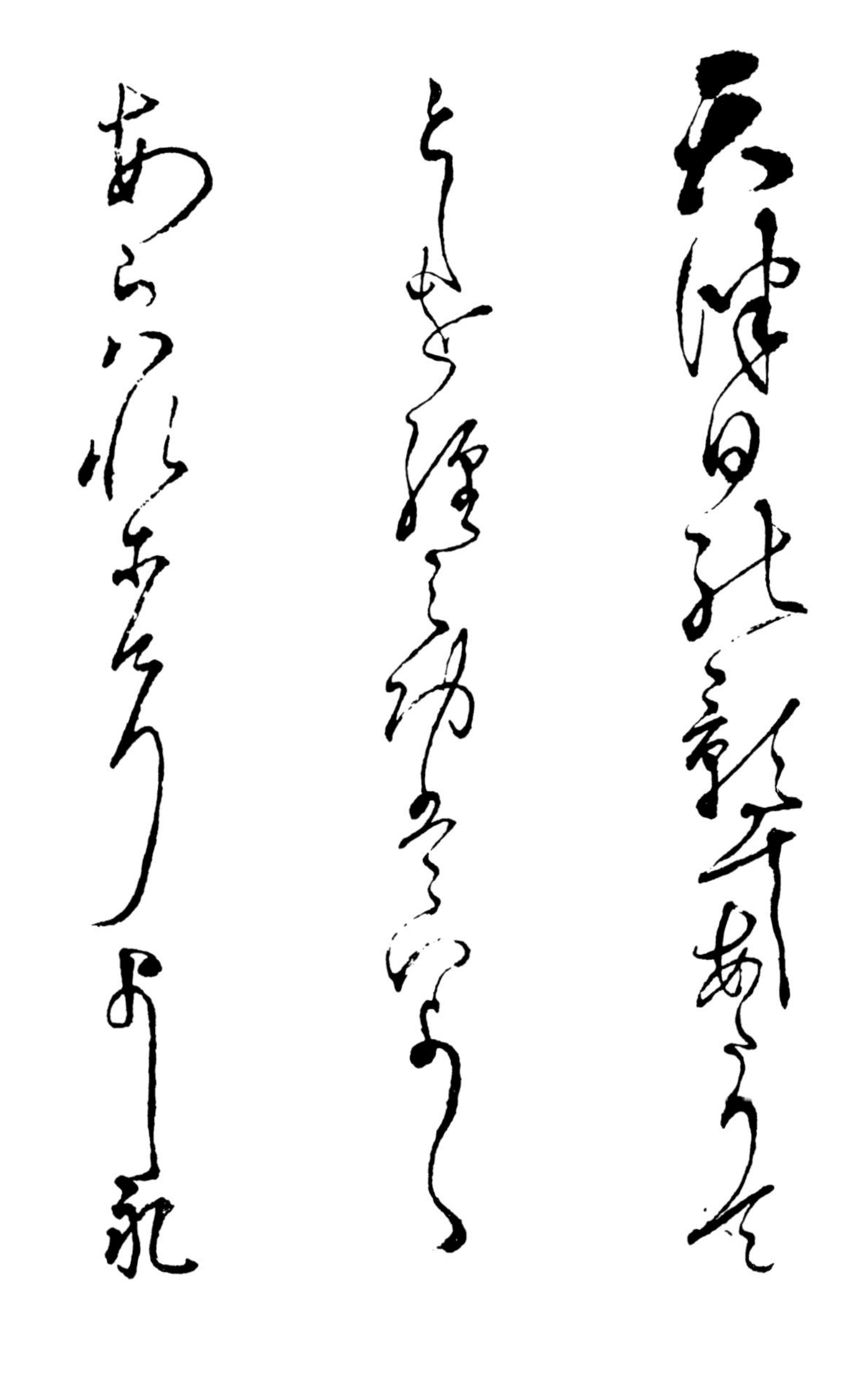

明治已晩秋
朝廷特加賜 臣師質
祿秩蓋
睿感追賞昔日微
勞也 師質 不堪感
泣之至恭識

風雲際會是英雄
王業新成論旧功
已擲簪纓棲蓑
笠何圖
恩寵及微躬

雪江中根師質拜

昨夢紀事

緒言

一、昨夢紀事十五巻　福井藩主松平慶永(春嶽)ノ股肱ノ臣中根師質ノ日記ナリ、昨夢紀事ノ名ハ「いざや世に語り傳へむ中たえし昨日の夢のまさしかりしを」ト詠ジテ筆ヲ執リシニ由レリ、嘉永六年六月三日、墨艦浦賀ニ渡來シテ國家漸ク多事ナラントスルヤ慶永身ヲ挺シテ其難ヲ拯ハント欲シ、且西城建儲ノ議ヲ提ゲテ國事ニ周旋ノ端ヲ爲セシヲ以テ筆ヲ六月四日ニ起セリ、其主トシテ國家重大事ノ記載ナルコトハ、安政三年三月福井歸城ノ條ニ「公の勵精圖治、諸有司の鞅掌勤勞實に目覺しき形勢なりしが、其事は諸局の記錄に詳なれば爰に略して例の天下に關係せる御往復等を次々に專と記し侍りぬ」トアルニテ明カナリ、凡ソ米使ノ渡來ヨリ海內鼎沸、開鎖ノ諍議、水藩正奸ノ紛紜、而シテ阿部閣老ノ卒去ト共ニ幕閣懵々トシテ中心ナク、大奧ト紀州派トノ結托ヲ經テ井伊直弼ノ擡頭トナリ、朝幕ノ交涉、西城問題ノ葛藤、幕水ノ軋轢ニ至ル迄、時運ノ紛糾ヲ詳述シテ安政五年七月五日ニ終ル、皆以テ後年戊午ノ大獄ヨリシテ櫻田ノ變ヲ馴致セル經緯ヲ明ニスルヲ得べシ、併モ慶永ガ最有力ナル水戶派ノ推挽者トシテ、水齊昭ノ起立ト一橋慶喜建儲ノ事ヲ、周旋慫慂至ラザルナキ運動ノ表裏經過、及失敗ノ跡ヲ記述シテ餘蘊ナキヲ以テ、嘉永安政ノ際ニ於ケル史料ノ權威トシテ史家ノ典據タル所以ノモノ、決シテ偶然ニ非ラザル也

一、松平侯爵家ハ特ニ本會員ニ限リ本書ヲ印刷頒布スルヲ許サレ、且松平子爵家ノ春嶽公記念文庫ニ於テ、原本ニ據テ校訂シテ、明治二十九年ノ活字本ノ失ヲ正スコトヲ諾セラレタルハ、共ニ本會ノ深ク敬謝スル所ナリ、カノ活字本ハ印刷ニ附スルノ際妄リニ作爲添削シタル所アレバ原書ノ故態ト相距ル頗ル遠キモノアリ、本書ハ一ニ原書ニ從ヒタルヲ以テ其價値ノ前者ニ贏ルコト數等ナルヲ知ルベシ、若シ夫レ慶永中根師質ノ詳傳ヲ求メバ、昨夢紀

事以下悉ク其ノ記傳ト見ルベキモノナルガ故ニ凡テ省略ニ從ヘリ

大正九年十一月

日本史籍協會

昨夢紀事一　目次

第二卷

第三卷

第四卷

昨夢紀事第一目次終

中根雪江墓表

余嘗主越前時。謀議之臣。不乏其人。而參豫機密。應對四方。以贊治化。能使余盡藩屏之任者。獨有中根雪江焉。雪江天資沈靜寡言。愛材容人。其處身節儉自守。粗衣短袴。非敗不換。性好學。於書無不窺。尤留心邦典。壯年負笈東遊。師平田篤胤。從遊有年。喜主張尊王之說。後雖在劇職。鉛槧無倦色。其詞賦唱酬直吐肺腑。不事雕鏤。嘉永六年夏六月。亞墨利加合衆國使船至浦賀港。要求通商。邊境繹騷。幕府命列侯議防海。時雪江在江戸。當路之人。就以諮詢焉。雪江詳述利害得失。無有所遺。其言皆中肯綮。聽者無不歎服。由是雪江名益顯于世。慶應末年幕府還政之議起。　廷議徵集列侯及有志諸士于京師。遍問意見。時雪江亦徵拜參與職。明治元年正月爲徵士。屢往來京攝之間。料理庶政。尋管驛遞租稅等事務。皆始就端緒。其罷職還鄕也。辱拜　龍顏賞賜以物。二年九月特　勅賜祿四百石。三年四月余家亦頒給賞典祿百五十石。於是買田宅於城北坂井郡。以爲投老之地。暇則弋山釣水。優游自適。若不復知世務爲何物。今玆十年春。雪江上京謝恩。尋來東京。滯留經月。偶罹疾。遂死于寓館。事聞內廷。　宸悼之餘賜金若干以助祭粢。嗚呼雪江好講實學。蘊蓄深遠。遭遇明時。以施之事業。終成其功。可謂死有餘榮矣。其子牛介具狀來乞余文以表其墓。雪江名師質通稱靫負。雪江晚年所號。其先出自從五位下讃岐守平忠正。曾祖衆美。祖衆久。父衆諧。母平本氏。以文化四年丁卯七月三日生。天保元年庚寅十月襲家祿七百石。歷仕諸職。明治十年十月三日。年七十一以死。配荒川氏先死。繼室水谷氏三男七女。嫡郎牛介荒川氏所生。次曰西一側室小澤氏之出。三女嫁人。餘皆夭。

明治十年十二月　正二位源慶永撰併書

從一位勳一等松平慶永公篆額

君諱師質通稱靫負。雪江其號也。晚年以雪江爲通稱。曾祖衆美。祖衆久。考衆諧。妣平本氏。世仕越前藩。食祿七百石。其先出于從五位下讚岐守平忠正云。君以文化四年丁卯七月三日。生於越前福井。爲人重厚寡言。常慨家國之事惓々弗措。少壯負笈遊于平田篤胤之門。汎通經史最精古典。屬文賦詩及和歌。皆自肺腑間流出。咄嗟成草不毫加雕琢。人莫能及焉。弘化中藩主春嶽公大欲釐革藩政。擧君任參政。時太平日久。上下恬凞奢侈相尙。君與執政本多敬義。近侍頭鈴木重榮。協心畫規獻替。振學政。繕軍備。崇儉財理。勸醫術。播種痘。士風丕變遠近賴之。癸丑歲米艦來乞開市。物議沸騰。時幕政漸衰人心乖

離。公憂慮乃與尾張侯德川慶勝。薩摩侯島津齊彬。土佐侯山
內豐信。阿波侯蜂須賀齊裕。宇和島侯伊達宗城。及幕吏岩瀨
忠震。川路聖謨等。相謀欲定儲貳以繫天下人心。屢草意見而
上之。復遣橋本綱紀于京師。就靑蓮院宮。及鷹司太閤。三條內
府諸公。有所陳述君實爲參謀。事聞幕府。公獲譴幽閉。綱紀亦
下獄。君自分一死。而得免人以爲天幸。初君專唱鎖攘之說。而
後迨與橋本綱紀橫井小楠論之。幡然有所悟。以爲方今時勢
非大修外交。互通有無以講富國强兵之術。則不能挽回國勢
而比肩于海外諸强國矣。會公因　叡旨。再起爲總裁職。君首
進尊奉　王室之議。務謀公武一和以靖國難。入則鞠躬黽勉
參助機密。出則接四方賢士大夫。以解紛排難晝夜不休。其忠

摯蓋天性也。在參政前後廿一年。其間于役京師及浪華九回。于役江戸十五回。雖處劇務常不廢筆硯。所著有昨夢紀事十五卷。再夢紀事二卷。丁卯日記二卷。戊辰日記五卷。奉答紀事三卷。及其他若干卷。維新後任參與凡五閲月。而辭歸鄉里。卜宅于宿浦之濱。名曰松陰漁屋。烟蓑雨笠漁釣自娯。幾若與世遺者。先是　朝廷錄功賜祿四百石。福井藩亦給祿百五十石。明治十年一月。　天皇行幸西京。君出而謝恩。特賜拜謁。尋赴東京淹留數月。以是年十月三日卒于眞崎寓館。享年七十一。葬于品川海晏寺松平氏塋域之次。私諡曰堅磐松陰命。内廷賜祭祀料金五十圓。公親撰墓表。後八年特旨贈從四位。室荒川氏先卒。有三男七女。長牛介嗣家。次西一別成一家。二〔三カ〕女適人餘皆天。予與君締交非一日。復平生深韙其行義不可以無一言也。銘曰。

明良相遇。　從古所難。　進規左右。　納箴晨昏。
仰翌皇猷。　俯翼私藩。　名垂竹帛。　福及子孫。
攀龍附鳳。　世豈無倫。　冥鴻千里。　是爲絶羣。

明治二十五年六月　　海舟勝安芳撰併書

いさや世に語り傳へむ
中たえし昨日の夢の
まさしかりしを
うめき出て筆を執り初めつれば此を昨夢紀事と
なむ題し侍りぬ

萬延元年六月

中根靫負師質

昨夢紀事

叙言十條

左近衛權中將源朝臣慶永公と申奉るは　田安一位齊匡卿の御六男に渡らせたまひしか天保九年戊戌九月四日御歳十一歳にして　台命によつて齊善公の御養子とならせられ同年十一月廿三日田安の第より　御本丸へ御登　城被遊　恭廟　愼廟より御大小の御刀を初種々の御賜はり物あり御方々よりも夫々の御贈物御頂戴夫より常盤橋の邸の御館へ御引移り遊はされたり

公御丞歳より頴敏慈善の御賢德被爲備御家督を繼かせられし御若年の昔よりして御政務の筋に御心を被爲碎人倫を正し風俗を厚ふし文を脩め武を勵まし節儉を尙ひ奢侈を戒め給ふに悉く御躬行の餘に出すといふ事なしされは御初入以後數十年士民課役の憂苦を忘れて皷腹の樂を極め貞享

已來百數十年御窮迫なりし御勝手向も漸くにして量入制出之御勘定の立たる抔は其御事業の盛大なる者にて其他の御言行の善美は擧世普く見聞し奉り既に福井鑑松の下露なと題して御事蹟を記せし物世に流布せり是は何國の人の記せるにや傳聞の謬りなきにしもあらねと海岸の御巡見被仰出たる御次第と御醫師共を試み誡めたまへる御事抔はあらぬ筋なれと其餘の件は少しつゝの異同こそあれ總て御跡形なき御事にはあらす御若年の御時すら斯く坐せしからに況て自是以來御盛德のあらましは臣師質記し傳へすとも萬世に亘りて朽すへくもあらす御忠孝の御志深く被爲渡天朝を御崇敬あらせられ　幕府を御大切に被爲思召御事共悉く御天性の御至誠に出て稱へ申奉るも中々愚なる御事なり就中嘉永元年戊申五月田安の一位老公御病氣輕からさる旨申上の飛脚六月五日巳刻頃到着せしかは兼而御調らへありし如く御看病として御出府あらせられんとて即刻之御供觸にて同日申刻御發駕ありて晝夜の御分ちなく急かせられしに尾

州起の驛に到らせたまひし時御大漸の御凶左右を聽かせられ罔極の御哀慟に堪へたまはす御追慕の餘りせめては御棺をたに御拜遊はされんと夫より道を倍して御指急きなり折節五月雨の名殘降續きて川々の水嵩増り天龍川指支て遠州濱松の驛に九日夜より十二日曉まて御逗留あり又大井川も滿水にて御心ならすも遠州金谷の驛に十三日よりの御逗留七日にして漸く大井川を被爲渡夫より以東五十餘里を三日三夜に馳せたまひて同廿三日の夜明方に江都常盤橋の邸へ御參着暫く御休息ありて卽夕御棺拜に被爲入翌廿四日の御葬送にも御値遇遊はされたる御至孝御勇邁の御儀共は人皆耳目を驚かして感歎敬服奉らざるいなし又去る安政四年丁巳の夏　松榮院尼公御病氣の御時も御看病の御次第至らせたまはぬ御隈なし已に御掩粧に及はせられ候ても御哀戚の御中なから御沐浴御斂棺の御事よりして御埋葬の御折までも悉く御自身の御差配にて始終の御孝道至り盡させたまふ故御身に附たる內外の人は申もさらなり御孝誼の御厚き

幕府の内廷を感動したまひ將在朝の諸老諸有司も舌を捲て感歎せさる事なし素よりさる御本性に坐すからに自然と天下の重望に當らせられ萬人の倚頼を受させたまひ御三家の御方々を初列國諸侯の御相談柱なりけれは御威徳の盛んなる事いふ計なき御事共なりき斯く世に勝れさせたまふ御身に坐しましなから安政五年戊午の秋に至りて　幕府の御嚴譴を受させ給ひぬ其よし定かならねは世の人心の淺はかなる異み思ふ餘りに昔に變りて有るましき筋の事なといひ騒くのみかは御内人さへ心得ぬ事も坐せし樣に言ひ思ふも多かり師質庸劣不才いふにも足らねと　公の御養子と被爲成盤邸へ御引移の砌江戸表に在番して御用取扱ひたりし御因みにより其已來二十餘年異他の寵遇を蒙り奉り機密に勤職して　公の御夙志は不及奉申上御事業の御上までも飽迄窺ひ知りたるに此般の御冤罪なるを見て知るへき今の世にすらいひ訛り論ひ僻むる事の痛憤に堪へさる而已か後世に語り傳へんに如何なる筋になりもて行んも量り難けれは師質

か知りたる限り眞實の條理を記し殘し秘府に納めて金縢の册に比し當時の御寃を雪めて將來の惑を釋ん事を思ひ起して筆を執り初めたるは安政六年己未十一月七日にして其稿を脱したるは萬延元年庚申六月廿一日なりき　公嘗て御憂勞遊はされしは本邦數百年の昇平打續き全國の時勢自ら遊惰驕奢之流弊に長し尙武の古風を忘れたる折しも近年外寇覬覦の情狀も有るにより此秋に當つて武備を嚴にし士風を振興せすんは神州の御耻辱となりて　神祖以降尊　王攘夷の御盛蹟の御瑕瑾となるへき事もや出來なん歟と殊の外御心痛思召されて　幕府の御爲筋を思召附せられし御折々には都度々々閣老衆迄仰立られし御事なりしか嘉永癸丑の夏北亞米利加の使節船渡來して　幕府に於ゐても開國己來の御大事となりにたれは　公も御心身を抛せられ日比に倍して御精忠を被爲竭將此御折柄よりして　西城の御事をも思召立せ給ひし御事なれは御事蹟を記し奉るに此癸丑の年よりして筆を起し侍りぬ

此比閣老の全權福山侯（阿部伊勢守正弘）は幸ひに御近親にも坐せし故　幕府の御事は何に付ても御心隈なく仰合されしかは侯も　公の御誠忠の御程は殆嘅甘心ありて賴もしき人におほし交し給ふ御事なりき此侯は溫厚良善にして之かも才識宏遠に坐せしかは御歳廿五にして濱松侯（水野越前守忠邦）革弊の新政顚覆の後に丁り閣老の執權に庸られ衆を容れて能人才を擧け用ひ給ひし故人の思ひより奉る事雙ふ方なき御勢なりき總て寬優和平を專らとし給へる故に外國の事件なとに就ては無斷の失策も坐する樣に申なせし條々もありしかと此侯の坐せし程は　幕府の御威光も重りかにて諸侯も服從し天下靜謐なりしに此侯失せ給ひし後は　幕府の御事も外國の事共も歲月を經すして穩ならすのみ成行けれは此侯の宰執の才德雙ひなく坐せし事は失せ給ひての後の有樣にて世人も初て思ひあたれる事なりけり

水府老公（水戶前中納言齊昭卿）は御家督御相續の頃より不世出の英主に坐する由御名譽拔群にして天保の末年に至り　幕府の御重賞も有之天下の重望依賴

に當らせ給ふ故　公其比はいまた御若年には在しかと深く其御德義を慕はせられ天保十四年癸卯御初入あらせらるへき已前態と被仰入御對顏あり御初入の上御治國に付要領たるへき御垂諭を請はせらる其節御持參遊はされたる御推問の御ヶ條書如左

一國主身持心得方之事

一學問之致樣之事幷家中之者學問勵まし樣心得之事

一武道修練之事幷家中之者武道に向ひ候樣引立方心得之事

一家老共あしらひ方心得之事

一諸役人同斷之事

一近臣使ひ樣之事

一外樣之者親み樣心得之事

一百姓町人憐愍方心得之事

一善人を見出し不善人を見分候心得之事

右五月十三日御持參ょゐ御指出なりしに同十八日老公よりの御答如左
一天朝公邊へ忠節を心懸内は士民撫育之世話外は夷狄奸賊防禦之手當可爲肝要候諸事仕置之儀悉く衆議を遂候上にて號令の一たひ令し候事は國主といへとも一切違背有之間敷抑太平之世に生れ一國の主と相成居候事誰の賜に可有之哉日夜報恩の念無間斷候はヽ身持心得方之儀大なる過失有之間敷歟
二學問之儀は人の人たるゆゑむを明にするを肝要と致し次には禮樂弓馬書數等皆學問にて候へは文武之道皆學問と奉存候處今世にては讀書而已學問と心得候は如何之事に候古今之得失人情世態等に通せむか爲に書を讀候は大益に候へとも字義訓詁之異同詩文章之巧拙等に心を用ひ甚しきに至候ては　本朝之事は捨置西土に悉しく空論のみにて實用無之は書に讀まれ候とも可申歟兎角學問は　本朝を本とし西土の道を羽翼と致候儀肝要と存候御家中之儀も右に准し武士道に

違ひ不申候文道武道一致と心得候樣致度事歟と奉存候

三治不忘亂の古訓常々御心に被懸候はゝ自ら武道の御修練も御手厚に可相成候乍去太平の世容易に干戈を動候には憚ある事故拙家にては近來逐鳥狩取行ひ軍旅の調練を寓し候處御家にては舊來馬威し有之由に候得者尙更調練之意を御加へ永續之御仕方有之候はゝ天晴非常之御備も相立可申候御家中之儀は文武共に國主にて好み夫々御賞罰有之候はゝ自ら引立可申候號令のみにては何事も行はれ兼候半且士道の穿鑿は御家中にて著述之初心集抔實に感し入候事に候拙家にては城中番所々々へ着具預け置長日坐睡之代りに折々着用爲致候事に候處近頃經書幷右初心集一部つゝ番所々々へ預け申候乍小事御家中にて出來候書の事故御吹聽申候

四重役之儀い元より人物御撰にて被命候事故何分御叮嚀に御扱ひ御尤に奉存候左樣無之候而者下々の用ひ不宜樣奉存候尤言路塞り候へは

國主の威權皆重役に歸し候間言路は悉く御開き存意有之者は如何なる卑賤之者にても言上相成候樣御仕向可然言路の開け候を不好者は賢良之重役とは不被存候

五前件に准し夫々相應之御あしらひ御尤に候諸役人迚も御撰の上にて被命候事故折々は御側近く召て其職々の事御尋に相成候へは人々も勵み候のみならす御心得に相成候儀も可有之歟

六近臣之儀は警衞の爲に候へは武勇の人御申付は勿論に候得共無學不文之ぶこつ者のみにても御差支可有之候得者文武之士御召使ひ聊依怙なく御引廻し被成候方と奉存候兎角役人と近臣之風儀は國中へ移り易きものに候へは風敎の害に相成候樣なる人物は左右御近付無之候而可然歟

七外樣の者御親み樣は文武にて御親みの外有之間敷候文武御覽之儀は定て御舊例も有之外樣一統御覽被成候事と奉存候抜群絕倫之者は內

密御捜之上不時御覧被成且は藝道の意味等御尋被成候類且又花晨月夕抔詩歌に事寄せ文人をも被召賜宴にても有之候はゝ技藝之巧拙のみならす其内には作法の善悪等も御分り可被成歟實は外様之者迄も同し御家中之事故一圓に御親み可然事之様に候得共不文無武之者迄御親みにては際限も無之殊には無能の士を御親み被成候へ者有能之士之怠りに可相成歟と奉存候

八農は本商は末に候間商を賤み農を貴ひ商を減し農を殖し候御仕向け有之度事に候得共當今之時勢一國限にて行はれ兼候事も相見へ候處其御心得者有之度事と奉存候扱國主始百姓の辛苦にて命を保ち候事故憐愍之儀は勿論に候得者何分膏血を絞り不申様致度事に候乍去民の事は緩し候得者大切之士を養ひ候事も不相成候得者定法之通りには必收納申付可然筋に候百姓は愚なるものに候へは一度姑息之仁を施候得者恩恵に泥み後には害に相成事も有之ものの歟と奉存候

九此御ヶ條第一肝要之儀に候得共堯舜も難しとする處に候得者愚昧之拙子抔中々書取も致兼候此御ヶ條さへ御間違無之候はヽ前件の條々は自ら御行屆に可相成歟と奉存候

過日者始て御出之處紛冗中何之風情も無之失敬之事に候扨は其節御持參之ヶ條書尙又致熟覽乍不及御好みに任せ愚意相認候へとも乍憚御養子之御身と申且初て御入國之事に候得者急に御改に而萬一御手違等出來御觸事かはり候樣にては以の外不宜候御先代よりの法令等は假令舊弊なからも人々安し居候へは御改正之上に而御不當出來候ては御濟不被成候故諸事能々御見留之上御發し扱御發しに相成候からは始終御押通し被成候樣有之度當時之御年齡にて右之如く御國政に御心を被用候段は實以感心致し候此上無御間斷候はヽ如何程の御事業も容易之御事と乍憚御賴母敷奉存候御發途も近々之由承居候處今日又々承候へは明朝之由故認可申奉存候處登城等用向多く夜に入認かヽり前後之儀も可

有之落字等も不少と奉存候よろしく御推覽可給候扨又不順之時候御旅
中折角御自愛專一に奉存候也
五月十八日燈下認
二白拙子事も一昨十六日登城如先例御暇相濟候處昨日又々　上使にて
今日登城之處於　御座之間　御對顏　御懇之御意を蒙り　御手自ら御
傳來之御太刀等品々拜受不肖之身不堪慚愧奉存候序故御吹聽申候早々
松平越前守殿御報　　水戸
是より以來は公にも父とも師とも御賴思召たりしに天保甲辰之夏卿は
幕府之御嚴譴を蒙らせられ御閉居によつて其砌は不及申其後も御對顏之
儀は弗に御斷りたるにより御書通を以て天下國家之御事も外寇禦備之御
心掟等も問ひ質させ給ふ事數度なり卿にも　公の御誠意を殊の外に御甘
心ありて御返書之折には申も更なり御心付せ給ふ御事は彼御方よりも時
々に告來し給ひて親しく懇にせさせ給ふ事一橋殿刑部卿因州侯相摸守川

越侯大和守舘林侯民部大輔等の諸公子とひとしくものし給ふ故　公も愈益愛敬之御至情を盡させ給ひて　天朝を御崇敬　幕府を大御切になさせ給ふ御事も專ら此卿を模範となさせ給ふ程の御事なりき乍併　公にも追々に御年も召させられ御學術も長しさせ給ふ故に近き頃に至りては卿にも別而賴もしく思召由にて天下の御大事に付　幕府へ御建議なとせさせ給ふ御事なとにつけても　公は如何思召とて問ひ調へさせ給ふ計の御事ともゝ座したりき然るに前にいへる米利堅使船渡來之頃より老公海防之御掛り被仰蒙其後御政務筋にも御參謀可有之旨にて天下之囑望も日比に倍し給へは　公にも猶更思召付せ給ふ御事共は兩端を竭して被仰進たる御交誼の類ひ坐せさりし御事は本文記し侍る條々にて推測り奉るべし

一橋殿刑部卿の御事はまた幼くて彼殿に渡らせ給ひしなれは其頃は　公彼御方へ御入あれば　公の御前にて手書き物讀みなとし給ひて忘れ給ひし條々なとは　公にならひものせさせ給ふ程より親敷せさせ給ひて　幕

府の御事も御私の事も隈なく申かはさせ給へり此卿の賢明世に比ひなく坐せし御事は次々の本文に記し侍れは爰には略しぬ此外水府老公御息達にて因州侯（相摸守）川越侯（大和守）抔は　公を御兄君とも頼み給へと老公の申敎へさせ給ひて殊更に親み睦ひ給ひし御事なりき

阿州侯（松平阿波守齊裕）は御身柄といひ御長者といひ　公にも人よりことに御敬禮有り侯にも　公を頼もしみ親み給ひて睦ひ交らせ給ひしか少し御心輕く坐する御本性なりけれは　公にも至り深き御事柄になりては御遠慮ありし御事なりき

薩州侯（松平薩摩守齊彬）は御大身といひ謀慮深遠英邁にして奸雄の才逞しき御方なりけれは列侯を初閣老衆とても畏憚せすといふ事なし　公よりは二十計の御長者なれは　公にも棄がたく頼もしく思召て御若年の頃より殊に親しくせさせ給ひ侯にも大方ならす　公を依頼し給ひて天下の事も國家の事も互に謀りものし給へり易簡にして明斷に座せし事は御書通之上にて

も推て知らるゝなり又宇和島侯伊達遠江守宗城も蚤くより御念比にて薩州侯と同し様に何事も申かはさせ給ふ此侯は宇和島老公の目鑑にて小身より出て御養子となり給へる故能々下情にも通し文學の筋も心得給ひ特に辨才ある御方にて忠良英敏　幕府の御爲を思召入たる事は薩州侯と等しく　公に次てものし給へり御年頃も　公に十足らすの御年増なれは御兄弟ともいへらん様にとり別て御入魂なりき御互に御在國の節には關東の形勢抔は御見聞の次第を御申かはさせ給ふされと薩州宇和島兩侯共に御參勤の御年並違ひて御交替にならせ給へは春夏の交際御雙方暫しの御在府の程に行き通ひ給ひて御在國中に御書翰には及ひかたき至り深き事共抔を被仰合たるは例の御事なりこの外に土州侯松平土佐守豐璋是も前の兩侯と同しく御參暇の御年次違ひたれは是迄は御疎遠なりしか去る丁巳の年は此侯御滯府にて　公と御相詰とならせ給ふに兼て學才ありて卓犖英發の聞ゑある御方なりけれは　公事を御會讀に托せられ友垣を結はせ給ふに忠直に

して義に勇み給ふ事類ひなし御齢も　公と御同年に坐せは　公も一良友を得たりと喜はせ給ひ彼侯も公の御厚誼に感服し給ひ刎頸の思ひをなし給ひて御敬重淺からす彼殿人も　公に交らせ給ふ以來は内々の御行狀を愼ませ給へる由にて全く　公の御薫陶によれるなりと師質抔にも語り出て歡ひあへり以上の諸侯は御交り特に深くして共に天下の事をも謀議し給ひ　幕府へ忠貞を竭し　公と休戚を同うし給ふ御方々にて　公の御事蹟に就て關係最多き故に其御交誼の荒增を記し侍るなり此餘侯伯諸有司の中にも御同志の方々も多かれと夫は其處々に記し出せり凡當時の列侯を初御旗本の衆中御家人の輩諸藩臣幷草莽の士に至るまて少し志ありと見ゆる限りは皆彼方より服從せし事なれは御親敷御心易きはいと多けれと要なきは記し侍らす

水府老公の御往復を初諸侯の御書翰諸有司の呈書の類是によつて天下當時の形勢を考察すへきものは　公の御事業に關係せさるも記し侍るもの

多かり
總て　幕府の御爲にし給へるも又御内々の事共も史官の記録に在つて人の知る所は大事といへとも記載に讓りて漏し唯　公の御盛意御事業の帷幄に在つて世に知られす埋れぬへき事は大小となく知りたる限りを擧て記し侍るなり

昨夢紀事叙言 終

昨夢紀事第一巻

墨船渡來

嘉永壬子の夏肥前國長崎港へ入津之和蘭加必丹より北亞墨利迦國より使節の軍艦渡來すへきの風聞ありと申立たる由同年の冬の頃御國許（此節御在國）へ聞えたれは兼而の御先憂も既に實地となるへき時勢となれる故猶更御惱慮あらせられ御公私に付而之御心得方共數々福山侯へ御往復あり翌年癸丑四月例之通り御參府有りしか六月四日の朝に至り異國船四艘相州浦賀港へ渡來の風説あり午後に至りては北亞墨利迦國の軍艦なるよし定かに聞えて　幕府を初諸藩邸幷都下の騷擾大方ならす今にも戰鬪出來たらん樣に騷き閙りたり同日申の刻計りに福山侯より御內々にて御家老山縣三郎兵衞を召され於大奥御逢ありて仰けるは此度渡來せし異船は是迄に事變りて容易ならさる趣にも聞ゆるなれは時宜によりては諸家の人數も

指出さへき旨仰出さるへけれは其節は御手支なく早速御出勢に及はるへし左あらんには御家の御外聞は勿論にて福山侯も御面目に思召の旨いまた密々の事なから外ならぬ御事ゆゑに御心構への爲め御申聞の由なれは三郎兵衞申上しは御出勢の事は唯今にも御差支は候はす候か　公には兼々驚波御大事とあらんには是非御出馬もなされんとの思召にて候此度抔は如何心得候はんやと伺ひたるにしか御心得ありてよかるへしされと今日は極密の事なれは要路の者共の外へは泄れさる樣にすへし何れに當月は備前守より内意申入へけれは夫よりして打はれてものすへし御出勢の事は又別段に指圖あるへしと仰けるとそ三郎兵衞罷歸て其由申上けれは公聽召てさそあらん豫て調らへ置きたる如くにすへしと仰ありて夫々御支度に及はれしなり異船の事は猶追々に聞ゆるさまは使節國書を持參して御請取あり度よしを中立其事彼是と指縺れたらんには兵端にも及ふへき勢ひあるよしにて世の中も騷々しく　幕府も以の外御混雜のよしなれ

は　公にも斯る時こそ思召さん様こそ坐すへけれと御心掟のほとを水府老公へ問ひ聞ゐさせ給ふに同五日左の如く御返答あり

水老公返書

六月四日封之貴書今五日朝相達忝令披閲候拙老儀も昨四日夕異船渡來之儀承り申候右は三日霧深く八ッ時頃晴候處浦賀湊観音崎へ四艘着船有之由一昨年入船のイキリス船と形同斷之由に候右は同所より直に申來り候事故無相違儀に存候其外五艘又六艘抔と申説も承候へとも是は全く道路の説に被存候八艘云々の事も兼て聞及候得者追而は追々來り候も難計候得共三日に渡來候は四艘と存候無人島邊へは參り居候かも難計候へとも三日には四艘のみと存候摸様に寄り段々と船を増し此方動靜を見候計策は可有之と被察候

右に付而者兼ても御噺申如く苟安姑息の御了簡にて交易を御濟せに相成候歟又は少々の不毛の地にても御貸被遊候はゝ最早夫切されはとて今は打拂も機に後れ申候假令無人島にても蝦夷地にても貸との儀被仰

出候へは二度引戻は御六ヶしく是は不毛の地にて何も御指支には不相成樣にても右がはしごと相成申候本より先にても有用の地ハ願も致すまじくはしごを願候事と被察候萬々一にも當世態の事交易とか又は土地拜借とか御濟せに相成候へは德川の天下は御六ヶ敷御座候打拂も不致交易も貸地も不濟良法も可有之乍然敗軍の將同樣の拙甲辰以來は內々の事さへ御承知之通礫駒了簡行違ひ母子父子云々況異船の論處には無之兎角天下之安危に候へは尊慮次第可然御事と奉存候　尊慮にて德川の天下を被失候は無已外より口出しを致し候て萬々一にも云々の節は恐入候ても間に合不申候事に候何も御答迄早々

六月五日卽刻

尙々貴諭之通り一旦過失出來候上は何良策も出來兼可申候當今にては拙老は打拂も不宜交易地貸は尙不宜と奉存候拙老は右之通りに御座候へは阿閣へ御申達候とも此儀ハ御含可給候尙又申候何そ委細之儀御分

り相成候はゝ承り申度候

眼氣不宜亂筆御推覽可給候

公此返書を御覽あるに老公思召旨は坐しなから自ら敗將と稱し給ひ　幕府の御爲御鼎力あるへき御容子ならねは大に驚き憂ひ給ひ此卿かく坐してい　幕府の御過失もいかゝあらん卿の仰する如く苟安姑息の御處置のみにては追々天下の御大事とも成行へしとおほし煩ひ給ふ事限りなし此夕長岡侯より閣老牧野備前守異船萬々一內海へ乘入事もあらは御警衛の御人數を出さるへしとの御內意あり

一、六月六日となりては世の中いひ騷く事いよ／＼甚敷なりて　幕府よりも內海へ乘入たらん時の心得どもなと御觸渡しある故都下の形勢も老を扶け幼を率て片田舍なる知方へ立退くへき樣となりて紛擾いはんかたなく又廟議の密々に泄れ聞ゆる處にては國書も御請取となりて事立さらん樣の御取扱ひとなるへきよしなれは水老公の憂ひ思召如くなるにやあらん斯ては如何すへきと猶又老公へ御書を被進天下の御一大事已に到來候へは御謙讓御引退之秋には有之ましく候へヽ遮て御建議もあらせられんやふに仰せられたり

一、六月七日には蒸氣船壹艘觀音崎を越て內海へ乘入たるよしも聞えて事彌迫り來ぬれは又々老公へ御同趣を被仰進たる御報如左

水老公返書

昨今兩日之貴書一覽致候云々何も承知仕候

一、今日の貴書蒸氣船內海へ云々是は全く動靜を試候儀にておびやかし願を叶へ可申策と存候昨日の御書中に願書御請取云々右は外ゟも承り及候處於實事は何れにも六ヶ敷可相成候如何となれは近付候ては不相成由申候而も强而近寄候得者其分にて相濟又奉行ゟ書翰を受取候は長崎にて無くては不相成由斷候而も戰爭に可及よし申候へ者受取候樣にては此方の柔弱なる事直に見取候故如何にも六ッヶ敷可有之と存候右に付昨日書面のみにては行屆兼候故不苦候はヽ昨日にても今日にても

登城の上勢州等へ面談可申と申遣候處今に何とも不申來候へ者愚老には聞候ょ不及との了簡と存候尤五日夜には内々了簡有之候はゝ申聞候樣阿部ゟ申來候故一通りは申遣候へとも密策は認候儀も六ケ敷故昨朝如前文又々申遣候得とも何等の沙汰も無之候へ者大方苟安姑息にて土地を御かし被成候歟又は通信交易等御濟せ被成候歟其他願之中一ツも御濟せに相成候事と存候處本ゟ願事は皆々終に日本を奪ふ梯に成候事のみと存候一ツ御濟せに相成候へハ又其尾に取つき追々此方の柔弱をあなとり色々申かけ終には戰爭に及ひ候は指見に御座候阿閣等にて早く拙老を呼候て面晤致候はゝ乍不及一昨年比ゟ密策存候事も咄し可申處もや願書も御取受に相成候上はチトたろく候へどもかゝる天下の御大事一寸面晤位は致候ても可然處是の不相成も時と諦らめ候外無之候彼よりは此方より手出を致候を待候儀故右之策にたち候て打拂等致候へは浦賀等追退け候ても直に大島八丈等奪れ候は眼前に御さ候大島八

丈等御手當の上に無之而は只今と相成候ては容易に打拂も如何と存候密策は是とは別物に御座候願書御取受に相成候とても不殘御濟せには相成兼候儀に存候へとも何れ六ヶ敷相成に相違有之間敷候最初御不策有之候へは仕直しは六ヶ敷候故肝要のよしも昨日阿部へ申遣候へとも知れた位の儀にて拙者を呼聞候事も無之事と見え申候何れ拜見致居候外無之候摸樣によりては品川迄も乘入り候半と存候兎角此方より手出しを致候を待候て色々仕向け候事と存候昨夜鼠色の御扣へ御返し可申處今日は返却致兼候寫候上にて御返し可申候也

六月七日卽刻

二白惡暑隨分御厭琵琶葉湯にても御用かよろしく候かゝる一大事の時に候へは老中へ不申直に登城致し逢候て咄候てもよろしき譯に候へとも此世態故左樣も致兼さて／＼困り申候事に候御答迄草々

又申候大島邊八丈等取られ候へは兼て申候船無之候へは御取かへしか

六ヶ敷候

又曰昨日貴書の中に火事裝束云々埒もなき事に候火事裝束と申物は兼て下官大嫌異船の固衛に出候ならは甲冑にて可然候又左程にも無之御見込に候はゝ野服の方よろしく此大暑に火事裝束不便利成計と存候第一火事の節さへ不用の裝束にて火方へかゝり候者は右様の品は用ひ不申候まして防禦には如何に御座候是にても世態相分り申候こまりたる事に候

公是を御覽して殆御憂悶に堪へ給はねと此夕は御警衛の御場所品川御殿山に仰出され殊の外御取込之御折柄にて御執筆の御暇あらせられさる故御側向頭取本多十郎兵衛へ仰せ書を被命是を福山侯へ被進たり其御書面如左

福山侯へ書通

一翰致拜呈候大暑先々御清安奉壽候然は今度異船渡來誠に不容易儀に而乍恐實に天下之御安危にも關り候御儀晝夜不安寢食罷在候就夫事に

相成候にも御大事之御儀只々廟堂之御良策奉希外無之尤種々小生式相考候而も何も心付無之二百年之御厚恩奉報候心底は海山に候得共案法も無之恐入候御儀に御坐候將又今度　御内意被仰出難有奉存候何時被命候而も最早差支無之候間乍憚其處は御安心可被下候右一件に付私策と申ては無之兼々如御承知駒込（水戸前中納言殿）には非常之御方故密に御呼寄御承りにても御出被成候而も御相談御尤に奉存候尤此節柄御繁用中故差扣へ申上間敷と存候得共天下之御爲を存付候儘默止候而も罪人に付愚存之儘申上候尤　廟策御多分可被爲在候得共心付候事故申上候此節之事故御返答は御斷申上候入らぬ事と可被思召候得共責ての存寄に御座候間何卒々々不惡御聞受奉希候所用而已艸々頓首拜

月　日

尚々此節別而御自愛暑氣爲天下に御座候何も用事のみ以上

又云御内意被仰出候前夜家臣内々被召呼被仰聞候事誠に忝次第御至懇

奉謝候前文申上候も御近親故不顧憚建白申候以上

一、六月八日昨夕御警衛之御場所を被仰出候砌長岡侯の公用人ゟ御留守居之者へ心得として申聞せしハ此度御人數指出さるとも異人へ對したる儀は惣て平穏第一たるへし假令上陸に及ひ薪水を取るとも手指はよろしからす萬一鐵炮等を打懸亂妨の体に候はヽ其節は不及是非候へとも夫共になるへき丈ケは事穏に取計候樣被遊度との　台慮なるよしを物語られ候段御留守居共より申上たるに　公御悲歎御痛憤の御餘り今朝左之通り水老公へ仰せ進せられしかは朱砂もて御即答御書入れ如左猶御別紙を添られたり

水老公トノ往復書

密白昨夕被仰越候御密策は如何か難計候得共昨夜も場所被仰付候序台慮云々は實に恐入候と申も愚かにて末世とは乍申此度之事は御運盡と奉存候將に天保十二三年之比英夷清國廣東邊擾動仕候事有之其節は林則除阿烟を燒候より始まり及戰争申候唐人書上には道光主震怒して

自分征伐あるへしと被命候處皇姪綿親王代りに出候事記載有之候兼々
唐の英に窘迫せられ降參同様も○○此位之事は有之候然るを固め人數
有なから水を汲候而も何ても穩便にとの事にて手差し不相成は切歯も
歎息も扨置上は第一
越前家にて夷人の番勤候儀は御不本意御尤に候右位之事有にも爲任(以下五行朱書)
不申位に候はゝ出るにも不及候事歟只入用のみ費し其入用にて玉薬
手當致候方宜と申者歟世態無已事に候
和漢之御引事至當之御論と存候此方にて穩と思召候處柔弱先へ響き
候故尙々穩には參り兼候半歟
天照皇大神　天朝御代々　神祖御始御代々へ被對相濟申間敷實に胡元
襲來候節北氏之擧動とは霄壤に御座候霄壤は兎も角も宋末明末にても
合戰して亡ひ候は有之候得共敵之自由を見物は如何にも
神代より有之間敷畢竟は

神祖櫛風沐雨之御艱難を數年被經漸く　德川天下之萬世鴻基を御開被遊候御儀にて天下は天下の天下にあらすと申通に候得者一旦畏縮候とて　列祖之鴻業を一時に御墜落と申はいかなる御事に候哉將又御固メも藁人形出し置候方却而入費も無之宜と奉存候位固めの趣意は小生式心得居候は少人數にても乍不及上陸之處を打拂都下擾亂不仕樣にいたし一寸一毫も外夷をして侮慢生し不申日本地蹈不申候樣に致候と計り存居候處無主意にては出陣を望候も更に無甲斐奉存候何そ御工夫も無之候哉乍憚（家來共一同）今にも戰爭と勇氣加倍凜々討死は覺悟と申候處ヶ樣ある事　台慮と申て申開候ては却而不忠に付默止頭分計り心得居候事に御坐候小生式家來末々迄右樣之覺悟候を堂々たる　幕府之御良策不堪聽昨夜も餘りの事にて乍恐不相濟事に候得ともつら々々怨み奉り候位

（以下二行朱書）
朱點之處御尤に候頭分へのみ御心得させ置可然其中云々は必出來可申候貴臣にて何分勇氣くじけ不申樣被成置可然候

神祖之天下にて乍恐　當公ニ御反正にては無之下々にても自分の調へ候品は如何程結構にても大事にも不仕候先祖之遺澤或は父母手馴候品に候得者殊更重寶いたし大事に致候物夫を夫とも不被思召候は乍恐如何成事に御座候哉と奉存候尤御固メ御人數ニ被仰出候ても中々一手にては難敵奉存候間所存にては諸侯旗本衆力を盡し防禦不仕候半而者難相成と奉存候貴慮如何

（以下一行朱書）御尤千萬に奉存候

戰爭は猶更の事にて海上防禦は迚も難成上陸する處を巨礮にて破碎致度存寄上へ登り異人共軍器取揃候内見ておられ候や軍器揃候へハ六ケ敷奉存候事貴慮如何

（以下二行朱書）水汲み云々にては見て居候外無之様に候是等の儀御ケ條書にて御聞置可然歟

八丈大島防禦私式分別出來不申候迚も御覺悟候はゝ屋敷のある處は致

方無之銘々存寄ニ候町家之分計り此方ゟ燒拂候はゝ場所廣く相成可然奉存候
貴慮如何
（以下三行朱書）
御尤に候乍然異人は此内地之戰爭と異にして町家燒拂候はゝ又外へ
廻り又其處を此方にて燒拂はせ候樣仕向は致し申間敷候哉臨時ての
了簡ものに候

右等心付候故奉申上候猶又　尊慮相伺度候愚衷出候はゝ又々可相伺候
右は阿へ申遣度存候得共　台慮にて候へは容易に難申出一人之私は牛
裂に相成候ても事濟候へ共申上候而萬一トク天なくなり候ては恐入候事
（以下二十一行朱書）
穩にと申處は　台慮に可有之歟汲候而も云々抔は中途の註と存候ヶ
條書にて譬へは異人薪水取に上陸致候はゝ手を付不申樣に御指圖有
之候處見物致居可然哉付添之者遣はし可然は水を爲汲相渡可然哉抔
馬鹿々々敷事なから御尋にては如何何と奧右等御答可申哉是等は必
ス可有も難計候尚又先ゟ打候迄は此方ゟ不打儀か先ゟ打候ても此方

にて打事不相成儀か又先にて打不申共筒等追々陸へ上け候樣子も有之時は如何致し可然哉夫をも默見にて可然哉等御心得にも成ケ條御聞可然歟實に面倒成事に御座候此炎暑に防禦にも無之物を費し夷狄めか番人同樣にては難儀之事に御坐候迚も初る事ならは早き方可然遲く候はゝ警衞の人々も紋勞物も費へ可申候又永き中には勇氣もたゆみ可申穩にて事濟候得者恐悅に候へとも思召候樣に計は何とも安心不致候扨又一寸のかれにて此度若々歸帆も候はゝ安心不致是非とも跡御備は嶋々迄も御手厚く被遊又諸國へ如已前打拂之御觸出候程に致度事に候猶又兼て拙老申候軍艦之儀も天下へ御濟せに致度事に候拙老申上候は天保戊より數十度に候處其比より御手當に相成候へは今程は十分御手當も出來候處此儀は今申候而もセンなき事せめては此度の事に御こり被成以後大炮も軍艦も天下に多く出來候樣仕度事御座候天下の船之多く候へは如此度浦賀へ來候而も御觸廻り候へ

は諸國ゟ船を浦賀へ入異船打立陸よりも打候得者前後左右より打れ
候へは迚も浦賀へ入居候事は不相成候眼病中漸々相認申候御推覧可
給候
台にてなくなり候は自分禍を招納する道理致方無之夫故一應相伺申候
若戰爭に及ひ候ても枕城之　台慮奉願度　日光山へ被爲入候而は江へ
は再と御六ヶ敷奉存候　日光近々と誠に恐入申候多罪は申迄も無之亂
筆御海涵奉希候頓首拜

八日　　越前中將

慶（花押）

惡暑無御障大賀存候扨は昨夜俄に勢州隱宅へ參り（六ツ過にて歸りハ九ツよも相成候半）色々
勢州よりも承り尚又愚存も申聞候事よ御座候乍併察申候に苟安に落入
可申候乍然夫も無據事も有之候
てんけつと違ひ申候へは何れにも指支申候なまじゐに事をなし外々よ

り　天へ達し　てんより色々出候はゝ跡へも先へも參間敷御申越の御祈禱にても御察かよろしく珍ら敷佛風にても吹候かも知れ不申候
一、密策も阿へ申事は申候へとも迚も被行候事は有之間敷仕とげ不申中に天風變候と如何とも可致樣無之候へは策は有ても爲兼候事と存候ヶ樣なるも時に可有之哉さて〳〵心配いたし申候何も御書返進此だん申進候也直ニ御火中

八日

尙々遲早はとも格も一事起候は無疑被存候玉藥と粮米は何分今の中御手當かよろしく米には不限麥稗にても豆にてもよろしく今に高直に相成候へは御買入も御損と存候今の中可然事に候又御買入計に無之只今の中なかて食にても用候樣いたし候はゝ高直に相成候而も夫だけは食延し可申譯合と存候御如才も無之事に候へとも心付候故申進候何程甲冑藥玉劔鎗有之候而も空腹に相成候ては用はなし兼候事に候御火中〳〵

水隱

越殿

右によりて猶又御返答かた〳〵左之通り被仰進たるに御朱書幷御附紙に

御別紙之御再報如左

貴答書拜見如仰惡暑先々御淸安奉壽候然は昨夜俄に勢州被出候由野生

心底も相屆爲天下奉賀候云々之御次第に而は御密策も不被行趣切齒歎

憤中候只々苟安に落入候由

（此處御朱書御下紙有之如此）

愚老密策とて外には無之此度彌戰爭に相成候と御見拔の上は彼か申

品に寄云々扱人も船も不殘取候而可然左候へは直に四艘は御船も出

來夫へ積候筒も御手に入候故云々申候處相成たけは苟安にて御歸し

の御評議にて中々拙老申事は不被用樣存候且又唯今はたとへ右密策

を被遊候にも　台慮伺候計には不相成海防懸りへも不殘談合其上に

無之而は何事も出來不申候得者內々評議之密策も直に他へ洩れ出來

候事も出來損し申候又懸り一兩人にてのみ扱候へは他より打こわし半にて　天上より云々出候得者跡へも先へも不參事に相成申候故密策は有之候へとも不行事に候　台慮ゟ云々に候へは何事も出來候へとも申さは人次第と申つり合左候へは衆評之上と申より外無之於文面は衆評と申候得者聞え宜候得とも衆評と相成候へは古役の舊むしなの了簡に落入新役は内心不同心にても云々不申ては不相成譯故無據古役之意に任せ候樣成行候へハ衆評とは申なから實は衆評にも無之歟と被察申候丹石抔は兼て別懇と聞申候へいやん丸抔の意にて石も了簡致候者か左候へは天之通りも宜と見え申候

將又御追書に今度は是非事起候は御疑なきよし玉藥幷粮米今の内に手當致候樣云々何とも誠に以御至懇之御義奉謝候如仰空腹にては何事も出來不申候野生是非々々近年の内一大事可發と見詰候而四五年前ゟ追々貯置申候事にて江戶にても餘程買入國許ゟも當春中相廻置此間も又

少々（異渡前）買置候間何も差支不申候玉薬も同断之儀にて余程餘り候位にて皆用意に持參候事に候一笑可申は此間西洋流之ガラナード玉大名の中ゟ借り度由にて參候當時用意餘り有之候得共遣し不申候是等之爲体故御安心可被下候昨夕か今朝か　貴家ゟ阿へ御書翰故と奉存候只今牧備へ留守居呼出彌品川御殿山へ詰候樣人數引續出馬致し候樣にとの事に御坐候先々安心仕申候彌上陸之事に相成候へは老中より直談と申事に御坐候此段も御承知可被下候定めし胡元之襲來の先例にて

（以下二行朱書）
牧備より云々相成候よし左樣に相成候は大に宜敷此度計に無之以後人々具足の着樣位は覺え可申又少しは常々のだらくも止可申歟

天朝よりは　伊勢へ奉幣と奉存候品々御書付共拜借難有奉存候明朝迄に返上被命候得共何時出陣被仰出候哉も難計に付今晩一覽後速に完璧仕可申候萬一命も有之凱陣後は何卒御取揃尚又拜見奉希候鼠紙之書付も同樣其節御返却可被下候何も心事は海山に候得共只今被仰出にて外

々とは靜にも可有之候得共何となく用多暮候間甚不厭乱筆御請御返却
旁艸々頓首不備

卽
（以下三行朱書）
天朝ゟは云々定而御聞も被爲在候はヽ奉幣云々と存候於此地は上野
御祈禱のよし珍ら敷世の中故佛風にても吹可申歟是迄聞及ひも無之
事に候少々たり共玉藥の御入用にも相成候いヽ可然御事と奉存候
尙々時下爲天下御自玉奉專念候　天上之五日迄御承知無之は何とも恐
入候事夫はまたも早くと奉存候は奥御能にて無余儀御延引を申上候鹽
に申上に相成候事と奉存候奥御能之候はヽ乍恐秦公の表門迄攻入候を
不知位之儀と奉存候末世とは乍申十日之内にはトクテン如何可有之哉
日光山之御狩獵も眼前と奉存候
（以下三行朱書）
五日迄云々は　天上之惡きには無之哉と被察申候夫と申も本御嫌故
とは見ね申候

西公云々の事は承り及不申候得共御察之通如何と存候

右大公はいまた御承知不被爲在候哉如何と奉存候何も珍事前代未聞恐懼恐惶謹言

（以下十一行朱書）

珍事前代未聞云々御同様恐入事に候乍然只今と相成候而者致方も無之候兼々拙老愚考に　兩御所様御賢明に被爲渡候へは今と相成り何にも不及申候得共追々御出生被遊候　長君を御初の爲ヤヨスカシ御堀内通り邊へ林家風に無之實用神儒文武の學校御立御方々を初御旗本下々迄も御法を立候て右にて御修行に相成候は丶是亦前代未聞之御方も可被爲出哉と兼々至願存居候事に候又在江戸大名の子弟抔も出度者は願之上出候様にも相成候は丶乍憚御盛代に可相成候貴兄御了簡は如何左も無之捨作りにては何程種はよき芋大根にても風味無之理合と存候乍然林家風の學にて御成長候は丶なまじい御文才有之今にも劣り可申哉にも存候林家佐藤等の不卓見之學問にてはなき方

宜敷と存候極秘論他へ洩候ては指支申候直に御火中

細はさすか手厚と申事にて一昨朝勢揃出來のよし長は存不申候立花同斷阿は余程困り候由町人の不入屋敷は細越兩家と申風說に御坐候因州屋敷固メか是も阿同樣困り申候て町人如山立交り專ら調中と申事に御坐候何も早々以上

因州云々是は貴兄御同席故御敎示有之度事に御坐候何事も宜敷御敎示希候

御本文披閱玉取大名是迄聞も及はぬ事に候數十發は數百發と致候上不足有て云々は互の事夫さへも恥辱と可申哉未一發も無之中云々笑止千萬に候先年大坂一件の節松代へ出入候旗本甲冑所持無之故無心申に付兼て懇意之者故極密一領遣候處もらひ候を隱しは不致却て同役へ金を懸不申ヶ樣の品もらひ申候とて吹聽致候故我も〳〵と出入にも無之人迄道具屋へ來る如くよき具足有之由故もらひ度の借度の

と申來り松代も余り馬鹿々々しと申かし不申よし貰ひ候を恥辱とも
不存是迄なき事を人へ咄候如くの話にて三河侍の名はいつか拂地候
へはかゝる事になり候も理りに候
披閲大暑無御障令大悦候御返却書付落手尙又拜見之上朱書致し返上
申候御落手可被下候只今左之通御達有之

御三家
御城附へ

異國船萬一內海へ乘入非常之場合注進有之節は老中より八代洲河岸
火消役へ相達し同處にて平日之出火に不紛樣早半鐘を打出し右を總
火消屋敷にて受繼同樣早半鐘を打鳴可申候
右之通り火消役へ相達候間火消屋敷にて早半鐘打候はゝ諸向共御曲
輪中出火之節之通り相心得登城又は持場〻〻相固候樣可被致候尤火
事具着用之積可被心得候且又右に付ては場末〻〻迄は早半鐘行屆不
申候間萬石以上火之見櫓有之面〻其節に限り早〻半鐘打鳴し候樣可

被致候
右之通相觸候間可存其趣候
六月
愚評曰所〻にて早鐘打候はヽ騷〻敷計にて婦人女子は譯なくなけきさけひにけ惑ひ可申候弓鐵の沙汰無之候へは詰候ても火銃に敵對兼何人居候而もにけ候外無之又勇猛の士は無術に打死候計と存候其上此大暑に火事裝束候はヽ暑氣當り計多と存候扨〻一ゟ十迄相違したるものに御坐候（以下七行朱書）
六月八日
松越殿　水隱
參
一、此夕長岡侯より御留守居之者を召て御固メ御人數被指出引續きて御出馬も仕らせられん樣に御心得おさるべき旨御達あり
一、六月九日此日も昨夕御出馬之儀も仰せ出されたるにつき御心得方御窺

等これあり殊の外御多端の御事共なり是等之儀は御記録に譲りて爰に略之

福山侯トノ往復書

一、此夕福山侯ゟ去る七日被進たる御直書の御返報あり如左

過日者態々貴翰拜讀仕候打續大暑難凌御座候得とも倍御安靜賀上候陳者今般異船渡來誠に不容易儀御同然實に晝夜不安寢食候右に付縷々御心付之儀極密被仰下御尤に存候旣に此程中ゟ右等之儀も愚考いたし七日退出候後七時過ゟ駒込へ罷越緩々得拜顏得と御同人御存慮をも伺小生愚考をも種ゝ御相談申上夜八時過龍之口へ歸宅仕候と留守中へ御細翰參り居曉七半時過披見仕候處小生考と符合仕實大慶存候今般之義者天下之御爲萬緒無伏藏御相談申居候事故乍憚御安心可被下候今般も近海御固め被仰出御苦勞奉存候此上之最樣により人數御差出出馬も被成候義萬端御家臣末ゝ迄能ゝ被仰含卒爾之義無之樣被仰付實用之備專要と存候前文駒込之義能社御細翰被仰下厚辱存上候日ゝ取込乱筆御免可

被下候早〻不備

六月九日

二白時氣折角御保護專一と奉存候此程は三郎兵衞へ內〻申上候義に付縷々御挨拶御念入義と存候已上

一、今晚申刻過川越侯ゟ今九日朝九里濱におゐて異船ゟ指出候書翰御受取濟に相成候處夫ゟ渡來の蒸氣船四艘共逐々內海へ乘入候ニ付其段備前守殿へ御屆有之趣爲御知あり夜に入大御番頭九鬼式部少輔殿一騎驅にて御出ありて御逢の儀を願はるゝに付御對面遊はされしに目今異船の狀情事已に急に迫りぬとて御心得方之義共御密談あつて無程御退出なり御人挪なりし故其由を知る者なし

一、今夜亥の上刻過長岡侯へ御留守居之者を被召呼異船內海へ乘入るにつき品川御殿山へ御警衞御人數被指出候樣御書付を以御達ある故兼而御手配之通り靈岸島の邸にて勢揃あつて十日曉寅の上刻御人數を被指出たり

一、六月十日此比の廟議にては使節の持參せる國書をたに御請取あらは異船共ハ速に退帆に及ふへきとの事ある由漏れ聞きたるに昨日其事濟たる後ゟ却而追〻に内海の方へ乘入此日暮近くなりてハ大炮を打放つ音遠雷の如く總房の山〻に響き渡りて夥敷聞えたれハ都下の人心洶〻として今にも早半鐘を打出すかと心も空に周章狼狽し道行人の顏色は宗に變りて見るも〳〵陣笠火事具にて持運ふ物とては鐵炮着具を初戰鬪の具ならさるはなし此夜半過て老若三奉行の衆中急登城あり各火事具にて軍器を持せられたり十一日の明方近くなりて御退出ありしとそ

一、六月十一日世の中いよ〳〵騷かしけれは何時御出馬となりなんも量り難き有樣なれは　君夫人御立退の御手配りを夫〻被仰付たり

松榮尼公も非常の場合に及ひなは君夫人謐姫の御方をも御同道にて御國許へ入らせられたき御旨を老女共迄御沙汰あり

六月十二日世の中は昨日に同し有樣なから廟堂は寢鎭靜にも聞えたれハ

猶御様子聞かせられんと福山侯へ御直書を被進たり

炎暑之節愈御清安珍重之御義御座候然は渡來異國船一條去ル九日書翰御請取御返答之儀は來春ヵ長崎表へ罷越可相伺旨御諭告承諾早速可及退帆之處一兩日碇泊相願御聞濟之由然る處却而本牧邊迄も乘入且神奈川沖にてハ小舟測量等も致候趣略致傳聞候御約定之義異變之姿にて此後も如何動靜可致哉殊に蒸氣大船等ハ迅速自在に出沒之由昨今之摸樣等如何御座候哉何分難量次第實に御大事と不安御案事申上候御憂勞之程致推察候如前書退帆之上來春等長崎表へ渡來迄は先靜寧にて出沒不仕御懸合に御坐候哉外に御異議も有之哉御內密致承知度候不依何時出馬も可致儀且ハ手前人數も不取敢差出置候得共尙又此比中國許へ申越候譯も有之旁御內定窃に相伺候此節不一方御配意御多務中甚申兼候得共御略答爲御知被下候樣希申候要文而已早々不宣

六月十二日

福山侯御郎報如左

如仰炎熱難凌御座候愈御安靜賀上候陳者渡來異船一條ニ付縷々被仰下候趣致承知候

書翰請取相成候上返答長崎表にて來年可相達候趣浦賀奉行ゟ申諭候手筈に兼而申達有之處未浦賀奉行井戸石見守歸府無之に付承諾應接等之掛引委敷相分兼申候此方に而は假令此度長崎へ參候事に表向致承知候共必長崎へは來年參り申間敷矢張浦賀へ罷越可申哉と今日より覺悟可然存候事

書翰受取後是迄之掛場ゟ却而內へ入夏島沖へ四艘共滯船右之內蒸氣二艘は右之邊致測量候由餘り輕蔑之所行切齒之事故直ニ打拂迄と覺悟も決候處彼方にても異心無之趣精々申立候ニ付書翰受取迄之手續共寛猛相違之事に相成候ニ付段々爲及應接彌承伏之上昨十一日浦賀沖へ四艘共退帆いたし多分今朝は浦賀沖を無故障歸帆致可申旨昨夜

浦賀奉行より申參候事

今日中には彌歸帆致候段浦賀ゟ屆出可申哉と存候昨日朝嚴敷爲及應接候處能〻事柄相分り承伏浦賀沖へ退帆明十二日朝彌出帆歸帆致候段將官より請申出候事

此度出帆之上は何時又〻可參哉は異船之情態難分候得共多分來年可罷越哉と存候事

但當年萬一參候はヽアメリカを聞付イキリス參り候はねは宜と存候尤此儀は更に風聞も無之候得共其邊迄も致懸念居只今ゟ彼是覺悟罷在候事に候

此度之異船もはや歸帆可致と存候間何時御出馬被成候儀は先づ有之間敷と存候事

是等の儀御近親別段の事故極密申上候間貴所樣御心得ニ被成候樣致度存候取込要用のみ早々貴答申上候以上

郎

尙々大暑折角　御厭專要存上候當時之如く時〻近海へ乘寄候ては何分以後致懸念候　公邊は勿論諸家共非常之備嚴重に相整候樣仕度相整候上は異船參候共寛猛共　御所置は如何樣共相成可申哉と存候乍不及彼是苦慮罷在候事に御坐候以上

一、此夕福山の老女花井か許より今日異船退帆せる由浦賀奉行ゟ御屆申上たる旨を申上たり

一、此日薄暮に及ひ參州長澤村郷士松平主悅(忠輝公御血統)介殿師質が小屋に來つて申達せられしは今般異船の摸樣により御出馬も被爲在旨を承り及ひたり若さる御事柄も候はゝ御先手に加はり天晴勵軍忠度志願に候へは此儀　御館におゐて御許容被下候半には其旨を以　幕府へも願ひ申上度候間　公の御思召を窺ひ給り候へ御答へ承り罷歸度と勢ひ込て申さる故師質限に異船は已に退帆せる由を申答へては英氣を挫くに似たりとおもひけれは一

ト先ッ御引取候へ疾く伺ひ取りて御答はこれよりこそ申上へけれと挨拶して此人をは歸したり扨　御聽に達したるに神妙之志ハ殆御滿足思召候へとも異船及退帆たる上は夫等之儀にも及間敷との仰なる故其旨書札を以主税介殿へ申達したりき

將軍家不豫ニ付福山侯トノ書通

一、此比よりして　將軍家御不豫あらせられしか此月の廿二日に至りては世の中何となく騷かしく御大漸の聞えもあれと表立ては何も被仰出候事もなけれは　公大に御憂慮ありて同廿三日福山侯へ被進御直書如左

嚴暑之節愈御清安珍重之義に御坐候然者近日存込候事共別紙に相認候間御獨閲被下度右申述度艸々已上

六月廿三日

密白

將軍樣御不例尋常之御病氣と被爲替行末御案し申上候御樣子相伺嘸々貴所樣にも不容易御心配と遙察於小生ても乍恐御案し申上候別而先日

來世上も何か動搖いたし居候中に候へは萬一不諱之御義も可被爲在哉と深心配仕只〻御快然奉祈念候外他事無御坐候右に付存寄候儀御坐候〻付御近親御懇意に任せ犯萬死有体に申上候右は今般之御病氣御大漸に被爲及間敷も難計平世とも違ひ外寇之取沙汰も強く追〻傳承之趣にては覬覦之夷情も深重に被察候へハ方今之廷議乍恐　皇國之榮辱盛衰に相拘り可申御義にて一大事至極之御時節に當り右樣の御大變有之候而は擧世當惑無此上何となく洶然可相成哉〻致暗察候勿論　西城公被爲在候へは一統安心仕居候儀とハ乍申御初政之艱難實以奉恐察候右〻付當時天下之屬目英明老練一に駒邸老君に止り候事に候へは此時にあたり此人をして　西城公之御羽翼に被充候はゝ（やむ事なくんば矯旨歟）列侯は不及申士民所嚮を得猶更安堵可致は必定と奉存候右は忌諱に亘り候事共は恐惶不少候得共ケ樣に無御坐候ては實以難相叶御時勢と存込候故天下之御爲難默止及建白候事に御坐候僭踰不敬之義者幾重にも御寛察御容

恕被下度候死罪頓首

六月廿三日

尙〻本文之趣は啻天下の御爲のみならず貴所樣之御爲に謀候而もかくあるへき御義と奉存候呉〻不容易御時世難安寢食候已上

福山侯御卽報如左

貴翰拜讀仕候日〻炎熱難凌御坐候倍御淸安賀上候陳は極密に被仰下御別紙委細御返事も可申上處甚取込居何分認取兼略御請申上候

被仰下候趣至極尤之義にて小生も過日中より愚考仕居候事共も有之誠に符合大悅之至奉存候乍不及彼是心配夫〻能〻申談取計事も可有之哉と存候今に不初義御深切之儀且爲天下實ゝ感悅仕候

右御請迄如此御座候艸〻謹言

卽時

尙〻時氣御自愛專要に奉存候御端書之趣厚忝存候當節は內外之心痛不

容易御時節日夜苦心罷在候乍去押張相勤候間乍憚御安心可被成下候乱
筆御免奉希候以上
一、七月朔日此比水戸の峯壽院尼公御遠逝によつて停止中なりしかと昨日
の御觸達に依て今日御登城ありしに御謁後於黒鷲御杉戸前閣老衆御列坐
にて此度亞米利迦國ゟ指上たる書翰の和解二冊御渡あつて書面之通商御
許容の可否は國家の御一大事に候間書翰の趣意御熟覽之上利害得失後來
之處迄も御思慮を被加忌諱に觸れ候義たりとも御銘々御心底を殘されす
御見込之趣御十分に被仰達候樣御書付を以被仰渡たり
（以下六行朱書）
今度浦賀表へ渡來の亞米利迦船ゟ差出候書翰之和解寫二冊相達候通商
之儀者是迄之御仕來も有之御許容之可否は不容易事に而實に國家の一
大事候間右書翰之趣意得と遂熟覽一体之利害得失後來之所迄も厚く思
慮を被盡假令忌諱に觸候事に而も不苦候間銘々心底を不殘見込之趣十
分ニ可被申聞候事此度亞米利迦船持參之書翰於浦賀表請取候義は全く

一時之權道に有之候間右に不拘存寄之趣可被申聞候事
一、右被仰出につきては兼而思召被爲寄御見込も被爲在候へとも不容易御大事之義なれハ御國許御家老共初の意見ハ如何あるへき是等の次第も聽し召され候上にて　幕府への御答ハ被仰上度と爲御垂問同月四日飛脚を以右之趣御國表へ被仰遣たりき
一、七月四日水戸前中納言殿御義海岸防禦之義ニ付此節御用も有之候間以來朝之内隔日程にも御登城可被成御隱居後の事候へは御表通りニ不及平川口ゟ御登城御風呂屋口より御兩卿御扣所へ御通り可被成旨被仰出たり

水老公隔日登城

一、七月五日水老公へ此度之御悔且御見廻として御直書を被進たりしに今日左之通り御返書あり
御尋御悔兩度の貴書其時〻披閲每〻御懇之義忝奉存候晝夜御看病申上拙老御同年之事故今一度は是非〳〵御引戾可申と張込申候處天命無已殘念至極仕候夫ニ付而も異船手當向害に相成りこまり入申候扨又去ル

三日には忌御免被仰付登城候義被仰出驚入申候則今日登城仕候處於御座之間　右大將君へ御目見へ被仰付其後閣老一同異船之義に付對談有之身に餘り難有事には候へとも御承知之通り不才何一ッ御爲めに可相成良考も無之呉〻も恐入候事御坐候何そ御良策も有之候はゝ御申聞にいたし度候先ッは過日之貴答今日登城之御吹聽も申進度旁早々申進候也

七月五日　　　水隱士

越前守殿　　御報

宇和島侯ノ密使參上

一、七月廿一日宇和島侯の目代軍使兼須藤段右衛門といへる者參上せり師質出會て口上を承るに此度異船渡來之義を侯御在所に而御承知あり六月廿一日兎角不容易事に聞ゆれは兼而御同志にて被仰合御事も候へは此御方へ參りて此地の事情をも伺ひ來るへき旨被仰付て去月廿五日宇和島表を出立して一昨夜到着せる由にて御直書一封指出したり左に記す先比播大藏谷ゟ呈拙牘候處非常御多忙中委細御返事被投不相變御懇篤之御義深〻忝盥讀候今程炎暑如爍候處愈御勝廸奉大賀候然も兼而御互に懸念之亞米利迦洲之異船來浦賀傍若無人輕蔑併呑之擧動切齒張目無上又内地の御不備を考候へは悲歎痛憂無已當今如何とも致樣無御坐候忠臣有志いぬ死之秋と奉存候既に春秋城下之誓の御恥辱歟と奉存候へは殘念難堪あくまて内地武備之御不備見拔候故夷奴もあの通可惡致方隨意はたらき候儀と奉存候前後考量仕候而は　明公之御胸裡如何計と奉遙察筆端には難申上萬里隔絶仕居候而も　公之御胸中は奉恐察候間僕か方寸中も御洞察可被下と奉存候虜情も御細翰にて能相分實に御多擾御心配御投與不啻奉感佩候芝邊御固メ被仰出候旨御本懐と奉存候其外細川始は寢耳に水如何計かと存候其後は如何相成候哉實に不容易事態に相至甚恐入存居候追〻御靜に相成候は丶此度顛末承知仕度候且水老公神策も不被用儀と歎息仕候長崎へ畏りすこすこと廻候は丶領海洋

面通航仕候故專相備居申候其地は留守中故甚孤弱之少人候得共兼〻申付置候間人數差出度申出候趣申越防禦被仰付候得ハ本懷難有奉存候先御投書御禮一寸申上度尙其後御樣子伺度亂略早〻頓首

六月廿三日

二伸毒暑中別而此時令御自重專一奉存候先以　明公御在府故　幕朝の御幸甚と奉存候僕抔も大に降心仕候碌〻死全仕居候條御擲念乍憚奉希候不備

宗城百拜

越州賢明公閣下

毒熱之候候處愈御淸勝奉大賀候扨異虜之一條其後如何候哉扨々心痛憂憤罷在申候何分安心も難仕候間當節都下之光景爲見聞僕か臥內之臣須藤段右衞門目付役軍使兼帶出府急ニ申付候に付　閣下へ參上伺御安否候樣申含候何分僕と被思召不苦候はゝ一寸御目見被仰付口上御聞被下度加之事實之儀委曲御敎示被成下度伏而奉希候一寸此段申上度草略艸

々頓首

六月廿五日曉六時　伊　遠江守

宗城

越州明公侍史中

二伸時下御自玉專一に奉存候當今如何と晝夜心痛仕居申候況其地に而は尙更之儀と奉遠察候何も段右衞門へ申含候儀に御坐候呉ゝ不苦候はヽ御逢被成下度左候はヽ千里罷出候甲斐有之御禮難盡申上奉存候已上

右之通の書面にはありしかと此地の事情は一昨日御細翰を以無殘處委細に被仰越たれは段右衞門御前へは不被召出此由申聞せて翌廿二日　御出殿之節御目見被仰付て侯の御安否御尋將遠路被指出たる御厚意且段右衞門之勤勞等之儀を御挨拶あらせられき

一、公倩將來を御照鑑あるに　將軍家の御大喪も此比に至つて漸く御發表之聞えあれは是迄密ゝには咡き合たる事にはあれと世の中も今更燈の消えたる様にて時は今開闢以來聞も及はぬ外國の使節渡來して不容易筋の國書を捧けたる折なれは此後の世態は如何成行へき歟と人心も穩かならさるにかゝる御大喪とさへなれゝは實に危殆に迫りたる秋なるに　右大將家御壯年にはあらせられなから曾而御病身の御聞え有之のみか　幕府には此御一方と　長吉君との外に絕て御方ゝも坐しまさす加之　長吉君御幼弱なるか上に御病氣にも坐せは賴み奉るへくもあらす田安には中納言殿一橋にも刑部卿殿計三親藩之内にても尾張殿は御末家より御相續の御方なり紀伊殿は未た御幼齡に被爲渡唯水戶の御家而已御繁昌にて其他は　幕府を始奉り　東照宮の神胤も將に絕んとするか如くなるを深く御歎き思召かゝる非常の時となりては猶更に　幕府の御基礎固からすしては人心愈疑懼を懷き何事に付ても御爲宜しからぬ事も出來ぬへけれはあはれ　新將軍家の御一臂の御相談御相手にもならせらるへき　御養君もかなと思召めぐらすに止事なき御あたりも前に記せる如くしかるへき御

一橋卿ヲ儲君トセンコトヲ薩侯ト議ス

方〻も坐しまさす紀伊殿は　前將軍家の近き御甥に渡らせ給へと御齡十歳にも滿たせられす田安殿尾張殿水戸殿等いつれにも御年の程ふさはしからす就中唯一橋刑部卿殿は御年比にもならせられ且不世出之御英明に被爲渡候御事は　公にも兼て御親炙あつて知らせ給ふ御事なれは當時の御血統は御近くも在らせられねと正敷　神胤に渡らせ給ふ御事は紛るへくもあらねは此御方をたに　御養君になし奉らは天下憂るに足らすと思召與させ給ひて七月二日總出仕の御觸達によつて御登城有りしに　將軍家薨御の旨御發表なり此日於　營中兼而御同志なる薩州侯へ右件の事を竊に仰せ試られしに侯も同し御事に思召さるゝ由にて此御事は後日必紛然の論も起るへけれは唯今水戸老公抔ゟ仰立られん事可然御事にはあれと一橋殿の御事なれは嫌疑なきにしもあらねは公と我との主張ならては適ふましけれは御心力を戮せられて御周旋を盡さるへしとの御內談を決せらし御事なりしとそ

亜國國書ノ儀ニツキ答書

一、七月廿九日亜米利迦國書翰之儀に付御國許へ御垂問ありし御請惣名代として御家老本多修理に鈴木主税差添て此日到着せり仍之　公兼て思召込れたる御旨に御國許の趣を御斟酌あつて修理初へも反覆御商議の上御答書御出來にて八月七日山縣三郎兵衛を以海防掛御老中牧野備前守殿へ被指出たり如左

御答書

今度浦賀表へ渡來之亜米利迦船ゟ指出候書翰之和解二冊御渡通商御許容之可否一体之利害得失後來之處迄厚致思慮見込之趣十分に申上候樣御達に付存寄之趣左に申述候

伯理璽天德書翰之趣にては二百餘年の嚴制を犯し數ヶ條之難儀相願就中彼理呈書中には使命を遂んか爲に兵威を挾み或は御國法を無智之政躰と稱する類實に　本邦を蔑視するの甚敷言語同斷之至にて不堪憤激全船粉碎して　神國の御武威を万國に不被輝候半而も難相成秋と奉存

候得共退而方今之時態を致熟慮候得者左樣にも御取計難被成も無御據次第にて誠に以開闢已來未曾有之御困厄にて御大事無此上義と奉存候乍併彼か情願之儘御許容御座候而は　神武之屈辱は不及申風聲を逐て萬國擧而及出願候はゝ　本邦有限之財物を以萬夷無盡之嗜欲に交易致候時は衰弊日を刻して俟へく若又三五年の程限を被立彼か情願に任せ暫く英氣を避け被置防禦全備を待ち御斷りに相成り其屈を伸へ候半と申も亦一時の權道にて當今適宜の御處置にも可有御座候得共當夏渡來之儀者既に昨年より端〻巷說も有之事に候處別段御嚴備之御待受も無之臨時書翰御受取に相成候事故一時之御權道とは乍申有志之徒は甚以殘念至極に存居候處再御權道と被稱和親御約定等に相成候はゝ全く兵威に恐れ彼か術中に落入候姿に候得は奮勵之士氣も摧折に及ひ御年限濟に至り俄に作新可致儀は一向無覺束次第と奉存候萬一願之通御許容相成候ハゝ欣然歸帆可致哉之御見込に御坐候共彼は既に內海之測量も

相整ひ浦賀海口を初一も恐るへき備なきを致觀察候事に候得者自然貪心相開け再渡之節は御返答をも不相待如何躰之振廻可致も測り難く若又一段御許容御座候とも追〻防禦之御用意有之を察して其備の完からさる内に兵端を起さん事を相謀り英夷の中山に於る如く猖獗を恣にし御府内を横行し又は商舘を開ん事を强願致候抔傍若無人之難題を申出候はゝ假令　公邊にては御寛宥之御沙汰に相成有之事に候共萬國に卓越せる和魂は固有之御國風候得は容忍に堪兼候處より事の敗れに相成り衅端隨ふて相開け候半も亦必然の勢に有之且萬國共に御年限にて御指免に相成候而者則萬國の下に屈候と申ものに而汚辱は不及申御斷に相成候節は數多之大敵一時に來寇之運ひに相成愈以防戰御難儀と奉存候右樣御屈辱を御忍ひ被成候　御武德之衰弱を見透候時は異國は扨置全國之大小名迄も如何見取可申哉に而御國地の御政道も是迄之御振合立行兼足利氏之末世同樣にも可有御坐歟と致恐怖候左候得も何れの道

にても御許容無御坐候方御長策に可有御坐と奉存候乍併御許容無之時は必兵端に可相成は勿論に御坐候得はたとひ大軍艦幾十艘渡來候共御一戰之御覺悟を不被相極候半而は御斷りは難被成儀と奉存候右に付而は墨夷願之趣御取揚無之御斷に相成候間明春渡來之節は必戰之心得に而其用意可致旨列國之諸侯大夫士へ被仰付專ら防戰之術を御勉勵有之天下向ふ所の心志を御治定御座候而先ッ大元帥を被建兵馬之權柄を御委任御坐候義最第一之御急務に可有御坐と奉存候次に戰地を御定無之候半而も御廟算も可難相立候依之相考候處戰地は全く御府內に可有御座と奉存候右は近年來浦賀邊海口におゐて追〻炮臺御取建之趣には候得共砲は大船一艘之數にも足り不申剩小彈之物多く炮臺も實用に適候者少く又戰艦之御備も無之哉にも承及候得ハ四家之人數如何程嚴重に海陸を相固め候ても曾而戰鬪の用には相成申間敷候得者堅牢之異舶海口におゐて遮止候儀は萬〻無覺束儀と奉存候且たとひ如何程之大礮に

ても彈之至は僅に十四五丁計に而海口之中心迄は難相達由候得は海口之儀は軍艦御備に相成候より外防禦之良策は有之間敷と奉存候得共當時彼に對すへき軍艦も無之海口之捍禦如何にも術計無之候得は是非御府内へ驀地に乘附可申夫に付而者御府内を以其儘戰地に被相定候より外ハ無之候然る處當今之如く第宅民屋櫛比致居候而は彼方ゟ火攻之策を行候節避遁之餘地無之海岸之防禦決而難行屆譯に候得は先つ沿海之第宅民屋海岸より五丁計之處不殘御取拂に相成要地を始として聯綿炮臺を築き大礮數千門を鑄て是に備へ彈藥を具備し軍艦を造りて進擊の用に充て戶籍を改て遊手素餐之徒を生國に歸し戶口を積りて軍糧を積み蓄へ必戰策定るの勢を天下の將卒に示し又諸侯をして各國に就かしめ帝京を護衞し　皇國を守らんか爲に各國海岸之備を嚴にし外寇の邊海を侵すを防き江府の戰鬪防禦之儀は八万騎之御旗（下脱字）・勢に領分海岸無之諸侯を御人數に加へられ御備配有之猶不足も有之候はゝ就國諸侯之内

御人撰を以加勢被仰付大元帥是を統領指揮し勉勵練業せしめ又内には大儉を修め給ひ乍恐　御一身之御衣食住は雨露飢寒を被爲凌候迄にて冗費を御減殺有之後宮之奢侈を禁し婦人之數を被減土木の搆營は　禁闕之外は假令日光山之　御宮たりとも海防御全備無之内は御修覆も御見合に相成り是に准し一切之治務は悉皆御擲却にて愈以防戰一途之御處置に天下之財力を傾け夜を日に繼て御修治有之候はゝ來年季春迄には凡二百餘日之日數有之候へは大方成就不致儀は有之間敷左候へは將士死守之志を固ふし候ことあるの英氣振興可致儀に而異船渡來候共當年之形勢に事變り整ゝ之旗堂ゝ之陣沈深靜定犯し難き眞實之御嚴備を以御待受被遊扨御返答之儀は漂民御撫恤之外は願之趣御取揚難被成段非を咎めて夷情を激せす威を憚りて我を屈せす義理分明公正穩當にして嚴然たる御取扱に相成候はゝ漸く蔑視之夷情を挫き暗に朶頤之念を絕候はゝ　神洲之英武往昔に復し萬古獨立之　帝國地球上に冠絕する

の御美名も初て全かるへき義と奉存候然るを年久敷致染習候太平の餘澤に溺れ因循に安んじ和戰の兩議定決せず荏苒日を送候內異船渡來に及ひ摸稜苟安之策行はれ候時は彼愈其備なきを熟察し火丸都下を焚き霰彈將卒を斃すに至り候はゝ土崩瓦解殆不可支死屍如山號泣道路に盈候儀者眼前にて擾亂之極と奉存候此時に方り先般の如く諸侯へ警衞を被命候而も防禦之全策御開示も無之事故各一手限之働きと相成全勝之儀は勿論如何程多人數を國許より召呼候而も忠勇之士空敷亂炮之下に憤死可致は必然之勢にて可惜可憐者不及申果して天下衰弱之基と相成遂には講和之策行はれ夷虜之屬國奴隷と可相成歟と憤歎慷慨無止時實に寢食も難安　皇國之安危存亡此秋に限候儀と存詰候へは唯〻講和之妄議者一切御禁遏御坐候而今日只今より必戰之御廟算御畫定之儀急度被仰出元帥を被建候儀急務中之大急務と奉存候一日を空敷致候へは一日之防禦相後れ候事に候得は何卒非常之御英斷を以て立地に御決許御坐

候樣乍憚專祈伏而冀　公邊におかせられ候ても夷虜の侮りを禦かせられ天祖の皇統御動轉なく萬〻世に傳へられ天下を泰山の安きに措かせられ候儀こそ征夷大將軍當今之御先務にて　御祖宗へ之御追孝も亦此上之御義は有御坐間敷と奉存候海防之儀に付今日之治務に亘り障碍御坐候抔は前書の御大事に御比較御考定御座候いゝ實に單髮輕塵之儀と奉存候右は不肖淺陋をも不顧躐等不敬之失言も不少候得共御一大事之譯を以御垂問之折柄不忍默止不殘心底十分に申上候事に御坐候猶委細之儀は別紙に相認候得共何分にも必戰と元帥之二條においては早急御許議之程伏而所仰希に御座候以上

八月　　　　　　　　　　　　　　　　　　御名

本紙不盡之處も御座候得共其邊迄も認取候得もく不文愈以冗長煩雜に相成候に付猶又本文之餘意を左に致陳述候

江戶を以戰地に被定候樣と申儀は御府內は第一彼か火攻を施さんと欲

するの地動さんと欲するの根據に候得は其火攻の謀を伐ち其動さんと欲するの根據を固定すへきの先務にて海防におゐて缺へからさるの一大事と奉存候事に御座候其子細は海口之防禦手段無之候得者是非内海へ乘入可申候其節如何程御固人數被仰付海岸へ無透間並列致候而も異船より火丸を所々へ飛し風に乘して致火攻候はゝ都下之億兆一時に及騷動蹂躙雜踏無此上義と可相成候左樣相成候節は防禦之人數迚も火烟に咽ひ多勢に被阻中々防戰處にも有之間敷候仍之海岸筋急度御嚴備相成候に付而は人家入交り之地にては防戰は難相適事に候得者海岸ゟ五丁計之處大名屋敷町家共悉く御取拂に相成假令夫ゟ以内の人家致焚燒候而も海岸防禦之場所迄は波及不致樣相成有之候得は心靜に防守無手拔行屆可申儀と奉存候尤大數之人家御取拂と申も不容易事に候得共當然之難儀を憚り此儘に被指置候而は防禦之術も難施防禦不全候得は都下全を得かたく江府一敗に就候はゝ天下之耳目も一變致し　本邦も保

全し難き勢にも可相成候是等之利害御商量御坐候は丶是式之儀は九牛にして一毛を損候同然に可有御坐候右御取捌に相成候人衆之儀江府産に無之者は悉く本國へ罷歸り又此表出生に而有力之徒は他所へ致轉居候段相願候は丶代地被下置又夫等之手廻も出來兼候徒は親類へ御預被成親類無之者は富商大賈へ御預け猶夫に洩候向は御救小屋被相建御賄に相成候半而は難相濟儀と奉存候勿論當分は種々相歎き可申候得共不時之火攻に逢ひ候に競らへ候は丶如何計の迷惑にも無之御勇斷を以御取行ひに相成候において決而御指支之義は無之候且眼前の悲歎を御憐愍にて姑息に御指置被成候而も不遠して燒爛粉韲は必定之事に候得は唯今平穩之内に轉遷被仰付候儀は難有御仁政と奉存候且又後來を思量致見候而も萬國の勢ひ强を凌き弱きを服し通商も次第に相開け行候趣に候得は此末迚も御國地に來舶出願等之儀有之間敷とも難申候得は旁以今般之機會に後年之儀迄も萬安之遠圖を御施置被成候儀是非當時之

御長策にも可有御坐と奉存候其内三縁山之儀者甚氣遣ハ敷御場所柄候
得共容易に御遷轉可被成樣も無之候得は近傍海岸之守衞を嚴にし且火
防之御手當被成置候而可然御儀と奉存候

一、元帥を被建候て軍國兵馬之權柄ハ不及申當時ニおいてハ今日刑賞之
御政務筋迄一切御委任可被成御英斷御決定之上ならてハ名實全からす
威令難被行候得は必勝之策も相立申間敷と奉存候畢竟治平之時にハ海
防も政治之一端に相成有之候得共國家之存亡に關係致候秋ニ相成候而
ハ至重之大事と相成候當時殆亂世にも可相成際候得は君臣共に力を軍
務に竭し心を籌策ニ委ね可申時節候得は　御宗室之内御德望御兼備之
御仁躰を元帥に被建御軍事御政務一切御委任ニ而唯ゝ
神洲之御武德地に落不申樣千慮萬考精力を盡候より外ニ政治も事務も
無之事候得は此御一擧何より以大急務と奉存候其子細ハ天下を治候義
政事の大源たるハ勿論之處當時之天下は軍政ならてハ可相治見詰無之

候得ハ其軍略を御掌握御統轄可被成大元帥を被立必戰之機を天下に御示し士氣奮然致興起候得は必虜謀にも陷り不申天下も治り可申候元帥無之時ハ當時之躰にて可有之當時之体ニ而因循時日を費候得は風俗政治共に陵夷頽敗に就キ一度外寇之侵掠に逢候得ハ一敗塗地ハ眼前ニ而遂にハ天下之傾覆ニ可及程之儀と奉存候得は前條之通元帥を被建候上に猶日本國中有志之建白を御求被成候ハヽ定而神機妙算も可有之如此衆知を合せて防禦之全策を被建候ハヽ天下之勇鋭ハ日比に百倍すへきは勿論之義と奉存候且又和蘭之儀は萬國之事情にも通達仕居候事候得は今般墨夷之書翰指出候一件ニ付取捨成敗共に一應和蘭之意見御垂問御座候義御有益ニも可相成數年風說書も指上且交易ニ付而二百年來御國制を謹守致居候事候得ハ御義理におゐても御尋御坐候方可然御義と奉存候御返答之儀も御都合出來候義候ハヽ蘭船へ御托し墨舶出帆已前彼地へ相達候樣被指越候ハヽ御義理合も御屆被成可然御儀と奉存候尤

其節ハ御返翰守護之爲彼理も見知居候浦賀奉行之内一人被指添候も可然哉且又御返答之内漂民御撫恤之一條御許容御坐候而者彼方に蠶食之遠謀も有之候はヽ夫ニ付種々之妨害を生し漂民に事寄せ年ゝ歳ゝ沿海所ゝへ致來舶候樣之儀有之間敷とも難申候得共此儀は內地之御備さへ堅固候得者事に臨候而之取計方は如何樣にも致方可有之候何分呈書中にも本國之民亦是五倫之內抔と事情專ら倫理を正し人類憂憫之筋を以願出候處夫をさへ御斷りに相成候而は仁義之御國風共難申且天保之度御憐恤之御觸達も御食言に相成信を萬國ニ被失候而は是亦御國躰に拘り〔不脫カ〕・容易御儀と奉存候得共成丈ヶ後患に不相成樣之御懸合ニゐ御許容可有御座儀と奉存候事ニ御座候

一、防禦之儀は廣大多端中ゝ以短才之拙者式不能議論候得共存付候概略を申試候前文町家等御取拂の上海岸之要地を撰み炮臺を築き可申儀と奉存候築方之儀は江川太郎左衛門幷松代之藩士佐久間修理等へ被仰付可然と奉存候要地之分致成就墨船もいまた渡來不致候はゝ追〻堤防を築き海岸へ周匝し大炮之儀は處〻炮臺は勿論其餘之堤上共に何等之礮種を如何程被相備候哉御詮議之上五千にても一萬にても早〻御鑄造可被仰付右ニ付銅材不足之儀も有之候はゝ都下一圓無用之銅器は不及申燭臺火鉢之類たとひ日用缺へからさる物たりとも木石に代へて用を辨すへき器械は銅類之分悉く御引揚にて時日を刻し御製造相成炮架礮車右ニ准し御製造有之彈藥器械十分に御取揃之上處〻之炮臺を夫〻之御人數へ御割賦有之守衞被仰付尙有餘之人數は陸戰ニ被備日夜操練可有之は勿論ニ候尤古風之軍制を改革し不用の雜兵を省き成丈ケ夫食之費を減し精練之逞兵而已御撰用可有之は不及申事ニ候乍併火藥之儀は御府内有合計ニ而は不足可致候得者何とか急速取集之御趣法無御坐候而ハ不相適儀と奉存候大方幾千萬斤之御入用と積和蘭へ御注文ニ而外國より急〻御取入ニ相成候而も可然哉ニ奉存候尤當時諸大名此地之御備

に致所持居候大炮彈藥共御買揚に相成候はゝ是又少ゝ之御間ニ合可申
且又軍艦無之而者璧者之城を守る如く進撃突戰之術難施候得者是非御
製造不相成候而者難相適事候得は是亦早ゝ御取懸りに不相成候半而者
御手後れニ可相成候乍併新製之儀容易ニ出來申間敷候得は大小五十艘
計り火藥同樣和蘭へ御注文ニ而急速御買入ニ相成候も可然歟尤舟計有
之候而も兵士習熟不致候而は其用をなし難く候得は今日ゟ初而海軍に
可被命分は海船に乘習ひ波濤を凌き逆風を乘切候而も不坦席上に坐す
るか如くならしむへき議と奉存候此の外防禦に付而者百般之術計可有
之儀候得は夫ゝ堪能之仁に御委任有之天下之御威勢を以誠精御取急き
被成候はゝ如何程の大事たりとも恐らく成就不仕義は有御坐間敷と奉
存候得者何分頭燃を拂ふ御勢ひニ無御坐候半而者不日之成功は無覺束
儀と奉存候
一、於御府内御必戰之策を被建候ニ付而者日本全國武備完整に相成別而

沿海之諸國は嚴備に不相成候半而者　神洲之御國威相振ひ不申事ニ存候仍之先第一ニ　皇都守衞之元帥に尾紀之兩華冑を被相建近傍之諸侯を御附屬有之且領國に海岸有之諸侯は歸國被仰付軍艦製造も御指免し何分自國之海防無油斷可被仰付義第一之急務と奉存候左候へ者一には都下之夫食を減し二ニは諸侯の疲弊を補ひ三には事に臨んて日本全國之騷き可相成妨害を防き可申儀と奉存候都而必戰之時に當り可被召集諸侯を却而歸國被仰付候儀者表裏之儀候得共此時に當り諸侯と共に皇國を御守護被爲成候大公之御雄略を天下に御示し可被成御儀と奉存候當時之躰ニ而は日本半國之諸侯在府之姿候得者領國留守之家來共都下必戰と承候得者誰壹人主人之身上を懸念不仕者は無之候得者各先途を見屆候半と不召呼候而も先を爭ひ可致出府は必然ニて左候時は全國之騷動に相成都下之人數も多きに過き騷擾を倍し軍粮を費し諸侯之入費も夥敷儀に可相成且國ゝは總て空虛に可相成候加之此表迚も多人數

御手厚成姿計にて先般之如く一手〻〻之出勢にて御廟策も不致承知人心渙發防禦之具も無之勇士遑卒一途に死を爭ひ候計之兵勢ニ而所謂以卒與敵格言の如く亂炮如雨死傷山をなし候より外は無之止に是日本牟國忠勇之士を一集して夷虜之手を假而致殺戮候も同然ニ而如何にも難忍御事共にて萬に一得も無之候畢竟都下之御警衞には數萬の御旗本勢有之事候得は節制致完備候はゝ御府内海岸之守衞におゐては御不足之儀者有之間敷候得は尙又御譜代衆の内領分海岸無之諸侯を被召加其上にも國持衆之内兩三輩御指加へ被成領國之守衞は隣國隣領へ後援被仰付候はゝ所領危殆之顧念も無之十分之御嚴備に可相成儀と奉存候尤諸侯之義は兼而操練致置候人數に應し夫〻之御場所御割賦有之御場所附之器械は大炮を初惣而御渡ニ相成候樣取計候半而者國許と此表と兩途之備向ハ難相整儀と奉存候又府内御備向之義は御廓通りも同樣之儀ニ而　公邊におゐて御完整可被成は當然之御儀と奉存候加之御加勢人數

之儀は軍粮も　公邊ゟ御取賄に不相成候半而者平世と違ひ多分之人數指置候事故是亦兩途之失費に相成候而者國内疲弊に及ひ可申儀と奉存候且又在國之諸侯留守屋敷之儀は如何程小勢ニ而も逞兵指置候樣被仰付置候得者事に臨み一廉之御用便ニ可相成儀と奉存候

建白ノ儀ニツキ福山侯ヘ示談

一、右御建白の事に付ても御對面之上仰セ入られたき御事とも丶坐セしかは御直書を以御懸合の上八月十日の夜福山侯の大奥へ御入ありて御廟算之御次第をも御談論遊されしに明年渡來之上は必戰之御仕構へにて御手強き御會釋にも可相成との御廟議にて軍艦も二十餘艘和蘭へ御注文に相成内海へも炮臺御取建有之外國之事情は長崎在留の和蘭甲必丹へ御尋に相成品ニより江戸表へも可被召寄との御評議のよし諸侯の建白も廟堂の氣息を測候哉いまた半に過て指出さ丶るとの御内話なりしとそ此御對話の御折柄密に前條に記する　御養君の御事を御申試ミあらせられしに侯おのれもさこそ思ひよりて候へと此は上なき重事候得は輕〻敷申出へき事に候はねはおのれ心に秘め置て好き折を見てものし侍るへけれは努ゝ人にな語らひ洩し給ひそと堅く申とゝめさせ給ひしとそ師質も後に承りぬ

一、八月十一日昨夜福山侯へ御入ありし折の御物語の次第と申水老公は如何に思召坐すらん將　公の御建白も御覽ありしや如何にと被仰進たりしに老公の御返書如左

兩度貴書令披閲候如諭新涼相催候處益御勇猛何寄之事ニ存候扨も御建白云ゝ數拜見被仰付候へとも未貴書は　上覽に相成居候哉若又御役ゝ熟覽致居候哉未た拜見不仕候何れ其中には拜見被仰付候事と存候如何樣御明論候哉早く拜見仕度事ニ存候和を唱へ候人と戰を唱へ候人と區ゝにて指支申候得共拙老は內戰に外和に致し候方と存候內さへ戰に覺悟いたし置候へは外は和を以なやし夫にて先ゝ兵端を開候とも差支は無之若承知にて歸帆候得は尙ゝ之事と存候何れにも處ゝより雨の如く封書出晝夜見候得共中ゝ兩眼引足り不申候乍略儀兩度之御答一度ニ申

進候御海恕可給候也

八月十一日夜卽刻

二白おろしやいきりすふらんすあめりかを敵に取り申候御時節實ニ天下の安危此時と恐入申候廿年前ゟ追ゝ申上候通りニ相成候へはヶ様之事は有之間敷萬ゝ一有之候而も格別に被成候方もよろしく候處今大病人受取候樣にて匕を投候外無之候貴兄にて拙老之代り御勤被下度拙老今になり何良策も無之日夜心配計ニ而御免願候より外良策は有之間敷と實に恐入申候　御引移りも近ゝと奉存候へハ其上に而は何卒御免に仕度事ニ候已上

水老公へ內戰外和往復

公御返翰の趣ニ付內戰外和の御深意も被爲聽度と同十五日左之通被仰進たりしに例之御朱書の御返報あり如左

凉氣次第相催候處先以愈御淸寧奉恐悅候然は先日差出候建白御一覽被成下候哉相伺度且又先日尊書中に內戰外和と被仰下候儀は今般天下へ

必戰之御覺悟被　命來年蠻舶渡來之節は可成丈け溫和に　御國威御諭告を外和と申儀に而從　公邊御打拂にては無之彼方ゟ不法起候節は御決戰の御見込ニ候哉又內は前文之通外夷へは交易計にも無之願通り和親候御許免右を、外和との思召候哉二ヶ條尙又相伺度奉存候日夜乍恐苦心御案思申上候餘又々御多務中呈上野牘仕候右申上度如此（御脱カ）坐候誠恐誠惶頓首謹言

八月十五日朝認

尙〻涼氣別而爲　皇國御自護奉懇禱候謹白

（以下二十一行朱書）
如諭涼氣相催候處益御勇健降心いたし候內戰外和之儀ニ付縷々被仰越候趣謹承いたし候拙者見込は相成丈け內之御備手厚にいたし扱異船來候へ者可相成丈け此方ゟは爭端を不開平穩に取計セ夷人承知無之彼より爭端を開き候はヽ無二念打拂ひ闔國の力を盡し　御國威立候樣致候より外無之と存候乍然　尊慮は如何可有之哉何にもいたせ

貴兄ノ御身にては銃炮玉藥等も御手厚く御國許ゟ御取寄セ調練等時〻御勵セ被置成候方と存候未大名へ御懸ケの分も出切不申候所是も追〻にハ出揃候半又　御代替　御引移等も其中には可被爲在候へ者何とか被仰出も可有之と奉恐察候處何れ（の脱カ）道武家にて武を被勵銃炮玉藥の御手當は十二分にも十三分にも御手當被成候義御損には相成間敷と存候願筋御濟せの儀於拙老は御宜とは不奉存一旦御濟セュ相成候へ者決而御止は六ケ敷追〻日本勞症病の如く相成候へ者今よりも尙以六ケ敷可相成と存候何レ其中には何とか御達も有之事と存候へ者先〻默〻にて御手前の武備御勵何寄之事と存候尾薩抔は正論にて安心致候得共又願を濟セ安樂に致たがり候者も多一致不致にはさてさて心配いたし候拙老見込之處も先〻御他言無之樣御懇意に任セ此段申進候○御指出に相成候御下書披閲乍每度感心いたし候假令臺場大炮出來候とても耻をわすれ候得者臺場も筒も彼か物に可相成志が

何よりの處と存候極密御答迄早〻如何にも寸暇無之略答は御海恕可
被下候
即刻

御墨書御別紙

追而申候定而　公邊より拜見可被仰付候得共先ッ拙老の論と同しく候
へ者萬〻一拜見不被仰付候節の爲寫し置申度候間此段御斷申候寫し終
候はゝ早〻返上可致候大名中第一の御論と拙老は存候
公和戰の御策は御同意之筋にて御安心あらせられしかと十一日の御追書
に被仰越たる御引退の御意衷被爲在候を深く御懸念思召天下の棟梁とも
御賴思召老公のかゝる思召立にては此末如何成行んと御憂慮之餘り此御
事に付ても御廟議之次第御案勞思召旨にて同十六日福山侯へ御直書を被
進たりしに同十七日侯御返報左之如し
昨日被遣候御細簡謹而拜讀仕候如仰新冷相成候處先以愈御安靜欣喜之

至存候陳は先日は御來駕御坐候處御節柄之儀別而御構不申上毎度失敬之事共御免可被成下候其後水府老公へ御文通被成候處御返事參り內〻爲御見被下委細拜承仕候右ニ付段〻御心配之條々逐一被仰下實ニ御大事之御時節晝夜不安寢食次第御同意奉存候然ル處水府老公御書面にては此後如何と貴君御案思〻召候旨御尤存候尤此儀は小生老公へ拜謁時〻刻〻御相談申候得共更ニ漏泄は不仕候間必御心配被下間敷候此義者既に先達而小生へ極御內話御坐候趣も有之候ニ付乍憚愚意聢と申上候處成程と御承知被成聊御動き無之萬事御出精可被成趣も被仰聞候只〻御退隱之御身分ニ而厚御沙汰を以御登城被仰出殊ニ奧向へ別段御登城御相談筋等被爲在候段誠ニ別段之義今ニ相成品〻入組談說紛々と相成種々被成にくき御事共にて御心痛等ニ而御辭退被成候樣ニ而は　上は勿論水府老公御爲にも不相成則　東照宮へ之被仰譯も無之義と實ニ小生も心配仕候間乍憚愚意有体申上思召を相止メ申候間最早決而被仰出

義は有之間敷萬〻一被仰上候迚も御免可有之道理無之候間此義は必〻
御心配無之樣存候猶能〻心得居可申候老公御書返上いたし御受取可被
下候扨又今朝被仰下候此程之御內話落も有之付御用隙申上候樣委細拜
承仕候猶御用隙自是可申上候右申上度貴答迄艸〻如此御坐候頓首

八月十七日

二白新涼折角御厭專要奉存候已上

福山侯へ和戰ノ事ニツキ書通

一、公猶御思惟あらせらるに廟議和戰の兩端に分れ一定ならさるにより瞭然たる御發令もなく月日のみ押移りてハ愈御大事も迫りぬへく被思召猶又御見込之程を福山侯へ被仰合度と御暇日御問合せありしに右に記する御返答にて其後被仰越候事もなけれハ　公いたつらに御對話の折を待せられんよりはと此月末に至り（月日缺）左之通御書取もて被仰進たり

先般罷出候節段〻之御懇諭にて粗致降心候得共尚又及陳告度義御坐
候故冗雜不文には候得共又〻愚存書取入貴覽候間痴情氷解之御垂諭

希上候

此間御内話之趣ニ而ハ諸侯之建白相揃候上御決定之被仰出も可有御坐哉之由左候得はいつれに來月にも相成可申と被存候諸侯之建議も畢竟和戰之兩途より外ハ有之間敷事に御坐候たとひ其餘如何樣之儀申立候にもいたせ於　公邊已ニ必戰御決斷之御義候ハヽ一刻も早く不被仰出候半而ハ元來之御手後れ彌以御手後れニ可相成哉と致恐懼候乍併實ニ於　公邊御必戰之御覺悟にも被爲在候ハヽ御含蓄之御英氣何となく世上へも發露可致哉之處今日ニ至る迄墨夷渡來已前同樣依然たる形勢にて具足師抔之致繁昌候迄之事ニ御坐候依之窃ニ致恐察候處水老公幷閣下等ハ必戰之覺悟被決候得共一体之廷議或ハ和或ハ戰衆議紛然と相成居候哉とも被存候和戰之兩議交も行はれ徒に日月押移り終ニ墨舶渡來之期に至り候而ハ當夏も同樣ニて和降之外ハ無之事と相成可申候得ハ誠以御大事千萬之事候故たとひ必戰不服之族ハ立地に御黜罰御坐候而

成とも早〻御英斷御坐候而御旗本を始勇鋭作振致候樣之御仕向け有之天下之御處置におゐても都府之片端より人家御取拂ひ大城之銅瓦を引剝き巨礮御鑄造被成候程成大英斷非常之御取行ひを御示し被成戰鬪一途に被決候得ハ士心爭てか安逸を盜み可申自然奮發可致儀と被存候唯〻一日も早く被仰出有之將士之心志相定候樣致度摸稜之間に時期相後れ可申歟と御案事申上候

一、近海防禦之爲江川太郎左衞門へ被命炮臺建築被仰出繩張出來候由承及候付家來之者差越一見爲仕候處夥敷御仕構へ之由海中すら右樣之御次第候得は內地之御備は猶以御手厚ニ可被仰付儀ニ而追〻其邊の御運ひニ相成候と難有奉存候事御坐候乍併兼〻申上候元帥を不被建候半而ハ御固も御備も魂入り申間敷候元帥の謀略より出候地ニは彌繩張候へハ勝算も其內ニ備はり可申候得共先後倒に相成何事も半表半裏之際に相定り夫を以元帥に指揮を被命候ハヽ馬乘に猿廻しを爲致候如く得手違に相成其人之藝能も相著はれ不申而已ならす却て嘲りを招候樣相成可申候是も馬乘りを負ゞ最に存候者計候得ハ氣の毒にも可存候得共過半ハ仕損しを待居候者も有之樣にてハ内崩れに相成萬端埒明事にハ無之馬乘を出候からは金銀を惜ますす好なる馬を牽入れ飼方馬具迄も十分に致し十分に爲乘候ハヽ如何にも見事に可有之夫故防禦の策を被定候ニ付而ハ第一番に元帥を被立地理要害悉く巡見之上元帥之指揮にて炮臺も何も相定候半而ハ役に立兼候ハ勿論に御坐候太郞左衞門之方策遺算ハ有之間敷候得共何卒一日も早く元帥を被建元帥幷諸閣老を初再三御巡見之上御治定相成候ハヽ名實も正敷御安心之御儀と奉存候炮臺守衞之向も快ゞ心死守志に相成可申候夫に引かへ一ト通り之御普請處同樣繪圖面仕樣書等にて御指圖濟と相成或は御見分有之而も先例規形を以威儀嚴重成計にてハ刻限而已押移り隅ミ迄ハ御見分も不行屆と申樣なる事に而ハ何とやら御手薄の事にて炮臺の儀ニ付不服之族ハ後言喋ミ敷相

成遂にハ不安心之事之様に議說行はれ候如く相成候而ハ將卒之英氣も
折ヶ不容易御大事にも可相成哉と不顧憚見越之儀共申述候此一擧之御
所置方抔ハ別而士氣之興廢に致關係候事にて不一通成事候得ハ兎角一
日も早く元帥を被建此邊之儀共御委任可被爲在御儀には有之間敷歟炮
臺も餘り御大造之事に承り候得はヶ様に御捨置被成候而ハ成功も無覺
束大炮は猶以之儀と被存候乍併大炮臺場は如何様見事に出來候而も元
帥不擧士氣振ひ不申候半而ハ所謂無用之長物には有御座間敷歟
一、諸大名之様子を相考候處氣を掛候向ハ武器取揃へ大炮鑄造家來共炮術
爲心懸候位之事ニ而夫程にも無之も隨分可有之必死を極め防戰一途に
志候向は定而可有之候得共愚眼にハ見え兼申候御旗本之面ゝハ猶以不
相變柔懦にて銘ゝ着具之心懸さへ致得不申向も有之哉に承り及申候御
膝元御固め肝心之御旗本をヶ様に遊惰に被成置何そと申セハ諸大名を
御遣ひ被成候儀ハ諸大名も快は存し不申趣に而候得は何分餘程の御皷

舞に無之而ハ中ミ以早急御間に合候樣にハ相成兼可申候一ト通り之事候へハ致出勢候處か上ミ之仕合ニ而武器鐵炮等無欠乏相揃候迄にて眞武之英氣ハ決而振興致間敷と被存候夫ニ付ても何分前書にも申陳候必戰之御覺悟早ミ被仰出度奉存候事ニ御坐候此儘尋常之御引立にて御事足り可申との御評議ニ而來春に至り臨時警衞被命御文段計の必戰萬一實事と相成爭端相開候而ハ衆力も一致之場合にハ相成間敷迚も立派之防禦出來可申とも不被存江府ハ御敗衂必然と奉存候夫社通諺之なま兵法大傷之基と申如く御不安心之者を御賴被成御取歸しも難出來御大事に及ひ可申歟と致恐察候不敎民を以戰ふと申如く將卒を棄廢し　皇國の神民を面視に汚され候半よりハ願通り御許容にて當坐やかないの御平穩の方も相勝り候程の儀と奉存候何分來春警衞可被命向ハ一日も早く必死之覺悟を極候樣御鞭策にて持場等をも御渡ニ相成候ハヽ夫ニ付面ミ心算も相定り一手限り之安心も出來一途に防戰を勵候心得にも可

相成儀と被存候此躰ニ而ハ小生ニおゐても死地不相定候哉必死之覺悟も付兼申候故諸大名諸御旗本之心中も致想像益〻不堪憂勞候故被仰出を待兼指越候儀共申上候段不惡御汲察御容舍可被下候以上

八月

九月朔日先達而墨夷呈書ニ付御垂問之御答書被指上候節夫ニ付被仰上儀も有之ニ付牧野殿へ御逢對之儀被仰入候に于今兎角之御返事無之ニ付至急に被　仰上度義に候ひしかハ最早不及御逢段今日是ゟ御斷り被仰遣たり

一、九月四日福山侯より右之御答かた〳〵被仰進候趣さの通り

追〻秋冷相催候得共兎角不揃ニ候過日ハ縷〻御建白之趣具ニ拜承一〻御尤之義と奉存候猶得と勘考致候間左樣御承知可被下候乍序内密申上候此度内海御臺場出來相成江川太郎左衞門引請夫〻取調候處下曾根金三郎殊之外不平に有之種〻と申ふらし候哉之よし何ろ同人にて別段の

良考も有之事候哉當時之場合只〻流儀爭ひ抔仕候時節にハ有之間敷小生家臣も同人門人も有之江川門人も有之貴家にも金三郎門人數輩有之候間何そ御聞込も可有之歟却而同人爲にも不可然と存候間貴君御同意候ハヽ金三郎を得と申談同人見込をも承り可申と存候得共如何哉御內談申候家臣も毎度世話にも相成候儀其儘捨置候も不本意ニ付申進候其內拜眉萬〻可申上と存候得共殊之外御用多にて何分寸隙無之追〻延引相成申候其內猶可申上候艸〻已上

九月四日

福山侯へ海防ノ儀建議

一、公形の如き御憤發にて福山侯へ再三仰入れられしかとも　廟堂は依然として改新作與の御發令もなければ　公いよ〳〵堪兼給ひて十月に至りて猶又如左福山侯へ御建議あり

愚衷

毎〻申上候儀に候得共振古未曾有之御厄運相迫り候御時勢に而夜以繼

日之御至誠萬事御評議有之天下振興仕候樣之　御英斷被仰出無之候半而ハ相濟不申儀と晝夜渇望罷在候然る處當夏異船退帆より百餘日相成殊に　御代替も被爲濟候ハヽ別段被仰出も可有之儀と竊ニ相樂罷在候處於今御勇斷御發表も無之實に日月荏苒押移候而已ニ而誠ニ恐入候より外無御座候當時之形勢有志も解体士氣作興不仕逐日如何共難仕可相成は眼前に而事ニ臨み於　公邊如何樣御引立被爲在候共いかてか戰爭に當り可申哉必敗𠡠可致彼ハ數年戰闘之中に長シ猖獗ハ申迄も無之精熟は勿論之儀ニ御坐候就而ハ何卒早速御決評有之先日も及建白候通り第一之元帥を被立先主於諸葛亮ことく内外萬事御委任御坐候はヽ　神州全國之和魂振起必定御嚴備も相立可申と奉存候左も無之此儘來年に押移り西洋各國ゟ致渡來樣相成候は御權道も難被行無御據遂には一同へ彼等之情願御許容相成候樣の御次第ニ相運ひ候而ハ乍恐　德川家之御武德も失墜可仕義と存詰罷在候故庸愚蒙昧之愚衷も申上候儀ニ御坐

候吳〻も元帥御決評無之候半而ハ何れの道にせよ相濟申間敷且又　幕府の御摸樣を推察仕彼是申上候儀ハ必竟出位之罪多候得共今以御勇斷被仰出無御坐儀は衆有司議論區〻に相成居儀と奉存候交易和議を唱候者も多く又必戰固守を希望仕候も半ニ過居候處ゟ御果敢取難被成儀と奉存候此度諸侯建議も右同斷ニ可有御座候得共英斷ハ乍恐上樣ハ不及申上閣老邊ニ而御定議無之而者誰有而裁判可仕哉當前江戸之人氣幷諸侯之落付御旗本之樣子而已を御斟酌人氣穩にて御嚴備相成候樣之御所置は御六ヶ敷儀と奉存候熟世上を觀察致候へハ實ニ昇平無事之常態ニ而士心摧折凌夷諸侯は困弊不備六月以前へ事替候儀無之依然平〻實ニ望洋之歎而已に御坐候又此体ニ而必戰之被仰出而已有之候共更に天下安心も不仕防禦固守も難出來當夏同樣之爲体に相成可申ハ必然と奉存候當今敵國外患迫于前後艱難之御時世別而御初政と申　神祖を奉始御代〻之御遺志御躰認被爲成早々非常の　御勇斷を以今日昇平之御勤勞

は萬端御放下ニ而軍政のみ晝夜御勉勵必死之御勢御示御坐候ハヽ天下心服士氣勃興は必然と奉存候左樣無之而ハ數所之炮臺幾萬の大礮も御費用のみ相係り所謂無用之長物と奉存候　御引移も近ヽ被爲在候御儀故又ヽ此機會被失候而者愈以御手後レにて被成方も有御坐間敷と晝夜御案思申上候餘り再三陳告仕候不相變忌諱不敬之文段は御海涵可被下候以上

十月　　御名

幕府武備未整ヲ以テ異船平穩ノ處置ヲ採ラントス

一、十一月朔日福山侯へ御留守居之者を被召呼て亞米利加國書翰之儀ニ付建議之趣各遂熟覽集議參考之上達　御聽候處諸説異同あれとも遂ニ和戰之二字に歸着し且銘ヽ建議之通防禦筋御全備にも至らされは彌來年渡來之節は御聞屆之有無は御申聞なく成丈ケ平穩に御取扱あるけれと自然彼より亂妨に及候節不覺悟之次第にては御國辱にも相成へきなれは防禦之實用精ヽに心懸面ヽ忠憤を忍ひ義勇を蓄へ萬一彼ゟ兵端を開候ハヽ一同奮發毫髪も御國体を不汚樣擧而心力を竭し可勵忠勤との　上意之旨御書付を以被仰渡たり此後は　將軍宣下等之御祝事指湊ひて　幕府の御多端も差見えたれい　公も被仰立事もなく又被仰出事もなくて此年は暮にたり

昨夢紀事第一卷終

昨夢紀事第二巻

黒船再渡水老公往復

嘉永七年甲寅年歸りて物事改まり賑はゝしき景氣にはあれと何となくうら安からぬ江戸の海の春色なりしに正月十一日早くも異國船伊豆國の大島沖に見ゆるよし風聞あり十二日になりてハ異船四艘已に浦賀近く迄乗入りたるの聞えあれと營中にてハ只管穏(隱カ)密にして不定之体に取りなされたり此夕には今曉相州の三崎へ乗入たる注進之早船龍之口に來れり十三日にハ大道寺七右衛門を福山侯へ遣はされて御調らへありしに異船退帆の旨下田より屆あり浦賀よりはいまた何等の屆もこれなきよし公用人の申處も曖昧たる事なりけるか　公は當春渡來之事はおほし設け給ふ御事なれハ内ゝの御手配夫ゝ御指圖あつて驚かせ給ふにハ坐さねと　幕府の御様子あまりにけしからぬ御次第故例の水老公へ被仰進たる事左のことし

愈御勇健被爲渡重疊爲天下奉恐賀候然者巷說にては異船最早海口へ到泊と承り候素此度のは合同國にて候や又外異舶か其處も存不申候乍去兎も角も　公邊之御所置只〻御一大重事の御儀と竊に彌不安寢食御案申上候昨日承候處にてハ例之御隱密と申事世上人氣動搖不致樣との御主意にハ可有御坐候得共深く相考候へハ昨夏の如く又〻內海へ乘入候形勢にも相至り可申と存候其節ニ至り俄ニ諸侯へ夫〻被命場所固〆相成候而ハ却而倉卒之事ニ相成人數配り初行屆不申儀も可有之哉夫ハともあれ被命候而出張申候ハヽ內ニ如何体之不測之患難可起哉も是亦難相分奉存候間夫ゟは只今之內ニ早〻夫〻へ被命場所割渡相成候方却而乍恐　公邊御爲にも可相成と奉存候細川長州立花等ハ猶以之儀被命候儀不承候故猶又申上候事ニ御坐候只世上動搖を御畏懼被成候而諸侯へ固〆不被命次第により俄に被仰付候而ハ猶〻動搖の御掛念にも相響き可申歟と奉存候乍恐千〻萬〻動搖御心に被懸安んし居候樣千百之諭

告被爲在候共迚も人心安氣不仕ハ勿論ニ御坐候町人百姓ハ宜候得共武
士が　公邊之御仕向之通り安心致居候而ハ此御時態實ニ不相濟儀と奉
存候間旁以前件愚衷も申出候事に御坐候此段心付に付密〻奉謹白候御
同意被爲在候ハヽ至幸奉存候其上之御採用御棄捨ハ御賢慮次第と奉存
候何も艸〻頓首恐惶謹言

十三日　水戸前黃門公

御實名

一、正月十五日如例御登城ありしに營中何となく騷かしく見えて昨日は亞
米利加國之蒸氣船四艘軍艦六艘浦賀港近く渡來せる注進ある由因州侯御
物語あり水戸殿にも御對顏ありて老公ゟ御傳へ之由にて御渡ありし御書
面如左

水當公ト營中ニ應對水老公ト往復

伊豆之方ハ帆影も見え不申由候處只今早飛脚にて浦賀ゟ申來候ハ昨十
四日辰上刻浦賀へ來り御番所を乘越可申体の由軍艦十艘之內火輪船四
艘と申事やはり去年六月の船の様子のよし

公御一覧之上早速被仰知たる御〔禮脱カ〕・御申上ありけれは水府公此末如何可相成哉貴所にも御人數等御指出可有之哉と御尋に付　公誠に不容易御一大事と相成候へハ人數等指出候儀は素よりにて何時たりとも出張差支なく候と御答ありけれハ卿兼而御申付方も出來居候哉と御感心の趣故　公猶又人數出張なとの儀ハ當然の事にて申にも及はす唯肝心たる御奉公の出來兼候こそ恐入候へと被仰しかハ卿誠の御奉公とハ如何にと問はせ給ふ故先祖已來二百餘年　盛恩に浴し剰追〻結搆被仰出　御厚恩之程海岳喩ふるに物なく且外諸侯と違ひ御家門之名を汚し罷在候事に候へハ　幕府の御大事天下之安危に關係の秋に當り不及なから御爲に相成程の忠勤可仕心掛も無之只碌〻として人數位の心配仕居候儀何とも不忠之至極と存候か卿にハ如何在すにやと被仰上しかハ卿も御尤の思召御同然思召由御答ありしとそ此日は御退出ゟ直ニ田安御館へ被爲入候が右異船の摸樣從營中御直筆を以被仰遣兼而被仰付置候通り御手配り油斷ある間敷との御

事なりき田安御舘にハ御能ありて御見物旁被爲入候御事故御舘にて御紙筆を被爲借水老公へ今朝當公ゟ御傳書之御禮も被仰上且目今之形勢に付而ハ徒らに平穏をのみ不相唱諸大名へも人數出張等之心得被仰出可然哉抔被仰遣御歌を添られたり　ことふねの浦賀の沖によせ來るをしらてそ見らくにふの俳優　老公ゟ御卽報如左

如諭六花紛〻春寒料峭之時益御勇猛令拜賀候今朝豚兒ゟ云〻御傳申候ニ付縷〻御念入候義奉存候今朝閣老ゟ拙老にも明日ゟ登城いたし候樣申來候へ者海岸之義幷持場〳〵ハ勿論　京地御備等之儀舊年も度〻申候得共于今何之御評判も無之候故又〻可申達と認置候事ニ候たとへは大手へ人を集めさせて搦手ゟ打入候抔ハ古今有之事に候得者浦賀のみに心を用ひ候へハ大坂若狹等より入候事何共難計存候へハ是も可申達認置申候事にて尚貴兒ニ而も持場〻〻の義御申越故心つよく明日は可申達存候尚此上も御心付有之候ハヽ無御伏藏御申越に致度候此度の艦

金澤に滯船の由に候御申聞之通り廿ヶ年前ゟ拙者數度建白致候處其節に御備出來居候へハ何も憂も無之候得共今に相成候而ハ驅も及不申殘念之事ニ候何分唯今之處ニてハ相成候たけ年月を延し置其内御手當有之外ハ致方も無之候先ッハ極密御答申候草〻也

即刻　松越殿　水隱

二白御端書忝存候何分春寒御厭武備御世話有之候樣にと奉存候乍每度御秀咏令感吟候御返しに狂歌認候

此度は備なけれは先つ歸にし
又こひすみによるのあめりか　御一笑〱呵〻

御別紙

元日貴詠之御答之本文認落候故又御一笑に認

異國の艦こそ拂へ峯の風はるの霞ハさもあらはあれ

前同斷

御秀詠何れも感吟いたし候筆の序に又

いさゝらは我も波間に漕き出てあめりか艦を打や拂ハん

前同斷

有志ハ此世態氷心候得共御守殿抔はいつも變候御事もなくはご手まり抔其御住居も同様と奉存候夫ニ付拙老手まりうた作り申候是も筆序に認候　通俗にハまさり可申歟

一ツとや
人の國より我國を〳〵治めん事そ初なる〳〵

二ツとや
文よむとても武夫の〳〵心しなくは何かせん〳〵

三ツとや
湊を初備して〳〵城の内まて守らなん〳〵

四ツとや
世に住民ハ日本の〳〵深き惠を仰知れ〳〵

五ツとや
いつもかはらす我國は〳〵よそより起る君はなし〳〵

六ツとや
むくらの宿に住とても〳〵心にかゝる事はなし〳〵

七ツとや　何は置ても我君と〳〵父と母とはうやまはん〳〵
八ツとや　八つに我身はさかるとも〳〵赤き心を世に殘せ〳〵
九ツとや　心動かぬ物ならハ〳〵是よりつよき備なし〳〵
十ツとや　豐芦原の中つ國〳〵浪は立せじ春の風〳〵

又

一二三四五六ゝ七八ハやまと心を種となしつゝ春の初ハ汚れ濁りなさくるならひと異端邪法の國賊あたまに似たるまり故はるの風とて
一二三〳〵四五六七八九十大笑〳〵呵ゝ〳〵

固場ノコト仰出サル

一、正月十六日今日となりてハ異船追ゝ浦賀以内へ乘入へき趣なれと事立へき樣にも聞えす世の中も去歳に變り穩なる故當時の　廟議は如何なるにやと密に大道寺七右衛門を奧御右筆の黑澤正助殿へ被遣御內調ありしに此度ハ兎も角も精ゝ穩便に御取計らひあつて戰鬪にハ及はさる樣の御廟算なるよし夫故諸家の御人數も出されて濟へきにもあらんかされと此事ハ極内評にて表御人數被指出事ハ御登　城の上御達あるへき歟又ハ閣老衆の御宅へ御呼出にて御達しあるへきか兩樣の内なるへし異船も昨年と違ひ甚穩なる由を物語れり

一、此夕西尾侯ゟ御留守居の者を被召呼内海御備之御人數御指出の事は其節に至り御指圖あるへけれと御場處の儀ハ芝邊と御心得あるへき旨御書付を以て御達あり　公是を聞し召芝邊と計にてハ餘りに據なけれハ猶指定めたる場所を伺ふへしとの御沙汰にて翌十七日御留守居共ゟ西尾侯へ伺ひたるに增上寺大門前と御指圖ありかくてハ敵の旗色も見えす疎遠の場所にて御不本意思召ハ金杉通り町家御取拂ひにて魚揚場御渡に相成歟又は濱御庭御警衞被仰出候樣十八日朝西尾侯へ御出にて御直達被遊たり

一、正月十八日水老公へ被進たる御内書左之通り

窃に當路の向ゟ承候處にてハ今般渡來の異國人は素ゝ願意通りも有之事故云ゝ渡來何んの素願二三ケ條其通りにさへ相成候ハヽ必定平穩に

て戰闘の場合に至り候儀十に八九も有之間敷云〻深考仕候へハ已に去年七月ゟ長崎へ到泊之ヲロシヤ人十一月比一旦及退帆候後再渡以來今に退帆もいたし不申平均七月ゟ半年も相立候儀且又魯夷へ御返翰眞僞ハ慥に不相分候得共世上に流布仕候のを致一見候處にてハ御代替抔被仰立四五年之時日を御延緩被成候御趣向と奉存候委細は不存候得共魯夷夫にて致心服候哉不存候得共致心服候はゝ猶以此度は御重事と奉存候趣意ハ遠隔之魯夷ハ云〻御所置眼前之墨夷へハ萬一云〻之御許容等有之候而者第一いかにもヲロシヤへ之御信義甚相立兼候儀と奉存候先魯夷御許容有之候末墨奴へ御許容相成候ハゝ同し御國禁を被破候御所置にても宜候得とも日本之御國法を守り長崎へ渡來之魯と別而猖黠之墨奴と釣合相違候而ハ甚以御事魯西亞必然含激怒浦賀へ入港强願いたし候哉又直に打入開兵端候かの二ッ一ッに御坐候今や浦賀へ墨舶迫り候とて魯ゟ初に御免有之候而ハ不相濟儀と奉存候素ゟ於小生ハ機密深

重之御趣意ハ不存當路某之噺と流布御返翰とを比較申上候事ニ御坐候間御寛容被下度候何も又〻不顧憚犯虎威早〻頓首謹言

正月十八日

閣場所替御出サル

一、正月十九日品川御殿山へ御場所替被仰出たり此件幷防禦之次第等種〻御伺ひ御取計ひありしハ御記錄に詳かなれハ爰にハ其概略を記しぬ此御場所替之御直達は閣老衆にも殊に感服ありて被及衆議候處何れも間然なき儀とて加州侯と御場所替ニ被仰出たる由天下一統に如此ならハ異船不足患との評判なりしとそ

一、異船追〻に觀音崎を乘越て小柴沖に停泊し平穩の樣にはあれと夷情難測故にや萬一異變に及ひなハ於火消屋敷板木打立夫を萬石以上火の見櫓有之向〻場末迄打繼候樣にいたし夫を非常の場合と心得へき旨なり御觸ありて人氣も何となく騷き立たり

一、正月廿二日暮時過西尾侯へ御留守居之者を被召呼先つ一番手の御人數

を物靜に被指出候樣御達ある故兼而御調之通り一番手を被指出品川東海寺を宿陣と定められたり

江川太郎左衛門覺悟

一、此日江川太郎左衛門殿へ異國船萬一内海へ乘入儀も難計其節ハ太郎左衛門殿早速出船ありて誠心を以申諭乘戻候樣可致旨を被命たりとそ仍之晝夜濱御庭に詰居らるゝよし聞えたり

太郎左衛門殿ハ豆州韮山の御代官にて海防縣り御鐵炮方を兼られたり外國の事情に精敷蘭學をも心得られて近年外寇の事に付ては日夜心肝を碎き必戰を期し忠誠膽勇　幕府諸有司中之隨一たり仍之　幕廷の信任を受て如此特命をも蒙られたり此人の股肱之手附齋藤彌九郎も同敷伴ふて出船すへき手筈なりしか事果て後彌九郎太郎左衛門殿にいへるは彼時僕か心構へは君の彼理を諭し給ひて彼若固く聞入間敷狀を見屆たらんには矢庭に彼理刺殺して仕舞んと覺悟して御供に侍ひしなりと申せしかは太郎左衛門殿打笑ひ余もいかてか彼理を諭し得へき其期に

至り聞くましきも必定なれハ彼應答の語氣を察し一刀兩斷になしてくれんすとの心算なりき汝に先はさせましとおもひしなりとかたられしよし彌九郎師質に物語りき

水老公ト書通往復

一、正月廿四日水老公へ御直書を被進しに例の御朱書の御返報あり共に左の如し

一翰奉呈陰晴不常寒暖未整之時先以倍御清安被成御起居欣賀不啻奉存候然ハ異船先ヽ平穩之趣にハ候得共世上巷說紛然應接も無之由承り申候如何相成候事哉實に不安寢食甚以苦惱切齒積胸之至奉存候此品到來合候付奉拜呈候萬ヽ一御笑留も被下候ハヽ幸甚之至奉存候將又先日以野書相伺候儀如何御坐候哉御序之砌是非御敎諭奉希候誠に駟も不及舌候得共萬一加奈川にて應接等相成候而ハ彌以乍恐　御武威失墜之端緒と奉存候何も近日之御樣子御見舞申上度艸ヽ頓首謹言

正月廿四日

尙〻時下御自玉爲天下奉祈念候被命昨夜品殿峯へ人數差出申候左樣御承知可被下候以上

（以下二十二行朱書）
朶雲拜誦如諭陰晴寒暖不定之候愈御健勝被成御起居抃賀不啻候墨夷渡來之處應接も無之御切齒之由御同意御坐候舊臘御書中ニ而御下問之趣御催促得貴意候得共愚老之存意を申進候へハ全く一己之了簡をも　廟議如此と御推考にてハ指支候故是迄御答も延引いたし候扨異賊渡來已前に候へハ大船大礟等一日も早く御製造急務に候得共今日と相成候而ハ所謂猪を見て矢をはくとやらん何事も御間ニ合ひ不申候公邊御始諸家之手當全備とも不被存候へハ此方ゟ打拂戰爭を挑み候ハ長策に有之間敷候乍然異船長く逗留之内我は空敷奔命に疲れ其上士卒外に暴露一統不戰して疲弊いたし候儀甚致懸念候つら〱考候に彼は河伯の如く水中にてこそりきみ居候得共陸地にてハ何程之事可有之哉されは我海岸等虛飾の陣を張居候よりも山陰木蔭等に休

息致居時々行列正しく海岸見廻り晝ハ木の間ゟ旗小印等與しれす見
せ夜は松明等樹間に耀き候類にいたし鋭氣を養ひ扣へ居異賊上陸亂
妨致候はゝ速に出張或は進て戰ひ或は僞て弱を示し彼乘し來候處に
て大小筒戰士夫ミ引分ケ處ミゟ打て出候ハゝ必勝無疑奉存候夫迄ハ
彼ゟおとし候共聊頓著不致退屈いたし候樣仕向ケ度事に候彼も中々
容易に上陸亂妨ハ致間敷候歟右は全くの愚存ニ候得共過日殿峯へ御
人數御差出のよし實地の御參考にも可相成哉と御懇意故吐露致し候
也

正月二十五日

水隱士

二白何寄の品御投送令多謝候此品如何敷候得共御報の寸志迄ニ令呈
進候不盡

一、此頃の風說にては異船平穩にハあれと彼か申出たる事ハ退引ならて應
接場所の事も彼是と難題申出て決しかたく漸く二十五日に至り浦賀の屋

形浦にて初度の應接ありて饗應の御料理を下されたりとそ此節の應接掛り全權ハ林大學頭殿井戸對馬守殿にて井澤美作守殿鵜殿民部少輔殿等も被差加たり林祭酒は應接已前にハ高の知れたる夷狄の輩何程の事あらんと蔑視廣言せられしか初度の應接後は俄に臆病神立添て彼かいふ處甚理あり中に任せすしては御大事に及ふへし　東照宮再生し給ふとも御任せの外はあるましとて周章狼狽せられたれハ大事を誤られたる而已ならす大ニ世の非笑をも請られたり使節は兎角して江戸へ參りて執政衆へ對談せすしてハ事就りかたきハ各國通例なる由を申立又此方にては一歩たりとも遠き處にて事を濟せんとの商議にて事の外に指縺れたれとも遂に橫濱の海邊に假屋を設て此後の應接あるへきに事定まれりと聞えたり

一、正月二十八日巳上刻比バーテラ船七艘各十四五人程つヽ乘組大森沖迄乘入測量いたし追ヽ品川邊へも乘入へき樣子のよし川口御番所より注進に付同夕方溜詰衆不殘水戸老公にも即刻御登城相成候樣御達ありて營中

以の外騷動せりとそ

一、去ル廿五日初度の應接の時彼ゟ通信交易の事を斷然として申立否とはいはすましき勢なれハ此事御許容なくてハ再度之應接難適趣林祭酒初ゟ追〻　幕府へ申上ニ付二月三日　幕府ゟ早馬を以林祭酒井對州江戸表へ被參候樣被仰遣兩氏ハ四日の早曉に神奈川驛を立て參府あり　幕府の廟算は御許容の有無は追而從是可被仰遣との御趣意の御返翰にて幾重にも穩便に相宥め江戸へハ入れ立すして歸帆せしむへしとの義なれとも應接方ニ而ハ御許容の有無を申聞せては三四年を限りても申延すへき工夫はなし彼已に通信交易は故なく御許しあるへき事のやうに心得たる趣なれハ夫たに御許あらは此儘にも歸帆すへく又兼而御評定ありし御返翰の趣を申聞なハ直に江戸海へ乘込閣老衆と對談に及ふへく其上にて御許しなくハ兵端にも至るへき勢なる故應接方大に困究の次第なる由風聞あり

一、二月朔日此頃の形勢ニ付福山侯へ被遣御直書左之通

態ゝ一翰陳述兎角寒暖不揃之候先以愈御清安被成御勤務珍重之至存候然は異船追ゝ内海へ乗入或ハ小船を以品川邊迄罷越海底淺深致測量候抔實ニ　御國法を輕蔑仕候義にて日夜苦惱切齒之至奉存候右測量仕候事故追ゝ品川内迄も乗入候所存にて可有御座右樣之形勢に至り候儀ハ實に狡猾不屆之次第ニ御坐候是非此處にて何とか御所置筋無之候半而ハ實ニ恐入候外無之奉存候殊に當時平穩と申與儀之深慮計兼候得共此内彼より兵端を開らき候と申にも無之候共不法に上陸致候歟又は空炮を打懸候はゝ如何之巨患相發し可申とも更ニ難相計奉存候其上品川備場へ往來仕候家臣共ゟ承候而も都下平に繁華之趣右は全く御鎭撫之御趣意にて重疊之義と奉存候得共所謂寢耳ニ水之譬諭之通り彼ゟ脫兎の勢を示し候ハゝ一時に擾亂可仕大厦の覆一木の支る所にあらさる勢に可相成奉存候得は今一際海岸御嚴重ニ被成置都下へも何とか覺悟御示

し之上異船へも嚴重御諭告御座候樣仕度義と奉存候只〻平穩と申內に
一異變等出來致し候樣ニ可相成哉と實に積胸御案事申上候餘り相認候
定而於　公邊而は深重の御趣意可被爲在候得共傍觀いたし候而相考候
へハ片時も不安御儀尙又深御勘考被下候樣奉存候只〻御大事之御儀何
共絕言語候要用而已草々申縮候不悉

二月朔日

野村淵藏夷情探索

一、高知稻葉務此節江戶表之形勢爲聞調家來野村淵藏と云へる者を指出し
たり此者聊文才もありて事情探索の筋等心得たる男なれハ主用といひ旁
此者を雇ひ細作として神奈川邊へ罷越居彼地の模樣承り繕ひ可及密告旨
二月三日付ニ申遣したるに其後追〻の注進如左
一、正月十四日朝之內小軍艦壹艘總州天神山をさし乘入竹ヶ岡沖ゟ本牧
小柴をさし乘込八時頃小柴沖に舟懸り候由
一、夕方與力近藤良次彼船へ罷越何分舟を浦賀迄引戾候樣申聞候處彼の

返答にハ大將より此處迄乘入居候樣申付候間此ゟは少も不動由大將ハ
跡の大船に乘居候間夫ゟ指圖有之候へハ何方へ成共參候由返答
一、十六日九ッ時頃ゟ八時迄に小柴沖迄軍艦三艘蒸氣船三艘乘込尤北風
強き故帆下し蒸氣船ゟ一艘にて軍艦一艘ッヽ綱を懸け引入候事
一、同日夕方與力彼舟へ罷越候處與力抔ハ懸合不致候付明日長官參候由
申述罷歸る
一、十七日組頭黑川嘉兵衞幷與力中島三郎助倍倉藤三郎近藤良次鄕原伊
三郎通し者辰之助德次郎同船にて乘入九時頃ゟ暮時迄應接有之由其大
意は近日長官之者罷越鎌倉におゐて御返翰御渡有之候間何分浦賀外へ
乘戾候樣申聞候得共一向聞入不申彼の方にハ江戶の方へは何れなりと
も參候へとも浦賀外へ引出候事ハ承知不致由

我國の

丑十月十六日彼國出帆　十二月十三日香港ゟ出帆

正月十日琉球ゟ出帆

一、廿〔十カ〕九日朝八時比ゟ井戸林伊澤鵜殿松崎其外與力同心追ゝ神奈川へ罷越

一、廿五日屋かた浦におゐて應接有之彼初ゟ神奈川邊にて致呉候と申張浦賀外へ出候事を承知不致故左様候ハヽ先ッ見分として參候様申聞候處漸承知致し見分旁應接有之由其節彼申にハ此處ハ場所狹く献上物陳ね候處も無之間何分にも處を替呉候様申我方ニ而ハ何分にも此處にて致度儀ニ付いろ／＼申諭候處廿七日にハ何とも申さす潮田沖迄乘込候由

一、右應接之節漢文ニ而書取指出候文意ハ未た不詳候得共使節ゟ御返翰受取に參候趣を認候様子御坐候文も相應に出來認ハ餘程見事ニ出來候而清朝人も參居候由

一、右應接之節種ゝ饗應有之我云御返翰も追而此處にて御渡可有之段申聞候處彼云何之國にても書翰受取渡城下ニ而致事　何分にも江戸の

方にて受取度申張候而不聞入故又〻廿七日應接可致旨申聞相濟候由

一、彼云御返翰御渡之上ハ舟中ニ而開封いたし御答振により御懸合可致旨國王ゟ申付置候と申候由

一、廿七日小柴沖へ懸り居候異船五時比ゟ江戸を指し乘込五半時比富岡沖に碇を卸し夫ゟ又乘込八時比より暮時比迄に潮田沖に蒸氣船三艘軍艦二艘外に浦賀沖に掛りありし軍艦都合五艘碇をおろし軍艦壹艘ハ小柴沖へ懸り居候

一、廿七日七時過押送り舟にて香山榮左衞門彼舟へ罷越此以後應接之儀ハ横濱にて可致申聞候處承知致候

一、此間ゟ井戸對馬守初應接懸之衆ゟ江戸表へ度〻伺相立候趣意ハ通信交易御ゆるし無之而ハ應接難致段申上置候處朔日御勘定奉行松平河内守殿早馬にて神奈川驛へ被罷越一夜御評議有之處決評不致候ニ付被罷歸候而三日晝後諏訪邊八十郎早馬にて御使罷越早速井戸林江戸表へ罷

出候様申來り四日曉神奈川八時立ニ罷越候由

一、御廟策ハ兼而御定之御返翰之趣幾重にも取扱致候而江戸の方へハ何分にも不參様取計可致旨應接方へ被仰出候由

一、應接方ニ而者通信交易御許し無之而ハ取扱方無之且有無を不申聞候間三四年を延し候工夫ハ唯今の勢にてハ取計方無之候

異人唯今之處ニ而者通信交易御許し有之事と存居候由我よりハまた御返翰之趣不申聞候由

一、異人は彼か意に叶はす候時ハ返答も不致直ニ江戸の方へ乘込勢之由

一、四日御城ニおゐて御評定有之由右御趣意ハ通信交易御許しに相成候へは此なりにて異人退帆いたし候勢御ゆるし無之時ハ異人直ニ江戸表へ罷出御老中へ對面いたし存意申度候由御老中御對面有之候而も通信交易御ゆるし無之時ハ兵端ニ及ふ勢之由

彼云何の國へ參候而も取次にて物事相分る事ハ無之執政と對談致候

得者直ニ決定致候夫故日本國にても御取次にては相分り候事無之何分にも江戸表へ罷越候と申張候由一つにハ江戸の繁榮を見度意も有之由

一、井戸林去ル四日晩に神奈川へ直ニ出張可有之筈之處今六日夜ニ入候得共出張無之此儀ハ江戸表御廟策御決評御六ヶ敷事故と奉存候夫故今以御決評之處難承候

一、六日夜四時前井戸林神奈川驛へ出張有之夫ゟ伊澤宿にて御評議有之候

一、御廟策井戸林へ應接事御任せに相成候由其趣意ハ何分にも平穩に取扱候樣被仰出候由井戸初應接方ニ而ハ御任せ無之而ハ取計方六ヶ敷御任せ無之事ならハ應接の儀御免被下候樣申上候歟之由

一、彼へ之取扱ハ諸藩へ被仰達候御趣意ニ而精ミ申諭候上其上之事ハ彼落付兼候勢候得者少しハ彼か存意も御取上被成候而穩に退帆爲致度心

底之樣子御坐候夫故此日は應接致候後にて何とか相定候趣意に御坐候
猶又委細之義は追而申上候

神奈川形勢内外齟齬同席會議

一、二月八日大目付中之御觸達にて異船碇泊中應接之模樣により彼ゟ兵端を開き候儀も難計ニ付警衞守備虛飾を省き銳氣を養ひ大小之筒配り方之儀は勿論鎗手詰之勝負實地之接戰專一に心懸且小船を以神速の勝負ニ及候儀等も可有之旨被仰出大に士氣を奬勵あり此夕品川表御固場ゟ鈴木主稅罷歸りて昨夜熊本之藩士津田山三郎薩州藩士鮫澤正助主稅へ逢對して警衞之諸家におゐても　國体を墜すましとの勢込なれハ屈下之應接に及はさる樣御當家於て御主張あり度由を申出たる故　幕府御廟策の樣を窺ひたくて出府せる趣なり江戸表にてハ　廟議の詳かなる事も聞えねは直に水老公へ御尋問あるに如くへからすとの思召にて主稅を水府の藤田誠之進の許へ遣はされたるに誠之進のいへるハ此比井林二氏參府して通信交易御許無之而ハ彼不致承服事現然ニ付御許容無之事候ハヽ應接之義兩人ハ御斷り申上度申出るにより已に御許しあるへきに決せし故老寡君病と稱して引籠られしかハ廟議又變して强而出仕ニ相成二條共御許容あるましきに決し其段及應接自然彼ゟ兵端を開き候ハヽ御不備なりにも兼而被仰出如く手詰之接戰可有之との御評議ニ而老公にも專ら御出馬の御用意有之由を誠之進物語に及ひたるよし主稅罷歸て申上たりしに　公にもさりあらんと頼母歎思召されて御固場之儀猶以油斷致間敷旨被仰含て主稅ハ御固場へ罷歸れり

一、二月十日神奈川表へ遣し置たる細作より密告如左

一、四日五日六日御評議之大意御廟策（閣老始有司方）異人之江戸表へ參候事と兵端に及候事ハ何分にも禁物又御國威をおとし候處も懸念ニて御評議御決着不致由又御老公にも只今之處へ兵端開き候てハ如何と被思召候哉被仰出事或ハ强く或ハ弱く相成候而御詞御一体に不相成御樣子又應接方ニ而ハ井戸初決心致候而御評議に加はり候故問答餘程强く申立候樣

予夫故か何分にも應接の事は御任せに相成候樣子　或問曰應接何れの處へ落着候哉答曰御國威之處ハ精〻落さる樣取扱候へとも先只今之勢にてハ試として三五年も通信交易之分ゆるさす候てハ落付不申と奉存候又問兵端に及候事を懸念に思ひ候事ハ彼を恐れ候故か味方を懸念に思ひ候故歟答彼之强弱練不練も如何と懸念に思候得共味方執柄之御方に被引受候仁ゐく候故若兵端に及候へハ其時ハ必通信なり交易なり彼か指圖に隨ふ勢か相見へ候故也若左樣に相成候へハ我より許すにはなくて彼か下知に隨ふこ相成り却而御國威を損候故是非なく右樣之取扱に相成候又問老公に御任セ相成候而如何答老公ハ何分にも御人和なき御方故諸侯にハ隨分被服候御方も有之候へとも有司方にハ半分も服居候者無之御老公之思召と申せハ又かと申程の勢まだも閣老の命にハ服し候勢有之其閣老ハかくいふたら人の氣に入らふかかくなしたら惡まれやふかといふ心にて互にゆつり合ふて一人として被引受候御方無之

候又問昨年諸藩初一統へ異人之御取扱之趣被仰達候事ニ致相違候而ハ却而憂か蕭牆之内に起候事ハ有之間敷哉答實ニ此處ハ懸念ニ候乍併此事ハまたも國内之事故制し易き事も有之候と奉存候又問通信交易御ゆるしに相成候而ハヲロシャ初諸國ゟ參り不申哉答いつれ參候か此にも右樣に不致候而は承知致間敷と存候又問左候ハヽ　皇國は愈衰弊にハ相成不申哉答曰實に衰弊相成候たとへハ人之勞症病を受たるか如し實に國家の大難病と存候何れ太平に居候事ハ最暫くと歎息之至ニ候此上ハ一日も早く上たる御方に御大任を御引受被成候方無之而ハ　德川家之御運ハ是切りかと乍恐奉過憂候

是ゟ又別人問答

一、或問曰此度ハ何れ穩にて相濟候哉答曰此度ハ何分にも平穩に取扱候樣被仰出候へハ先兵端に及候事ハ有間敷存候得共又御國威を落さゝる樣にと被仰出も有之事候へハ又兵端に可及とも難分存候又問通信交易御ゆるしに相成候而ハ其弊何れの處ニ及候哉答彼か心不奪不飽之利國候へハ通信交易を許候へ者二三年之處は必我に利をあたへ夫ゟ追〻彼か意をふるひ終には日本を屬國にも致し貢を取候迄に及候ても不飽之心底と存候誠に惡〻しき事と存候併なから誤は彼にあるに非す我にあると存候へハ只我國の義氣の振はさるかなけかはしき事と存候兵端に及ひ候上の事は問もらしつ

此両密書両人に相尋申候其人により問答表裏に相成申候左候はゝ執柄の御方幷應接方餘程大切之事と存候今一両度應接迄之處大機會と奉存候

一、八日朝應接方井戸初横濱應接場見分有之晝後異人アハタムス外ニ士分二人水夫十八人ハッテーラ一艘にて見分として參り場書圖寫取歸候由

一、明十日應接場におゐて應接有之由附り彼か願意と我取扱候意と喰違事に候故何れ一度や二度てハ趣意相分り申間敷と奉存候若右十日應接の趣意御承知被成度候はゝ十一日晩迄にしらへ申候間左樣御承知可被

下候諸役人方何れも朝五時ゟ夜五ッ四ッ或は夜中も掛り引取たそく相成候ニ付一向尋ね候間合無之候

右之書面早速入　御覽たるに　公仰けるは此比主税か誠之進ゟ承り來れる趣とは懸隔の差違にて不可解之時体なれはと御家老共を被召出種〻御商量ありしかとも可被成樣も坐さねは此密書之趣を以今一應水老公之御手許御尋問あるへきとの御決評にて師質に明朝可罷越御旨を被仰付たり

一、二月十一日未明に藤田誠之進の許に到りて初而及對面たり扨此比主税か承りたると神奈川細作の密書と犬牙齟齬之次第を物語目今の廟議如何と推問せしに老公の仰せの次第ハ今以主税に告たる如くなれとも誠之進か遣し置たる探索方ゟ承る處も同し趣にて畢竟應接方ニ而は二ヶ條許諾相好居候事候へハ各老始の中され候事ハ不承知なから畏り居候ても又變遷も難計神奈川にてハ先日井戸罷歸候而も矢張和議の説被行候由ニ候へハ下戸の者へ酒を飲むへく申付候而も兎角酒をやめて菓子に相成候半も難計此上は弊藩之老寡君にては六ヶ敷老寡君も參謀とは申條譬へハ外科醫者の如く乃鍼を刺し金瘡を縫ふ如き人の嫌惡する外療にハ用ひられ候へとも内服藥餌の相談にハ加はられぬ事多端にて不都合も不少其上耳遠にも候へハ事情の委曲に至つてハ聞誤らるゝ事もなきにしも候ハす只今之處にてハ何卒越侯の御周旋相願度候なり且不外御近親と申細川侯へ被仰談ともに被仰立候半にハ　幕府の御聞受もよろしからん歟といへり又云此比於屋形浦應接の節彼か申せしハ通交の二條御許容無之ハ定而國王の尊意なるへし貴所達の一存にハあるへからす若左あらんには承服にハ及ひかたし實に國王の尊旨ならハ其信牌を給はるへしといへるよし應接方に而ハ信牌を遣してハ夫切の事故直様如何なる變事到來も難測林祭酒も大に困究にて分らぬ事を漢文に認て遣したる由抔を物語れり師質罷歸て右の趣申上たりしに　公御眉を顰せられ如何なされんと思召煩はせ給ひしか阿州侯因州侯ハ兼而仰合たる御事も坐せハ左の通被仰進

前略然は今般異國船渡來昨日應接有之趣に御座候扨又先日水戸前君之御所置にて先ゝ交易通信の御評議ハ相止ミ可申御様子候得共何分應接方ニ而ハ矢張兵端を相開候か又ハ江戸海へ乗込候勢にも有之故通信交易二ヶ條御許諾之様に申唱候由神奈川探索ゟ申越候

幕府御評議は前同斷にて御動搖ハ有之間敷候得共只管應接方右を唱候而ハ甚御大事至極之儀ニ而當今二ヶ條御免許有之候へハ第一昨冬十一月朔日重き　上意と申此間之御觸達も反古と相成諸大名へ被對御信義相失御代初の折柄之命令に御信義相失候而ハ誠以御大切至極之儀と奉存候間何卒右之義は明朝老中へ罷出及逢對尋問之上若御許諾等之口氣にも候ハヽ抽精心申立度拙者壹人にてハ迚も相通り申間敷右ニ付今夕委細御面談申上奉存候間御同意にも候はゝ弊屋へ御光駕被下度候且又御兩公の内之貴館へ罷出候而も不苦候若拙宅へ御來臨の義にも候ハヽ御繼上下ニ而御出奉希候尤御手間取にハ相成不申候乍去其節鳥渡亀飯

差上度奉存候右之段申上度用事迄艸〻頓首

二月十一日　　　　　　　　　　　　　御名

阿波守樣
相模守樣

右ニ付阿州侯ハ未刻過因州侯暮時前御出ありて被及御內談しに兩侯素ゟ御左袒にて閣老衆へも今日御會議御同意之段被仰達樣なされ度且自然閣老衆之口氣ニよては阿侯も御相對ありて御說破あるへしとの御談寄にて初更比御退散之

一、公師質を召て　公にハ明朝福山侯へ被爲入可被仰立候得共誠之進か申せし如く外樣ゟも申立候方可然細川家之長岡監物ハ聞えたる男なるか幸此節爲海防出府致居事なれハ罷越可申談との仰ニ付師質申上けるは主稅ゟ嘗而承候は此節熊本侯へ御書成共被進御獎勵被爲在候樣願はしき由夫も監物も拜見して參謀すへき樣に被爲在度と監物より主稅へ內談せし趣にも候へハ此度屈竟之御義にハ不被爲在哉と及言上しかハ　公もさる事あらんにハ猶更の事なれは書翰をも遣はすへけれハ師質にも明朝監物か

許へ可能越との御沙汰ありき熊本侯へ被進たる御直書左之通り

一翰致拜啓候春暖の節先〻愈御清安珍重奉存候然ハ異國船一件ニ付而は兼而御用被仰蒙候御義ニ而何角御配慮奉推察候夫ニ付此間ハ御觸通りも御座候而一統二百餘年大平ニ浴候御厚恩奉報謝候時節到來と憤發可仕義と奉存候然ル處何歟於　公邊は交易通信の御許容にも可相成哉にも神奈川邊ニ而は專ら風聞も有之趣に致承知候昨年之被仰出と申此間之御觸達と申左樣之義は有御坐間敷とハ存候得共異人之強願に被任萬一風聞之通り御聞濟相成樣にてハ　御國体も難相立而已ならす諸大名へ被對候ても御信義も相棄候儀ニ而誠以御大切至極之義と奉存候ニ付同席之内申談今日伊勢守迄存寄申達候事ニ御坐候右ニ付御誘引申上候にハ無御坐候得共貴家之儀は右御用も御蒙之義にも候へは何卒御國威之御隕墜に不相成候樣被仰立候ハヽ於　公邊も格別御力にも可被爲成哉ニ奉存候此末之應接誠ニ安危にも可相拘時節御坐候故指過候儀申

上候も恐縮失敬にも御坐候得共不外御間柄に任せ愚存之趣一應申上試候猶右ニ付存寄之義も御坐候得共難及筆紙ニ付御家臣長岡監物義ハ此度御用として被召呼候由承及候ニ付中根靱負を以愚意之趣委細申含候間御聽取被下候樣仕度奉存候右申上度如斯御坐候恐惶謹言

二月十二日　　　　　　　　　　松御名

細　越中守樣

一、二月十二日　公福山侯の邸へ御出御指懸り被仰込御逢對ありて仰せられしハ今般異船渡來ニ付而の御所置振如何と晝夜不安寢食候得共昨年十一月重き上意と申此比は御觸達も有之次第候へハ定而御許容之可否ハ不被仰聞義とハ存候へ共神奈川邊の風說にてハ専ら通信交易御免にも可相成樣子相聞へ候得ハ心得のために伺ひ置度と問はせ給ふに侯神奈川邊の巷說は碇泊も段〻長引候故之雜說にて取に足らす畢竟昨冬之被仰出も有之候へハ決而二ケ條御免等之儀ハ無之との御答なる故いよ〳〵左樣ニ候半にはありかたく致安心候と仰あれハ侯猶又御申にハ亞墨利加へ御免許無之筈なるハ先比長崎表へ魯西亞渡來して同樣の義を願出候故御代替御繁多の折柄なれハ三ヶ年ハ御返答相待候樣申聞承服之上已に及退帆たれハ今更墨へ御免相成候而ハ第一昨年之　上意も御食言に相成諸侯も屈伏仕間敷又魯への御信義も相立兼候得ハ彼も承り次第憤然として浦賀表へ可及渡來ハ眼前の義ニ而内外共に御信義にも拘ハり御許容にハ難相成候へハ此儀は御安心なさるへしとの仰ある故　公段〻御申聞の次第にては降心之至に候得共猶又伺置候は萬一彼等江戸海へ乘入迫りて相願ひ候か又は兵端を開くへき勢に及ひ候而も猶御英斷之如く確乎として御許容無之哉又ハ左程の次第にも相成候節ハ　御國躰を被枉情願に被任候へハ彼ハ喜んて可及退帆候是も一時之御權道とも可申哉又兵革ニ及ひ候而ハ公邊初御備向も御手薄の儀に候へハかゝる至重の災厄に被臨候ハヽ如何御心得なされ候哉只今の御英斷ハ難有候へとも萬一其節に至り御撓屈御坐候而ハ却而御國威を損せられ我ゟ交易を開らき候にハなく彼ゟ開かれ

降參同樣と申度は候へとも實ハ眞の降參と相成可申哉と御詰問ありけれハ候如何哉困厄之場合に及ひ候とも　御國威を損候樣之儀は決而致間敷候へハ御心やすかるへし夫故にこそ昨年も重き　上意も有之先日之觸達も出候事候へは二ヶ條御免相成事は無之自然彼ゟ兵端相開き候はゝ御不備之儀ハ今更不及是非候へハ不汚　御國体樣一同奮發討伐に及ふへきは勿論にて其上之勝敗は唯今論すへきにも候はすと御答あり　公又今日相伺ひ候儀ハ同席之者共一同會合申談し何も同意に御坐候ゆへ惣代として拙者罷出候儀と御申ありけれハ候唯今御答に及ひたる次第御同席之方ゝへも御申通しありて然るへしとの御挨拶なりしとそ　公も稍御心落居させ給ひて御歸殿の上阿因兩侯へも此由御直書を以被仰進たり

一、今朝仰によつて師質熊本藩の長岡監物之許へ至りて此比神奈川の風説の如く萬一通信交易御許容ありてハ諸侯も可及解体趣海防當路之四家熊本岡山萩柳川ゟ申立あられハ大に　廟算を裨益すへしと　思召こ付幸熊本侯ハ御近親にも坐せは御直書を以被仰進たる儀も有之監物へも御相談可有之條何分にも十分御昇力被爲在候樣に監物相心得可致周旋旨の御趣意なり右尊慮之趣を監物へ申傳へたるに監物畏り乍恐御至當之　思召と奉伺候へは侯へも申上被仰談も御坐候ハヽ精〻盡力可仕乍併三家之御方〻へも被仰合候儀は如何可有御坐哉監物限りに奉畏段は難申上趣御請に及ひたりき

長岡監物は細川家之長臣三家之一にて九州之名士なり文武の心懸厚く廉介剛正賢を愛し士に下るの聞えあり去夏來海防先鋒の惣督を被命此度手勢三百餘人を引率して弓鉄炮長柄等皆其手の足輕にもたせて數百里の行程を押陣の体にて參府せり長〻の出府中陣中同樣士卒と食を共にせしかハ監物か手の從類は肅然として一人も不足をいふ者なかりしなり今は執政の職を辭して防禦の一方をのミ受持たれは周旋の委曲に至つては盡し兼る處もあるよしを物語れり年のほと四十未滿容貌溫和

小語低聲にして圭角更に表に顯はれすといへとも慷慨の氣あまりありし應答慇懃にして絕て大身踞傲の風ある事なし御兩家の御親睦の事につきても御內治御行屆の事抔を申出て深く吾　公の御德誼を景慕し奉れり方今事務の談論等も漸其要領を得て只管國体の損せん事を憂ひて士氣の衰弱を嗟嘆せり

一、公御歸殿の上福山侯御返答之趣誠之進監物へも可申越旨仰によつて申遣したるに誠之進か返書如左

芳翰拜誦如諭昨日は始而得拜晤大慶仕候扨は御內話一條其　君侯今朝福閣へ御出御存分御申達被成候處至極御尤之筋に承諾被致今更通信通商等御許容被成候而ハ外ハ魯夷內は列侯へ被對御信義を御失被遊候段台慮も有之儀故決而左樣之義にハ不相成候間彼ゟ不法之擧動有之候ハヽ其時こそ過日之御觸通り御心得可然云〻立派の御返答之由元より右樣之御懷とハ奉恐察候得共如何にも平穩〻〻と世上一般申ふらし候間

如何成平穏ニ成行可申哉と御同意甚苦心仕候處御立場からの御方へ立派に右様御返答御坐候のみならす阿因両侯迄の御傳達も御坐候上ハ實以爲國家恐悦無此上畢竟其　君侯格別の御精誠に被爲渡候ゆへ右様慥なる證據を御聞被成候段毎度奉感服候右ニ付

御廟算尚更御確定の御一助と御了簡被成御近縁之廉を以熊本侯へ云〻の御打合せに相成候由逐一無殘處御義ニ御坐候長岡方の摸様外三家衆迄ハ及ひ兼候由遺憾ニ御坐候得共長岡も漸〻海防一手のみの請負にて醫者ニたとへ候得ハ外科持前之外ハ手を出し兼候様子ゆへ左も可有之とかく有志の諸侯有志の藩士ハ皆外科一偏洪嘆之至ニ御坐候此節立花侯老寡君へ逢被申度よし御申入有之處御逢ハ不被申候得共右様御申入有之上ハ定而和議御主張にハ有之間敷奉存候處貴考如何藤堂侯抔は專ら和議の論御申越に御坐候被懸貴意縷〻被仰下大慶仕候御厚意ニ任せ燈下書ちらし候段御海恕可被下候頓首

二月十二日

二白福侯御答の立派ハ實ニ可喜候得共一昨十日應接之風聞は扨〻笑止千萬ニ御坐候尤幕の內の事ハ外官へハ分り不申候得共衆人の見る處如何にも不堪切齒候定而御聞も被成候半ばつていら廿八隻計にて乘込海岸ゟ應接場まて一町計の處彼異人とも貳行ニ劍付銃にてぴつしりと固め其中をペルリ夷等奏樂にて上陸此方ゟ案內に出候ものも何となく彼等に警固被致候姿のよし扨又下官ども處〻我儘ニ步行小倉の陣所等へ入弓鐵炮等を圖ニ取其外婦人等追かけ候よし風聞虛實は不詳候得共苦〻敷事共ニ御座候腹中に戰を含ミ顏色を和らけ懸合候ハヽ彼も自ら承服可仕處腹中も顏色もたますに計かゝり候而ハます〳〵のられ可申哉

御覽後御投火可被下候

別啓一昨日應接之時墨夷中ニ此節死人出來候間海邊へ埋め申度願出種〻押合候得共遂ニ彼か願通り橫濱某寺へ爲葬候筈ニ答候よし最早御府

內近海の地へ夷人の墳墓迄ハ出來申候右をえんにいたし如何樣の事を
巧ミ可申も難計あまり御手ゆるき樣奉存候是ハ其　君侯へ御申上のみ
先御他言被下間敷候以上
又啓尾州殿には中〻正論に被有候每度感服仕候其　君侯ゟ御一通被遣
御月番之廉にて上田侯へ一書被遣上田侯ゟ福侯同樣之御答出候ハヽ尙
〻確定可仕哉尾州へハ道路隔遠候得共當節の模樣にてハ尾州往復位の
日限ハ隨分御間ニ合可申歟と奉存候敝藩ゟさそひ候ハ容易候得共夫に
てハ却而不宜樣愚慮仕候分外の愚存御投火可被下候

穀負樣　拜復　誠之進

監物か返書如左

拜讀仕候如諭今朝は初而得拜顏大慶不少奉存候扨今朝尊君上福山侯御
應接之御摸樣心得にも可相成と御委細被仰下候趣夫〻奉敬承候天下之
御爲誠奉恐悅候此方樣思召之處ハ未た如何樣とも得貴意候程之處にハ

至り兼候間追而御摸樣ハ可申上候先は貴答如此御座候不具

二月十二日

中根靫負樣　貴答

長岡監物

一月十三日熊本侯ゟ御返書を被進たり如左

花墨拜讀仕候如仰春色相催候處愈御安寧奉賀候扨異國船渡來防禦筋猶更心配仕候事に御坐候於　公邊交易通信御許容ニ可相成哉とも神奈邊にてハ専ら風聞の趣御承知相成萬一風聞通り御聞濟に相成候而ハ御國体も難相立諸大名へ被對御信義も相棄候儀ニ付御存念之趣御同席之内被仰談昨日伊勢守殿迄被仰達候由右ニ付小子ゟも相達候樣有之度不外御間柄譯を以委細御懇書之趣難有奉存候御家臣中根靫負へ被仰含候家僕長岡監物へも御存意被仰下趣具に申出候交易通信御聞濟にハ相成不申樣との儀愚存之筋ハ去秋老中迄申上置候末ニ付猶相達候儀ハ得計勘考不仕候半而ハ難相成候處昨日伊勢守殿へ御對話交易通信御許容

に無之段返答之趣穀負ゟ監物へ被申越候通り直ニ申出右返答之通候へは重疊に御安心之御事ニ御坐候於小子誠大慶仕候異國船一件にハ御互ニ心配不少御事ニ御坐候先者奉復而已早略仕候頓首

二月十三日

公是を御覽して余か福山との應答ハ不知振にて細川ゟも嚴敷申立なハ大廣間席の方へも余に等しき返答あらハ事愈固定して宜しからんとおもひしに福山の事ハ余に任して共に安心せる趣なれハ余か術計已に齟齬して行はれさりしとの仰なりき

一、二月十四日誠之進かいへる尾州公御慫慂の事も如何樣にも然るへからんと思召されしかハ此日尾公へ被進たる御内書如左

一翰拜啓春暖之節御坐候得共先以愈御清安可被成御起居と奉恐壽候然者是迄にも御動靜御安否可相伺筈之處彼是掛違御疎遠打過背本意候條多罪之至御海恕被成下度奉存候扨又異船碇泊罷在今度之儀ハ　皇國之

安危分判之秋と奉存候ニ付而は日夜不安寢食苦惱罷在候事ニ御坐候然ル處方今水府前君は御參謀中其他ニ愚存之趣申上候程に御依賴之御方も無之　尊君には右等之處兼〻御憂慮被爲在候御樣子奉拜承居候ニ付別紙愚衷申上試候間何卒御熟考被成下爲天下御配慮之程奉希候尤遠境往來之日數相掛り夫迄にハ可及退帆かも難計候得共今度は碇泊長引可申と申取沙汰に御坐候故及建白候事に御坐候先ハ右之段申上度如此御坐候恐惶頓首九拜

二月十三日認　　　　　御名

尾張中納言樣

以副啓申上候然ハ異船先月中旬比ゟ碇泊罷在誠以不容易次第天下之安危存亡之分界貴前樣には都下之光景御目擊も不被成候事故別而御苦惱不啻御儀と奉遙察候仍之態〻申上度儀は前文申上候通り誠に御一大事至極ニ而萬一彼之兵威に御畏れ被成通信交易等御許諾ニ相成候而ハ昨

十一月中　御代初之折柄重き　上意之趣も有之事故天下之侯伯へ被對候而も御信義相失可申御信義無之候得ハ　徳川家之御威光ハ是限りと深く恐入罷在候儀に御坐候是等之處致熟考候へハ何分不失　御國体通信交易等之儀は　御許容不相成候樣致度奉存候方今水府前君御參謀之御義に付思召通りに相成候ハヽ小生輩遺憾無之候得共左樣にも參兼候勢に相見へ累卵危殆之時と奉存候扨又小生方ニ而も苦心之餘り神奈川邊へ探索方遣し置候處彼將官ヘルリなる者通信交易御許し無之候ハヽ江戸海へ乘込及戰爭候勢を示し候由に而於　幕朝は甚御懸念にて体により通信交易御免にも相成可申哉と申事も有之由猶又種ヽ相調候處本月四日にハ井對林大等之應接方に而ハ何分二ヶ條御免無之而ハ應接出來不申段致決心申張候ニ付無據可被任其意哉之勢ニ相成候故　水府前君にも被成方無之被稱御病氣御引込に相成候由就夫御老中方にも評議變替に相成何分御病氣にても推而御登城有之樣申來候ニ付再御出勤

御坐候處右二ヶ條御免之儀は御沙汰止ニ相成何分精〻平穏ニ致應接二ヶ條御免無之趣に申諭候上にも彼夷怒つて江戸内海へ乘込候而執政へ逢度とか申立候ハヽ老中方逢對被致同樣諭告之積夫にても不承知にて彼ゟ兵端相開き候ハヽ戰具なしといへとも可及戰闘　廟策に相定別段御觸達も有之趣に相聞候ニ付其程迄之御覺悟相立候儀ハ全く水府前公之御處置ゟと難有致降心候處其後又〻探索方ゟ相聞候趣にてハ廷議ハ右之次第候得共應接方之樣子ハ矢張先日之有樣にて何分應接方ニ而手強く申立候故か精〻二ヶ條御免之儀は不申聞候得共萬一彼ゟ兵端相開き候勢江戸内海へも乘込候樣子候へハ其節ハ無餘義御許容之積に申唱候樣子に相聞候右ニ而ハ老中方之覺悟有之候内調とは更ニ天淵之儀ニ付何分分り兼彌增苦惱切歯一層を增申候ニ付精〻相考候處方今水府前公御參謀中萬事思召通り相成候得へハ異儀無之候得共老中方ニ而も苦惱之餘り萬一右等之内評も有之事歟も難計ニ付同席共申合老中へ逢對

存寄申達右等之處承糺し度と一昨日阿波守相模守揃宅へ申越右等之始末柄相咄候處尤同意ニ付昨日朝伊勢守へ罷越逢對之上存分申達候處返答之趣意は縦令彼ゟ如何体嚴敷致懇願候而も右二ヶ條之義ハ御許諾無之夫か爲に彼ゟ兵端相開候ハヽ其節ハ昨年十一月被仰出幷近比相觸候通相心得必死覺悟ニ而及戰闘ハ勿論之旨唯今と相成右二ヶ條御免有之候而ハ第一昨年之被　仰出も反古と相成且は魯西亞へ被對候而信義難相立候儀ニて旁以決而御許諾無之筈候間其處ハ致安心可罷在此段阿波守相摸守へも相通候樣にとの答も御坐候故漸安心仕候尤返答次第により阿州因州も追ゝ相對罷越小生同樣可申立積御坐候得とも右之通り立派之答に御坐候故先ツ當今兩人罷越候義ハ相止申候細川ハ如御承知不外近親ニ付默止之秋にハ有之間敷と申遣候事ニ御坐候先右之趣ニ而内にハ水府前公ニ而御周旋有之外には諸大名ゟ申立廷議之御一助にも相成候ハヽ奉對　東照宮二百餘年之御恩澤を奉報謝候御奉公之片端にも

相成可申哉と婆心のみニ御坐候夫ニ付尊藩之儀は　幕府之御親冑ハ勿論にて殊更深く御忠慮可被爲盡候趣も窃に相窺ひ　大廷之御幸福不過之と欽望事ニ御坐候然ル處今般之次第は實ニ天下之得喪安危分判之秋と奉存候得ハ可相成は唯今之處ニ而尊藩ゟ上田閣老へ當月〻番之廉を以砭鍼之御一書被成遣候ハヽ如何計りか　公邊御評議之御强みにも可相成儀と奉存候左候ハヽ定而福山同樣之尊答も可申上左樣相成候得ハ福閣ゟは小生輩言葉質を取置き月番之閣老ゟは尊藩へ證書同樣之御請被仕候樣相成候ハヽ　廟算彌確定にも可相成儀ニ而國家之恐悅ハ不申及小生輩も盡く安堵至極ニ御坐候兎角應接專任之向にて和議のみ被行候樣子ニ御座候故夫か爲に萬一　廟謨之御あやまりに相成候而ハ駟馬も難及御大切至極之御儀と奉存候ニ付不顧不敬失禮愚昧之拙策建白仕試候事ニ御坐候若又尊慮にも不相背貴毫御投與之御運ひにも相成候ハ本懷至極之儀と難有奉存候已上

一、二月十五日如例御登城あり於營中柳川侯へ御逢ありて此比阿因兩侯御談にて福山侯へ御對話之御次第且細川侯へ被仰遣たる趣をも御物語ありしかハ侯も大に御同心にて幸ひ明日福山侯へ御相對の御序も坐せハ其刻御申立あるへしとの御事なりしとそ

一、爾後細作密告如左

十一日付

一、去ル十日橫濱應接場ニおゐて應接有之四ツ半時比我より案内舟押送りにて罷越候九時前ハッテーラ二十七艘にて異人四百人計上陸夫ゟ二行にて廿四人組ケヘル持數組兩側に玄關口ゟ海きは迄備居候程なく北より五番目の軍艦にて空炮十七發放し畢而白ハッテーラにてヘルリ彼蒸氣船ゟ參り上陸直に乘り參り候ハッテーラ十艘程ニて空炮廿發尤一艘に大筒壹挺ツヽ長三尺計巢口三寸計に見へ申候暫くありて又十七發放し夫ゟ小半時計にて樂初り兩方ニ而かはる〳〵奏し十篇余も有之七

時前此より六番目の蒸氣船より煙を出し候七時過ヘルリ船へ乘夫ゟ追
ゝ船に乘異人皆乘畢て又樂を奏しなから致出船候
一、應接間奥ニ八疊敷程の所あり其次の間に大廣間其次に小間あり其次
は玄間なり
奥の間は我井戸林兩奉行組頭松崎外ニ通事計入彼ハヘルリゟ大將分四
人之由次之間ハ我與力之類彼か上官之者三十人余入候
一、上官之者迄之饗應茶菓子多葉粉盆夫ゟ酒ミリン肴吸物モリ合入り身
之由其外ハ菓子計にて酒樽ハ十本余九年坊箱數十彼の舟へ贈候由
一、四時前彼ゟ舟一艘參り御幕張御嚴重に有しを懸念ニ存候間御取はつ
し被下候樣申來候付上之分御幕張成丈ケ御取はづしニ相成申候
一、彼人物丈ケ高く人柄よく上代之風有之候又ケヘル調練樂調練も隨分
出來候か軍令は立不申者と相見へ申候尤禮義ハ無之國に御坐候
一、應接之儀ハ大きに穩便之由其趣意ハいまた審ならす候へ共只今之處

に而ハ先御國威をもたとさす候而穩便に取扱ひ有之由二時計之應接にて相互にわらひ候而別れ候由委細ハ追〻申上候
一、今十一日彼人多く横濱邊へ葬候由
十二日付
一、十日應接之儀先只今之處通信交易之名ハ無之趣意之由又兵端に及候勢も見え不申候併彼ゟ獻上物有之我ゟも贈物有之位ニ而退帆に及ひ候勢之由
彼ゟ獻上物有之我より贈り物有之候へハ名ハなくとも實ハ信通にあらすや
一、右應接之節彼より種〻書取いたし難題申懸候積ニ相見候處我より先をとり此義ハ取上候か此義ハ取上かたき段一〻爲申聞候故か彼可申張筈之處穩便ニ不申立相濟候
一、十一日黑川彼之舟へ罷越種〻懸合有之此ゟそろ〳〵手事にて穩便ニ

相濟候勢と相見え申候
一、十一日ハッテーラにて羽根田邊迄所〻測量いたし候由
一、十五日頃には獻上物を應接場へ指出度積之由また然〔ママ〕とハ分り不申候
一、十三日付十日應接之節眞田侯小倉侯之陣取を寫し又人馬山形家宅抔を寫取又彼之姿を我方へ爲寫候由浦賀與力香山榮左衛門咄し
一、異船應接之儀始め香山榮左衛門儀は昨年ゟヘルリ習染有之故再三懇志に及候てハ如何と同人ニハ御臺場御用之方へ向き組頭一人下役取計ひとして與力中嶋三郎助近藤良次二人被仰付右組頭異船へ罷越浦賀前乘越し江戸へ向き走船仕候事國法に背候趣申聞候處ヘルリ申候ハ日本國法ハ其王の都へ參り候方國法にて候則何れ之御時代唐明或ハヲランタ等來朝之砌ハ右京師江戸鎌倉等へ被召候例有之候却而彼方日本之舊事ょ委敷候由其後井戸林鵜殿是等之人參候處林ハ儒家故哉敵船之武備恐懼之樣子ニ而一向用にも難立鵜殿も同しく武備にのまれ候摸樣にて

中ミヘルリ手ニ合不申候又ミ再ひ榮左衛門へ被仰付榮左衛門も無據前以書簡等送り夫ゟ乘付ヘルリへ對面仕候處なしミ有之故大ニやはらき榮左衛門止候て江戸へ參候事ハ可相止併し浦賀へハ不歸由申候趣左候ハヽ於此邊場所見立應接可仕趣に而彼も見分に出別紙之圖面へ陣場いとなみ應接ニ及候　皇朝ゟ被仰付ハロシア同樣三五年見合セ可申由ヘルリ申候にハ慥成事約定無之引取候事は思も不寄是ゟ戰爭好候にハ無之候得共彌許容無之候ハヽ敵ミ之間其ゆゑんハ先年アメリカ漂流船四艘迄打拂はれ候薪水に乏敷窮し候船を打拂はれ候段不仁是ゟ甚敷ハ無之此度睦ひ候へハ其恨も無之候得共左なき時ハ敵ミ之間故其不仁之罪を糺すへく抔と申候趣且又愈交易御許容被成不候ハヽ一日も早く歸國いたし度其趣ハ今度後詰として未數艘のあと船參り候筈故手間取候へハ是迄是非可參左候へハ夥敷費故事故なく濟候ハヽ右船出帆を留申度由申候今度ハ陸戰之心得にて陸戰之具多く致用意候由劔ヤリ等數本有

之楮ハ一間柄ほと有之

一、十一日黒川彼の船へ罷越交易之分不相成段申聞候由彼よりハいまた返（十四日付）

答無之様子通信之儀ハ如何哉相分り不申候

一、應接方評義の沙汰彼の願筋ゟにそ取上ケ不申而落付兼候は必定候へ

ハ交易ハ不相成候得共我か有餘之物を彼へ賣候事ハ試として二三年ゆ

るし候積り又彼よりも二三年被成候而御不益候はヽ御斷り被成と申彼

か方にも不引合候得ハ御斷申上と申候由右ニ付場所一ヶ所彼へ申候積

り其場所は伊豆の下田か宜と申仁も有之又長崎か越後のなにとか申處

か宜と申仁も有之由長崎か越後と申趣意ハ始終ハ彼か氣に入不申候左

候共江戸の方へハ直ニ參り兼候故之由右ニ付近日林井戸又は江戸表へ

罷出御評議可致積之由右之義實否ハ申上兼候得共承候儘申上候

一、黒川抔ハ此度之處へ加はり候上ハ是非なき事なり迚も無難に江戸へ

歸候事は六ケ敷いつれ神奈川の土に相成候歟又ハ彼に生捕られ彼國へ

行き候歟二ッ之内と申居候様子併黒川とても右評議にハ洩れ不申仁と愚察仕候右等之人ニ而應接有之候へハ兵端にハ及ひ不申候得共其丈ヶ之處置ニ相成候ハ必定と奉存候何分にも今暫之處大機會と奉存候

一、十三日應接場におゐて暫應接有之由黒川のミ出張其節彼申候ハ願望之處成就いたし難有と挨拶有之由右様に候へハ彼か方にハ望之處成就致候と心得候様子ニ御坐候我方にはいまた何とも御評義不定只彼か死人を葬り彼か献上物を御取上けニ相成候との事え此上相應の被下物ハ有之由併此義ハ被下計にてハ彼承知致間敷様子ニ御坐候夫故此頃ハ御評義一体ならす様子御坐候

一、中島浦賀へ歸候儀ハ此間彼の舟へ應接に罷越候節通詞與山榮之助罷越與力よりの通詞相勤其上自分ゟ何か彼の方へ色ゝ申候由與力なにを申と尋候へハ私言を申候と答候故左候ハヽ最早歸り候と申候へハまた少ゝ御用殘り有之と申候左候ハヽ可申述しかし御用とは何事そと尋候

へハ何のかのと申て其趣意を不申由依之應接方與力組頭へ罷越通詞之者我言を彼へ通し彼の言我に通する迄の物ニ然るに別に色〻申候而ハ私共相勤り不申候間此以後ハ辰之助を通詞に可被成下と申候へハ夫にハ種々譯有之且榮之助はアメリカへ直に通詞出來候故彼方にても用便早き故喜ひ候樣子故替る事ハ六ヶ敷由右榮之助自分に申候ハ井戸林抔ゟ內命有之其儀を通候樣子御座候

一、應接方與力中島三郎助は通信交易之事を惡ミ候樣子相見え申候夫故か浦賀へ歸候而いまた神奈川へ出張不致候何か議論不合樣にも相見え申候大方此頃之評議は氣に入らぬ故かと愚察仕候中嶋咄に通信交易ハ不宜と申候ハ實ハガマンなり其ガマンの宜處が即義なりと申候又此間指上候或問追啓ハ中島との咄に御坐候夫にて中嶋の人となりを御承知可被下候應接方ニ而一人と奉存候併香山か出候へハ中島ハ不用中島か出候へハ香山は不用者と愚察仕候當時應接之勢御推察〻〻〻

廟算密議幷應接一變

一、二月十八日右等之次第にて過日福山侯の御應接とハ懸隔之儀ニ付　公御憂勞の御餘り急度なく福山侯臥内之寵臣藤田與一兵衛迄内談致試候樣師質へ被仰付候ニ付此夕福山侯の後宮へ參上して與一兵衛ニ逢ひて去日侯の御對談之御次第を御疑惑ありての御尋問にハ無之候得共何分應接方は頻ニ交易通信御許容無之而ハ彼等承服仕間敷と申說のミ大に行はれ候趣内〻神奈川邊へ遣し置候探索方ゟ相聞え候夫ニ付深く御案し思召候ハ應接方之面〻表向閣老方へハ品能く申上置應接之上に臨ミ無餘義譯を以御許容之運ひに取計候事には無之歟萬〻一さる次第に相成候而ハ上下御同心にて御許容に相成よりも御不都合の次第に可相成歟此邊如何之實況候哉與一兵衛か知りたる限り將考量の筋もあらハ承り來るへしとの御内慮なるよしを申談たりしか與一兵衛暫く考へていつれにも御内〻侯へ伺ひ申すへしとて引入たりしか良ありて出來りて申けるハ御内〻申上たりしに　公の左程に御案勞思召御儀候へハ極めて機密の事にハ候へと廟議の根元を御洩らし被成候よしにて元來今般の御措置ハ正論にて申候へハ誰かは快心に取扱可申泣血漣〻不得止事次第にて實に不堪憤悶御義候へ共當今諸有司ハ勿論諸侯の内にも交易を唱候者有之又
御國威を示すへしと申者も有之評議般〻に相成候故何分にも此度之處ハ只管平穩に御濟セの御廟算之由昔時候へハ献貢も御不納賜與も無之筈候得共前條之始末故御不聊なから是式之儀は被取計候由乍去通信交易之儀ハどこ迄も御許容ハ無之候𛂞かし彼も去月中旬ゟ長〻之碇泊失費も不少ニ付當年限石炭之儀は雜費の料の方へ被下筈尤於長崎御渡之御積之由通信交易の御返答ハ五ケ年之間御斷之事ハ承伏にてもし其年限中に難船又は其他にも無余義譯にて食糧薪水石炭等蘭人を以相願候へハ被下置筈之由世上之浮説ハ種〻難量候得共前件にて悉く水老公も御參謀御同意之上之事に候由尤應接方よりは一〻伺之上取計にて　廟議と齟齬すへき事はあるへくも候はす兎角の義も明日の應接にて治定致すへきなれは今日の

處は先ッ此よしを御內〻御答被仰進との御事なりきさて與一兵衞かいへるは異船も遠からぬ程に退帆に及ふへきやうに聞え候なりされと日限ハ彼より前以は申出ぬ習ひにて二三日となりて申達する振合なるよしを物語れり

一、御廟算右之如くなりしに廿一日にハ應接方出府して營中も殊之外騷〻敷廿一日廿二日ハ閣老衆の御退出も初更を過て事のさま唯ならす見えたり

又細作の密告せる趣も左のことし

一、五ヶ年の間長崎にて石炭食糧薪水等望の品與へ候由又五ヶ年後ニ至り湊を開き交易等致候事ハそれハ其時の摸樣により相定候段彼へ申聞候處彼致承知候樣子御坐候又願之內湊を吟味致置度候ハヽ其儀ハ勝手次第伊豆なり越後なり致吟味候樣相許候由

一、彼申候にハ石炭等被下切ニ而ハ御貰ひ申かたく候何そ替を差上度と

申候ニ付左候ハヽ他の物ハ入用無之候間金銀錢を指上候樣申聞候由右之儀ハ此度應接方の極意と奉存候先唯今之處ハ右之次第にて相濟候樣子に御坐候但是迄十九日朝探索

細作口達ニ云此金銀錢をくれと申事甚思ひ入にて彼方も中〻澤山にハ無之樣子されハ夫は上けられぬと申それなれは石炭もやらぬと申積之由又云此工夫手前免狀趣向倒れにて行不申事ハ末へ記す

一、彼兼而申候にハ相分る事ならハ一日も早く分り候樣致くれと申左候へハ一艘歸帆爲致度と申左もなく候へハ追〻國元ゟ軍艦差向候筈候間其先へ指越度と申候儀右之儀ハをとし候哉實事候哉相分り不申候

一、廿日附十九日應接有之處落合不宜二時計もかゝり相濟右ニ付明廿一日應接方に而ハ組頭黑川外ニ御徒目付浦賀與力伊豆下田へ出張致候筈彼ゟハブカナン將官名軍艦二艘にて下田へ罷越候筈夫故下田ニ而も當月一杯ハかゝり候沙汰ニ御坐候委細之儀ハ明日迄に相分候と奉存候間明日御人

御遣し可被下候
細作口達書此應接不落合と申ハ應接方ゟ下談之通り五ヶ年之間ハ長崎とやりかけ候處一向承知不致松前を望候由是ハ案外之事ニ而行詰り候へ共何分深き工ミ有之事と察候夫ハならぬと申段〻六ヶ敷相成候處彼ゟ申候ハ夫なれハ是非に不及兵端相開可申と申出候處林井戸餅の咽喉へ詰りたる如く目を白黒する計にて返答ハ不出甚恐怖之体ニ無言笑止千萬之体ニ付組頭黑川嘉兵衞袖をひき何分伺之上ニ可致と相談して此日は相濟由夫故先ッ下田見分と申處ニ黑川注を付候由此日ヘルリ初おそろしき顔色をいたし談し合ふてハ致返答候由傍觀人之咄之由
一、十九日異人へ御饗應ハ余程御丁寧之由
一、廿一日早朝井戸林江戸表へ罷越ニ付神奈川出立有之應接方黑川其外下役之者下田へ罷越

一、二月廿三日昨日鈴木主稅出府して神奈川邊之風說事情大約細作密告之次第申上しに過日福山侯御應答之趣とハ天淵之差違ニ付公ニも御慨歎之餘り猶又　幕府の御內定を被爲聽度と今朝主稅を藤田誠之進か許へ遣はされたるに誠之進かいへるハ極めて御厄運指迫り恐入りたる御時態とハなりにたり既に去ル十九日應接の節石炭ハ下さる間於長崎表可受取と申聞しに長崎は好ましからす候へハ松前にて御渡あり度と申ニ付松前ハ大名の國なれハ此處にてハ取極めかたしと答へたれハさらハ願ふ事ハ惣てかないかたきと申ものに候へハ不得已事手荒なる取計にも及ふへしと申出せり此時應接方之面々勝手次第たるへしと衝き放して答へたらハ善かりしに左ハなくて一向に窘迫し言吃して出す漸くにして江戶表へ伺ふへけれハ來ル廿六日迄延引すへし伊豆の下田は石炭の渡し場所として如何あるへき廿六日迄の暇に下田へ行きて見分せはよからんと遁辭せり扨廿一日に歸府して幕府の御評議とありしか此等の事老寡君ハ一昨日初而承知いたされし故大に激怒を發せられ何分林井兩人之取計ひ以の外不宜候間應接人を取替へて成とも下田ハ勿論松前も難適候間何分にも長崎迄受取ニ可罷出と説得してしかるへしもし其儀不服にて彼ゟ兵端を開き候ハヽ心力を盡して可及防戰と建言せられたり又昨朝阿閣迄内書を差越されたり其答へハ松前も下田も難免是非長崎にて請取候樣申諭さん事も舊名目の應接方兩人ニ而ハ難叶事故林井二氏ハ切腹にても被仰付輕易の應接に及ひたる罪を鳴らして墨人に謝し幸に長崎へも罷越夷情ニ通し且老練成筒井肥前守川路左衛門尉を出して先度の應接不行屆の次第を一洗に取懸り可然との御事ありしにいまた阿閣ゟ之御返答ハ無之よしにて御内書の御草稿をも見せたる由誠之進又云　公邊にても阿閣抔ハ此度の屈辱は致し方なけれは今後におゐてハ越王勾踐の臥薪嘗膽の勢ならては難適と申おかれ候由候へと誠之進かおもふには臥薪嘗膽尤願は敷事にハ候へ共當今頻に膽薪を

被唱候ても目前之患を逃避するの口實となりて詮なし他日の事業に驗すへしといへるよし主税罷歸りて申上たり

一、此日　御內書御頂戴の御禮として御登城ありしか於　營中佐倉侯堀田備中守へ御逢ありしか此人ハ何にしても當時兵端開けてハ適ふ間敷由を頻に申唱へられたりとそ其他營中の風說に筒井川路の兩氏ハ於長崎表魯西亞への應接は惣而御舊法を以て申諭し御國威を墜さゝりしに歸府の上御膝元なる墨利堅の御取計ひを見て大に驚歎せしとそ又一說林井二氏下田の事を申出せしハ兩氏杜撰の意見にあらて內實は閣老衆の兩人へ被命し時爲んかたなくは下田位いと何となく申されたる事もあれハ閣老衆にてハ強ち二氏を咎め得さるの勢ひなりとそ又一說ニ閣老衆下田の事をいなひ申されしかハ井對州左候はんにハ應接ハ御免下さるへしと唯彼理と刺違へ候へしといへる故止事なく下田の事も許されたりとそ

一、二月廿四日朝福山侯へ被進たる御內書如左

前略然は風説に承候へハ伊豆下田港へアメリカ船二隻石炭御渡場爲見分罷越候由左樣相成候而ハ十分彼か勢ハ益猖黠ニ募り實に皇國存亡之分判　御當家御興廢の秋と切齒苦慮不啻奉存候機密之儀相伺候て必竟出位之多罪候へとも日夜御案し申上候餘り御内ゝ御垂諭被下候ハヽ聊安心の途も可有之就夫又ゝ申上度事も御座候間何卒被仰聞被下度奉存候御返答書御六ヶ敷候ハヽ靱負可差出と奉存候下略

右御書を師質福山侯へ持參せしに已ニ御登城後となりしかハ老女花井へ渡し置て退出せり此夕細作密告如左（但細作出府於江戸表之探索ニ）

一、一昨夜廟堂之御策伊豆之下田におゐて塗物之類反物之類鉄炮刀槍被下候積相成由右銕炮刀槍之儀ハ御役方ゟ私に被遣御積之由右御評義相定候而昨夜林井戸出立致候由被下候銕炮槍ハ昨夜神奈川の方へ相廻沙汰承り申候尙ゝ本文之趣御徒目付ゟ出言之由承候間申上候

細作之者の口達せるハ交易品願ハ反物塗物ニて銕炮刀槍ハ無之由是

ハ年々被遣にてハ無之此度限り御役人ゟ自分音物之由鐵炮ハ三十目二十目十目三挺之由刀ハ白鞘之山二振槍も二本何れも鈍刀のよし何分下田にて交易ニ決候由黑川嘉兵衛下田へ黑船連れ行き彼是手間取其内ニ此表御評義相決候積之由

一、二月廿五日朝又主税を誠之進か許に被遣たるに誠之進か申處も愈下田に決したる趣にて松前の事も來年ハ見分に來るへしと答へんとの事にありて最早挽回すへくもあらす廟議之趣も此度の不都合ハせんかたなし今後ハ屹度思ひ立すしてハかなふへからすといへる如く云ひ甲斐なき事になりたりと歎息せりとそ

一、此夕福山侯ゟ昨日の御返答あるへしとて師質を召されて參りたるに例之與一兵衛を以て仰聞けられしハ今度亞墨利迦船御處置之事ハ於　公邊も閣老衆御初一同御殘念にハ候へとも無余義御場合に差迫り水府老公御始御一同之御決評に有之よし初の

御廟算ハ此頃被仰進たる如くなりしか又十九日の應接に彼より繪圖を出し本國より支那へ通航便宜の爲に願出候事なりしに長崎にてハかくのとく入込たれハ態〻參候はんてハ相なりかたく甚不便之事にて更に願意に適ひかたく候へは琉球松前浦賀下田の内に而御わたし下さるやうにと申せし故左樣成事ハ相成かたきよし申候へはさらはせんかたなく候へハ兵端にも及ふへしと申ニ付さほとまてに存込たる事に候ハヽ江戸表へ參向して伺ひ來らんと申聞せしかハ夷人共申立しは此事ハ昨年退帆の節より當年御返答伺に參候事は御約定に及ひおきたる事なるにかくのとく御手間取に相成事ハなき筈なるに合点行すといへる故應接方にて如何にも尤にハ候得とも我方におゐてハかねて長崎と取極めたきたる故ケ樣の次第となれるよしにて申宥め候ひぬ初め彼より松前を願候節彼の處ハ兼而内〻交易の事もこれある故願ひ候よしを申せしかとさる事あるへくもあらすと押付而我　國王も松前にて許容致度と存し候へと松前ハ大名の國な

る故心に任せすと申せしにさらは是より松前へ行きて志摩守へ懸合ふへしとの事なりし故左樣いたし候ても松前より又江戶へ伺ふ事となれハ夫而已にてハ事調ひかたしと申諭せしにさらハ如何すへきやといへる故此方にてとりしらへ返答すへしといへハ遠方にハ候へとも來年まてには事分り可申候へハ來春御返事伺ひに參り候半と申せしよし琉球の事は手遠なる旨にて御斷りなりしに是は快よく致承知取下り通辭へ申せしハ琉球も內〻にてハ事濟居候へとも表向にて濟寄候へハ猶更心持宜故申試みたるなりと物語りしよし昔日の

御威勢候ハヽ献貢も御斷り少〻の賜與にて事濟へく候へとも何分當前の形勢交易を唱候者も有之拒絕を申立候者も有之諸有司を初諸大名共銘〻各〻と相成居加之武備も未た完全にも至り兼候折柄故御殘念なから右等の御處置ニ相成候得ともいつれに諸大名初め一同固結御嚴備にも相成候上ハ御取計ひ方も可有之又浦賀下田の事はなるへき丈ケ遠き方宜しから

んと下田に決し候へとも此兩端の利害得失ニ付種〻の御評議ありて決しかねしかと遂に下田に治定して大學頭對馬守も引取たれハ明日の應接にてハ多分落着すへけれハ無程歸帆にも及ふへきとの御旨なりき爾後細作密告如左

一、十九日應接大意彼云交易之儀御制禁之儀候ハヽ强而願ひは不申去なから船中致難澁候節石炭食糧薪水相願候而も御取上無之而ハ不仁之國と存候左候へハ是非なく戰爭に及ひ候と申我云船中石炭食糧薪水等乏敷候而致難澁候節ハ與へ候が長崎表におゐて相願候へハ願之品與へ候由申聞候彼云長崎は好みにあらす長崎表へ參候事なれハ淸之國へ參候へハ如何様にも相成候只日本東海邊ヨはより處無之故松前と江戶近海ニ而願ひ申候と申我云長崎ハ是迄諸國の應接場にも候故相叶ひ候か其外にてハ六ヶ敷と申彼云いよ〳〵松前か江戶近海之處御取上無之候ハヽ是非戰爭に及ひ候と申我云其義は卽答難申と申彼云昨年ゟ東海之儀

願置且御重役と申其上此度之義に付御出張被成候御方にて是程の事御
即答難被成とは如何之事といろ〱責かけ何分にも只管御即答承度と
申張候我云我方ニ而ハ長崎ニ於て相渡候積りに定置候且昨年之願に此
處か彼處かにてとさしての願にも無之事故何の處か宜敷とも吟味致し
置かす夫故即答難致と申彼云左候ハヽ早速御調らへ被下候樣申候我云
來る廿六日又應接致候段申彼云別に二ヶ條申上候儀有之候へとも今日
は不申と申候由
一、應接中彼云一ヶ處相定候得ハ漂流人ハ格別其外ハ御定被成候より外
へハ指出し不申段申候彼又云松前ハ如何我云松前ハ大名之國にて六ヶ
敷と申彼云左候ハヽ相談に罷越候と申候由我云浦賀ハ如何彼云浦賀は
舟掛りあしく且湊狹く候故不好と云我云伊豆の下田ハ如何彼云下田は
見分いたし候と申由右ニ付軍艦二艘廿二日神奈川出帆下田之方へ罷越候
一、廿一日右之儀ニ付井戸林江戸表へ罷越御城におゐて廿一日廿二日御

評諚有之由御評議大意応接方より承候まゝを申上度　御老公には長崎ゟ外に異國の港を開き候事御好み無之付種〻御議論被仰出候處應接方云左候へは手切之挨拶仕候然ル時ハかならす戰爭に及候間早速諸家始へ御嚴重に御備へ有之樣被仰出置候へと申候然ル處閣老方始諸有司云今戰爭に及ひ而ハ天下の大變に相成候間先場所丈ヶ之事ならハ何方にても相許し當時之處穩便に取扱ひ致候樣と申候由應接方又云彼云別ニ可申二ヶ條有之候と申候間只今之處天下御大事の場合其上諸家へも對候事有之候間何分にも閣老方御出張有之樣申立候處閣老衆被申候ハ致出張候へハ却而騷ヶ敷相成候間何分にも應接方にて取扱致候樣と被申候由應接方又云左候ハヽ參政之方ゝなりともと申候へ共是又同樣之挨拶之由

一、廿二日井戶林神奈川へ出張有之

廿五日付
一、廿四日書取を以石炭食糧薪水東海湊ニおゐて御渡被成候段彼へ申越候由彼大ニ喜ひ左樣相成候へハ別に二ヶ條之儀も不申上とも宜候此度

ハ一艘出帆爲致國王へも可申聞旨之挨拶之由

一、廿六日早朝フカナン乘り居候蒸氣船出帆致候右フカナンハ異人中之悴雄之由此者ハ戰爭に及し度心中故此度ハ應接にも不用候由

一、來る廿九日にハ應接方彼舟へ罷越饗應有之由此饗應相濟候上退帆ニ相成候樣子ニ御坐候此節アータムス迎ひとして神奈川迄參候樣子に御坐候

一、來月朔日にハ横濱應接場に　ゐて饗應有之積之由

一、二月廿七日上田侯へ御留守居之者を被召呼亞米利迦船碇泊罷在候得共平穩之趣に候へは御警衛御人數御引揚に相成候樣御達あり

建議草稿ニツキ福山侯へ相談ス

一、二月晦日　　公前件之次第共御承知あつて御慷慨に堪へさせ給はす猶又目今之要領を閣老衆迄御建議あらせられんとの思召ニ而緊要之條〻御書取あつて福山侯へ御持參御討論御示談被爲在度と御懸合ありしかと此節ハ彼是世間の御嫌疑も少なからさるによつて御入候事ハ御斷りにて御密

事の御用ならんにハ師質を被遣候へと被仰越候故此夕師質ヨ仰付られて右建白の御草稿を福山侯へ持參せしか殊に御用繁の御旨にて夜戌の半刻計に御逢ありけり師質方今の時勢　公御憂慮之餘り御失敬をも不被憚思召籠られたる御次第御建白に及はれ度ニ付御相談旁被入御覽候趣を以右之御書面を指上たりしに侯御落手あつて御書取ハ御熟覽之上御返答あるへきとの仰なる故師質此比中　公の御聽に入つて御懸念思召條ゝを申上たりしに侯も此比となりては殆御當惑の御次第に成行て重疊御苦心思召せとも御行届き兼られ候御事共多くて御憂慚に堪へさせ給はぬよしを御歎息あり此刻古製異風筒を雷粉にて打たるゝ樣に仕懸けたる新工夫の鉄炮を被進由にて御渡ありき御建白御草稿如左

覺

一、正月中旬北亞米利加船渡來以後三十日有餘相成候得共未た退帆の樣子も無之誠ニ以可申上樣も無之御時態ニ差迫り恐懼之至奉存候就夫日

夜不安寢食苦惱仕種〻熟考致候儀献芹之鄙衷には可有御坐候得共心付之儘建白仕候

一、當年北亞米利加船渡來之儀は已ニ昨夏六月罷越候節彼理呈書にも認有之事ニ而勿論御覺悟被爲在候御儀と奉存候處唯〻節儉之御觸幷品川沖三ヶ所御炮臺御築造且大炮等御鑄造之御目論見而已にて天下之士氣振興仕候樣成御仕向ヶ等一切不奉伺日〻痛憤憂悶罷在候儀ニ御坐候處十一月朔日重き

上意之趣も御坐候に付當年亞墨利加船及渡來候節之神算嘉謀兼而御定め被置候故專ら乱世之御處置にハ無之萬緒の御治務其儘に被差置候儀と窃ニ奉恐悅居候處今般亞墨利加船及渡來候より今日迄之御處置乍恐

廟策被相定置候樣ニも不奉存彼之摸樣により

廟議も致變遷候事之樣に奉存候且風說承り候處ニ而は夷奴之內死亡有之彼之願に被任候而橫濱某寺へ致埋葬候由是迄足踏も不爲致　御武威

盛大之　神國就中御府内不遠場所へ初而夷奴之死骸を葬候抔ハ　公邊
思召御趣意の義ハ如何難計候得共無此上
皇國之汚穢と切歯憤痛之至絶言語候仕合に御坐候又御返翰御渡鎌倉之
由ニ而御固メ諸侯も被命候處彼申立候故に可有之哉屋形浦へ小屋相立
一日及應接又彼より波荒之申立ニ而本牧横濱へ御小屋相移及應接或ハ
通信交易御許容之有無ハ不被仰聞とも彼ゟ貢献物御受被成又従
公邊夫ゝ爲御答禮被下物有之儀は畢竟通信に相當り是ゟ外ニ通信と申
儀も有之間敷又異船八艘之内二艘下田湊迄罷越候儀は被下候石炭御渡
場見分と申風説も有之是も肥前國長崎港にて御渡可被成との掛合ニ相
成候處不聞入候故下田港に極候儀にも可有之哉と奉存候右様何事も彼
之願に而已被任候而ハ際限も無之儀にて恐入候儀ニ奉存候勿論右之條
ゝ御聞届無之候ハヽ忽可及兵端勢ニ可有御坐候得共出來候筋は被成遣
難相叶義は忠信篤敬の御決談を以被仰聞其上にも彼より可及爭端勢に

相成候は丶昨冬十一月

上意之通諸藩一同擧て及防戰候ハ丶必然敗衄は仕間敷夫程の凛乎たる
皇國の御威勢被相著候は丶彼も知不可犯却而敬服ニ可及義と奉存候亞
米利加ハ全世界中彊暴の土地ニ承候得ハ今般亞米利加人及畏服候ハ丶
英虜佛夷魯蠻抔先渡來致間敷と奉存候得共今般の如く只管に爭端相開
候御懸念にて平穏無事と而已御取扱御坐候而ハ彼之猖獗は益募り我之
御措置ハ彌姑息に相流れ可申儀と奉存候夫故に交易御許容の名は無之
共實ハ同樣にて十分兵威之御撓屈被成拄　御國躰彼之願次第御許容相
成候儀と奉存候左すれは開闢已來萬古屹立の
皇國今茲嘉永七年甲寅の春に當つて初而夷狄之屈辱を被爲受候儀乍恐
征夷大將軍の御重任は御名而已にて上ハ　天朝御代々神祖御始御歴世
樣方へ被對下ハ諸大名萬民迄へも御信義拂地御申譯ハ被爲在間敷義と
奉存候扨又日夜恐懼掛念奉存候義ハ此度は只管御穩便而已を被

思召兵端不相開樣にとの御趣意よりして苟且姑息之御取扱ニ相成　大將軍の御武威も無之此節當路參謀之諸御役人は擧而萬一賣國之賊臣抔と青史に書殘し萬古に汚名を傳へ候樣にてハ誠以殘念至極無之上義と奉存候乍併ヶ樣には申上候ものゝ

公邊に被爲於候而も此度之儀を無御貪着御許容相成候義にてハ無之定而御血淚之御評議にて不被得止事御場合より相成候儀にハ可有御坐候得共其儀ハ萬人存し不申只事業に著はれ候所ニ而相伺居候得ハ前文申上候通りに御坐候何分亞墨利加人及畏服致退帆候ハゝ外ゝの夷狄暫ハ渡來致間敷候亞墨利加人へ通信交易之名ハ無之とも實ハ同樣にて猖猾の願意一ゝ御聞置にて及退帆候ハゝ萬國其風を望て忽致來舶魯西亞ハ江戶を願ひ英夷ハ大坂を願ひ佛虜ハ浦賀を願ひ御許容無之候得者忽可及兵端抔申募候節ハ其通りにて被任願意候而ハ際限も無之事ニ相成日東速に可及虛耗と奉存候間唯今の處ニ而應接方御取替ニ相成筒井肥

前守川路左衛門尉於長崎近く魯西亞人對談仕候手當りも御坐候得は是等へ被仰付應接の摸樣一新致し　御國威相立候樣仕度義と奉存候乍去夫も當今の御時態ニ而一旦御談濟ニ相成候義を再ひ被變遷候儀も乍恐御六ヶ敷儀と奉恐察候間此度は十分彼に御撓屈被成候事故此御恥辱を何分にも御雪メ無之ては前文にも申上候通り
天朝は勿論祖宗へ被對候而も相濟不申義と存詰罷在候尤方今の御時勢遂に澆季に陷り候事故乍恐
公邊に被爲於候而も嚴敷御儉約被仰出諸大名へも武備嚴重炮艦鑄造被命候位之事にてハ迚も參り候時にても無之奉存候彼西土ニおゐても越之勾踐會稽之恥辱を不忘臥薪嘗膽之奮勵ゟも今一層の事に無之而ハ難相叶義と奉存候得は此時に當つて今般之御處置ヶ樣〳〵之無御據御運ひニて忍んてヶ樣の御取扱にハ相成候得共畢竟　神州の御恥辱無此上事候得者今日よりして

君臣上下擧つて御恥辱を被雪候一途ニ心力を盡し奮激勉勵可致と明らかに天下の諸侯へ御開示有之何年之後にハ急度夷狄を服すへき旨血を歃つて御誓約有之今日治平之勤務は萬端御放下之上に而　御武德可相輝方へ御力を被込候半而ハ迚も此末御汚辱御雪めと申義は難相成事と奉存候　公邊におかせられ候ても定而此度ハ亞墨利加船退帆の末品〻被仰出も有之追〻臥薪嘗膽之御取行ひニ可相成　廟算も可被爲在候歟候得共方今之勢にて相考候へハ一と通りよてハ迚も御六ヶ敷事と奉推察候其極意ハ昨年迚も退帆之末は其邊之御評議御坐候事歟と奉存候得共今日に至る迄品川沖御臺場さへも未た成功も無之爲躰之處を以申上候乍併またも昨夏ハ今年又〻渡來之心得有之候故少〻は一体之人氣も引立有之武器類等も相整ひ候得共今度退帆相成候ハヽ重ねて渡來之的標も無之故天下之人心日〻に生怠惰詰りは敵國外患可致忘却と奉存候右樣に相成候而ハ

御武威之宏張ハ勿論人心振興可仕義決而無之義と奉存候得ハ何分ニも
昨年ゟ當年迄之如き御爲躰之儀ハ今更致方も無之候間彼尺蠖之屈伸と
同様にて此度墨虜之輕蔑侮慢を被爲受候義を前文の會稽之恥辱に被比
乍恐
將軍樣も旦暮に熊膽を被爲嘗在廷之諸有司列國之諸大名も同樣日夜憤
慨を不忘日〻月〻層倍して御作振被爲在候ハヽ夫よりして千條萬端之
御措置も被爲出來候御義必然と奉存候恐多き事なから今度墨虜之凌辱
を被爲受候ハ
將軍樣御一身に而已止候義ニ而ハ無之勿躰なくも
天朝　東照宮御始御代〻樣迄を汚し奉り候儀と存詰候得ハ何分にも此
屈を伸へすしてハ難相濟儀と奉存候此末　御國威御挽回無御坐候而ハ
乍恐　將軍樣を奉初賣國之罪御遁れ難被成儀と奉存候是等之義思召詰
られ候ハヽ中〻以片時も不安事候得ハ讎敵眼前に滯帆罷在候内ニ前條

之　大命令を被下候ハヽ年始ゟ歳暮迄之太平之治務萬事萬端御擲却被
爲在　御殿向銅瓦迄も剝取大炮鑄造之方へ御打込被成後宮も御用足り
候計ニ被成置御衣食も暖飽迄にて御普請等も一切御停遏雨露の御凌迄
ニ被成置候樣無之候半而ハ迚も天下之人心憤興可仕儀ハ無之と奉存候
右樣に治世之粉飾ニ預り候冗費の勤務一切御放下被成日繼夜之御至念
を以義勇發達富國强兵を御勸誘御坐候ハヽ
公邊之御勢にてハ倐然御成就可有之奉存候左樣無之候半而ハ迚も
御國威挽回之道は有之間敷と奉存候扨又右樣ニ
公邊にて御奮發被爲在候ハヽ諸大名ハ猶更增倍勃興不仕候半而は難相
成候得共兩山其外夫〻の火防を初御手傳金等も被仰付治世之勤務にて
諸侯も當時甚困窮ニ相迫り居候儀ニ御坐候處當年亞墨利加船は及退帆
候而も引續萬國渡來可仕は指見え候事ニ御坐候其度每御固メ等被仰付
候而ハいかにも勞役に堪兼候儀ニ而失費も不容易奔命に而已疲れ國力

虚耗致候而此上ゟ武備嚴重に仕度候共出來不申仕合に相運ひ申候ハ眼前ニ御坐候間兵端可相開御趣意にも無之當年之通り平穏無事之御取扱に御坐候ハヽ是迄之在府人數ニ而出火之振合位ニ而固メ被仰付候ハヽ可然歟當時諸大名國許在所より多人數召呼候勢に相成居候事故日〻の雜費も不容易事ニ相成國力疲弊之損害ハ御坐候得共其益ハ無之防禦の實用にも相成不申候固メ人數差出候事ハ疣贅無此上奉存候間何卒昨秋も及建白候通り諸大名妻女國許へ被指遣年始ゟ歳暮迄の進献物一切御止メ被成御役人方への贈物も被止大名ハ三四年に一度ツヽ參府に相成候ハヽ却而
幕廷の御爲にも相成諸侯ニ而も大ニ難有可奉存候義に御坐候其他諸侯の難儀ニ相成候儀共ハ悉く御省被成候樣致度奉存候何分諸侯之困弊は
皇國の衰弱ニ而御大事至極の義と奉存候御役人方ニ而も贈物無之候半而は格別迷惑に相成候筋も候ハヽ其數に當り候程從

公邊御手當被下候ハヽ可然奉存候唯今之御時態ニ而治務御放下も無之諸侯參勤も是迄之通にて蠻舶及渡來候每度御固メ等被　仰付候樣にては　御國威御挽回の御道は絕て無之益以御厄運相迫り可申奉存候其節ハ諸侯勞役に堪兼候處より如何躰之野心相兆し申間敷とも御受合難申上又心力を盡し精忠を抽候諸侯も每ゝ之勞役にて國力虛耗之處ゟ可奉救助事難相叶時勢に相運ひ可申は眼前に候何卒右等の處被思召詰候ハヽ一刻も早く諸侯と御盟約の上治務御擲却專ら金革の務に相成不申候半而者迚もく　御威光御恢復御見詰無之と奉存候古今の歷史を見候に厄災ハ廢興の分界にて却而興起致候而天下を泰山之安きに措候事も有之又復興の英斷も無之夫切ニ滅亡ニ及候義も多ゝにて方今皇國の厄運至大至重之御時態と奉存候得ハ臥薪嘗膽其秋と從今日御覺悟を被極候樣致度奉存候呉ゝも太平の勤筋等一切御用捨被爲在候ハヽ

大名一同憤興銘〻の家政も乍恐
公儀御同樣にて今日の冗務一切放下炮艦ハ勿論の儀武備等追〻嚴重に
相整へ只管に文武の道而已爲打懸候ハヽ必然有事之節御間に合ひ可申
奉存候若又
公邊ニ而もヶ樣御世話被爲在候をも取用ひ不申驕奢にのみ罷在必戰の
覺悟相立兼安逸を貪り因循として目前之苟安を偷ミ候者は少も無御宥
恕罰殛被爲在候ハヽ一人を刑して萬人振起可仕儀勿論に而乍恐
公邊の御德威も御盛んに可相成左すれハ必
皇國の武勇慶元の往昔に復し夷狄窺隙候而も
神州一寸の地も悉く磐石に相成可申と奉存候其振興之士氣を以て彼へ
敵し候得者必勝算可有之事ニ而彼も自ら畏服いたし今年の撓屈を被伸
御國威を海外に耀かされん事必定と奉存候當今澆季の世に陷り候を再
ひ御盛世に被復候ハヽ

天朝神祖御始へ被對候而御忠孝も無此上御儀と奉存候何分にも右様に治務御擲却ニ而も方今之躰にてハ人心分散いたし居候事故容易にハ御處置御六ヶ敷奉存候間何分にも水戸前中納言殿惣督に被命治乱の御政事天下の御鹽梅に被備候ハヽ衆人も致安堵御評議も固結仕候儀勿論と奉存候中納言殿にハ人和無之様申唱候者も可有之候得共都督かたに被命候ハヽ浮説も相止　幕廷の御爲にも可相成奉存候誠以開國以來未曾有之御大事到來の時と奉存候ニ付御家門に連り候身分にて御爲筋存付候儀不申上候而ハ不忠不義之至と奉存候ニ付不忍默止不避忌諱建白仕候事ニ御坐候萬死頓首

月日

一、三月朔日尾州表ゟ過日之御返翰到着せり如左

如諭春暖相成候處愈御康寧欣賀之至候然は今便は朶雲惠投忝致拜讀候從是も御踈遠而已打過多罪此事ニ御坐候扨ハ

皇國之安危分判之時節實ニ欝陶致候乍不及寸忠を盡度毎度建議致候事候得共存候樣にも難行屆御推察可被成下候先は貴答迄如此候不一

如月

段ミ高諭之趣伏讀三復致候處鄙懷と逐一符合之事共扨ミ御親敷先以欣喜ニ不堪候實ニ如貴命當今之形勢ハ　皇國未曾有之一大事にて晝夜盡膓不啻存候殊拙義ハ隔地索居候事故即今之幕議如何之御摸樣候哉何事も不相分別而無心許候處貴書にて承候へハ既ニ比日ハ祖法國威も殆墜地之場合ニ及候趣之處幸に水老人之一爭を得てこそ累卵の危きを淩候事と相見え扨ミ薄氷之思言語道斷長大息之至御坐候其一端ハ先ミ事濟候得共其後貢献賜與之物件も有之由是如何之御所置にや一圓合點不參事共にて乍恐二荒山之御餘光も此に至つて如何成行可申哉と實ニ言語道斷存候將亦事躰云ミニ付御軫念之餘拙にも閣老へ呈書之儀御申越尤易事ニ有之抑去夏以來拙義愚存之趣既に其砌逐一建白を遂候ひき且其

後も追〻水老人幷閣老へも頻に密封數度及候得共何事も貫徹不申隔靴爬痒之心持にてたゝ歎息至極之事共候付尤當今之時体寸刻も不可棄置機會には候得共前〻申如く書中にて者迚も無詮は必定ニ付是に付てハ聊愚考之趣も候得共何分紙上にハ難述最早間もなく東下之事ニ付萬縷其上之事ニ可致夫迄之處猶格別に御粉骨御輔翼所祈御坐候呉〻も格別報國之御赤心之御細敎不淺感荷之至奉存候餘は面謦と早〻不具

（原註）三月三日於横濱米國と假條約爲御取結有之林大學頭井戸對馬守伊澤美作守鵜殿民部少輔被遣

一、三月四日福山侯ゟ御内書を以左之通り御返答あり

一筆謹呈仕候暖氣相成申候愈御安泰奉賀候陳は此程以靱負御内〻御相談被仰下候御書面得と熟覽仕候處一躰之理合御尤至極之儀御同意奉存候乍去今般之異船取計方も昨年來夫〻評議も相決居候義に候得共實ニ以於
公邊も無御餘義御次第にて乍御殘念當今之御處置ニ相成候事に而必右ニ而御安心と被思召儀には無之義故其段は左樣思召可被成下候御書面

之内諸侯妻女を國許へ差遣し三四年程にて參勤と申儀至極之儀候得共此儀ハ何分如何可有之歟愚存にてはヶ樣にハ難相成事哉と存候其余之條〻は何も別段心付も無之候間御認取も御出來候ハヽ備前殿へ御越御差出し可被成候何れにも小生愚考にては亞墨利加船は最早應接も昨日にて萬端相整候趣にて近日出帆之由候得共此御跡至而御大切之義急度御取〆無之而ハ人心怠惰に流れ如何共致方無之樣可相成不行屆之儀にハ候得共國家之御爲品〻心付候儀も有之候得共何分一〻不容易儀同列共初諸有司にも力を合せ候もの無之候而ハ全く相整不申内忽ち相崩れ却而御不爲に相成甚心痛仕候不容易御時節人心も種〻異論有之不肖之小生抔實ニ憂悶罷在候萬〻御推察可被成候早〻謹言

三月四日

一、三月十日頃日福山侯往復之御次第ニ付尙又廟謨御賛成之儀を御倚賴思召旨を被仰進たりしに水老公ゟ之御内報如左披閲如諭春暖無御障令大賀候扨は御別紙御細書之趣幷御別冊御草案再三反復致候處報國之御至誠御紙表に溢れ實以感激いたし福山書面をも御内ゝ御廻し是亦致一覽候處同人書面ハ實ニ中情を吐露致候事と存候成事遂事は今更申も無益候得とも御書中通り臥薪嘗膽と四字さへ上下一致にて行はれ候へハ
祖宗在天之靈へも御申譯有之候へとも去夏以來も゛尚又當春實地之光景を以洞察致候而ハ何共安心不致愚老なまじゐに登　營致し居候而も消埃之補ひ無之のみならす
廟算まち〳〵に相成却而害にのミ相成可申と恐入候間今十日委細老中幷御側へ陳情いたし候貴兄にハ御壯年之義天下人望之所歸決而訣言にハ無御坐候間何分爲國家御努力尾州幷豚兒等御激勵被下候はゝ愚老之大幸無此上候折角之御厚意に任せ心事無伏臟申進候間御一覽後早速御投火にいたし度候也

三月十日

松越殿 御報　　水隱士

一、爾後細作密告如左

一、異人へ被下場處またしかとは定り不申候得共多分下田ニ相成候樣子ニ御坐候彼よりは來年正月迄に開き呉候樣相願ひ候得共三月迄相延候樣彼へ申聞候處承知候由商館之儀は場所を限り相渡候と申說も有之又其儀は不爲致と申說も有之實否相分不申候

一、廿六日横濱應接場におゐて應接有之候處今日は雙方至つて穩便にて暫之應接にて相濟角力取七十人計出來米二百俵を海邊へ運ひ候五斗俵二俵ツヽ肩にのせ運ひ申候或はさしあから運ひ候者も有之或は米をさしなから中かゑりいたし又起かへり米をさし候者も有之由ヘルリ、アータムスも大に驚き日本には如何して如此力者有之候と感心致候由アータムス其俵を持見候處持上ケも出來不申由夫ゟ彼の調練秘術を盡し爲

致候由應接方も格別感心の由夫ゟ蒸氣車を仕懸け相見せ申候十分の時ハ馬の走候程も行き申候尤雛形には候得共人兩人ハ乘なから走り申候伊澤抔も參り候由夫ゟ角力をとらせ見せ申候ヘルリアータムスも機嫌の樣子に相見え申候又名は承知不致候か我龍吐水の如き物ニて水を仕懸け申候彼是時刻も移候付テレカラフハ仕懸け見せ不申由右之外被下物品〻應接場に飾付有之樣子に御坐候應接方ゟも夫〻答禮として遣し物有之由

一、廿九日應接方與力彼の船へ罷越懸合畢而歸候節ゟ蒸氣筒ゟ煙を出し致相圖候處其比ゟ次第に風强く相成付延引にも致すへき懸合候處八時比ゟ風靜ニ相成候故押送船にて應接方彼の軍艦マストネンへ罷越候押送船十艘計り也應接方着の上蒸氣船ミスセウヘンゟ空炮十二發夫ゟマストネンにて船中之調練有之畢而其船ゟ空炮十五六發夫ゟ彼のハッテイラに乘りヘルリ乘居候蒸氣船へ移り種〻の饗應有之夕方軍艦にて空

炮又十五六發右畢而應接方引取暮時金川へ着
船中調練の樣鎗士數人槍を持船に乘らんとする人を突落候体を致其
後ロに劔を拔き切はぬる体を致候其後ロに鉄炮を持扣へ居候樣之由
右樣の調練を致し居候内へ隊長なる者相圖之口笛を吹き候得は一統
艫の方へ廻り又調練いたし候由
彼の饗應　菓子　酒　鳥の丸煑　毛物鹽煑品〻右品數十二品程有之
由　又花を生け置候由又彼の樂を致候　樂器　三味線二人　小弓
二人　太鼓一人　四竹一人　横笛一人　鐘一人　又クロンホ數人躍
り候者有之由又我浦賀與力も躍り候者有之由
一、晦日橫濱におゐて應接有之余程の應接之樣子ニ御坐候大分手間取れ
候由細事之樣子候得共又彼是申立候而懸合事不相濟候由夫故退帆之處
も相分り不申候又テレカラフを仕懸見せ候由又何歟食物類を　公儀幷
應接方へ持參致候由其印に　公儀之分は葵の御紋之小サキのぼりを立

參候由又林井戸抔へも夫〻の紋を付而持參致候由此度ハ劔銃幷腰筒抔も持不參候樣子御坐候又應接方ゟも食物（坐禪豆之類）を蓋物に入れ遣し候由

一、三月朔日朝下田へ罷越候軍艦二艘神奈川沖へ罷歸候

一、三日横濱におゐて應接有之四時過ゟ相始七時過相濟候今日ハ以後之規定通り互ニ書取を以約定有之候由大抵應接もこれ切にて相濟候樣子に御坐候

一、三日應接にヘルリは此ゟ又他國へ罷越候ニ付又〻五月に下田へ來候段約定ニ相成候由アータムスは本國へ歸候由出帆は彼ゟまだ何日とも不申候由併近日出帆致候筈

一、又此以後ハ下田ゟ外へハ參り不申樣約定ニ相成候由

一、林氏へ彼ゟ彼船印を贈候由其儀は御和順に相成候上ハ若外國ゟ亂暴致候節ハ御加勢を申候との趣の由

一、五日御徒目付御小人目付應接方與力とも彼異船へ暇乞の積りにて罷

越彼方にも初て其積にて種〻之饗應も有之處跡ゟ又〻何か申出候ニ付
又兩三日退帆不致樣子御坐候
一、七日四時比アータムスサラトカの軍艦に乘り退帆いたし候
一、ヘルリ近日退帆いたし下田へ立寄夫ゟ松前箱館を吟味いたし夫ゟ他
の國に用向有之其方へ罷越再下田へ參候樣申出候由五六月に又〻參り
候樣子
一、來春正月に下田へ參候趣彼ゟ申出候得共三月迄ハ是非相延しくれ候
樣申聞候處彼承知致候由夫ゟ以後下田箱たて兩所におゐて食糧薪水相
渡候樣約定有之石炭の義ハ時〻寄候事故態と相定め不申由
一、何之國にても約定書取かはし候節ハ一紙に兩方之姓名印を記し候間
此度も致くれ候樣彼より色々相願候得共日本に而ハ一紙に兩方之姓名
を記候事ハ無之候間其儀ハ不相成段申聞候へは左樣ならは是非なき事
候間日本之御法に隨ひ候と申候由

一、彼ゟ應接方へ書取を以申候にハ此度は應接方にめんし別段不申立乍併日本之爲にも又諸國へ被對候而も始終は交易無之而ハ不相濟且日本之御益にも不相成と申候由
一、彼云我等致出帆候ハヽ早〻江戸表へ被引取御休息可被成候無程オロシア參候と申候沙汰
一、八日ヘルリ上陸いたし横濱應接場也野戰筒の業を暫く致し畢而應接場へ入夫ゟ本牧之邊迄參候由又名主へ入晝飯をたべ候由又太田東福寺へ參り候由ニ而幕抔張候處是へは參り不申由
右之儀は初ヘルリ申候には御和順ニ相成候上者何之國へ參り候而も國王へ拜謁不致罷歸候事は無之候間江戸表へ罷出國王へ拜謁致度段願候處我云他の國は何れに候とも日本に於ては不相成候段申聞候彼云左候はヽ江戸海邊迄船にて罷越度如此御和順に相成候上は亂暴致候事無之候間御懸念に不及由種々申候へ共我方にハ其儀も難爲致候段申聞候彼

云左候はヽ神奈川迄上陸之段相願候得共此義も相許し不申候彼云左候はヽ横濱最一度上陸いたし其邊を見物致度候間案内者を御附被下度候樣相願候に付其分は相ゆるし候故上陸ニ相成候由右願中江戸近海迄參り候而江戸を不見候而ハ歸候上國王へ申譯無之候間何分にも上陸之段色ミ申候得共我方に不聞入候故彼云左樣之儀に候へハ是非なき事に候得ハ日本之御國法に隨ひ候と申候由

一、三月十二日薩州侯此頃御參府ありしか此日御直書を以被仰越趣左之通

一筆申上候愈以御清安奉賀壽候然は今朝内ミ傳聞いたし候へは是非江戸へ可乘込旨申出候而夫故出帆之摸樣不相分と承知いたし候此義彌實事に而萬一此上押付られ御聞濟に相成候樣にてハ余り寬過候事にて以之外之儀と奉存候しかし内ミ傳聞之事故閣老等へ可申述義も如何に候得ハ何そ右邊御聞込も御坐候哉御内ミ尊慮伺度余り心配に存候間極内申上候誠ニ一大事之時節到來晝夜心配此事ニ存候萬ミ尊慮相伺度早ミ

奉申上候頓首

三月十二日

右ニ付福山侯御返書中之趣將細作密告之次第等を御返書ニ被仰進たり

一、爾後細作密告如左

一、十一日林井戸出府いたし候儀は異人ゟ中立有之候故之事には無之江戸表ゟ登城可致旨申來候故出府有之儀ニ候

一、異船へ水遣候儀十一日切にて相濟候由

一、十二日御徒目付等鷄を持參ニ而異船へ罷越候樣子應接方ニ而は暇乞之積之由

一、十三日早朝より二艘之蒸氣船ニ而煙を出し又早朝ゟ我與力等押送船三艘にて罷越彼蒸氣船へ參候由其蒸氣船二艘共五時比ゟ江戶の方をさし走せ申候其後軍艦も四艘共追ゝ江戸之方をさし走せ申候本牧之方一艘は殘り居候

右蒸氣船二艘は江戸近海迄乗り廻り直ニ出帆之約束軍艦ハ神奈川ゟ直ニ出帆之約定之處是亦乘込申候右異船六艘共羽根田沖にしばらく碇をおろし居候九時比殘り居候軍艦にて空炮一發いたし夫ゟ羽根田沖之異船遂ニ小柴沖をさし出帆いたし候内蒸氣船一艘ハ神奈川沖迄參り掛り居候軍艦を引出帆いたし候八時半比ゟ一番にヘルリ乗居候蒸氣船夫ゟ追〻軍艦本牧かけに相成申候軍艦を引候蒸氣船七時頃本牧かけに相成申候

右蒸氣船羽根田沖近くへ罷越候處遠淺に相成候ニ付其邊をハッテーラ二艘に而測量致候處左右とも淺く乘込かたく候故夫ゟ折返し出帆致候由此義ハ幸之儀と奉存候

一、七時半過見送り船三艘とも神奈川へ着異船小柴沖に碇を卸し候由十四日早朝軍艦二艘致退帆跡五艘ハ晝後致退帆候樣子御坐候右異船ハ直ニ下田へ罷越候由

尾水ノ件ニツキ宇和島侯ヨリ來書

一、六月八日去ル朔日江戸表出立之飛脚到着して宇和島侯ゟ之御直書相廻ル如左

扨御着日御多擾可被爲在處御細縷之御密翰恐縮奉密讀候從是ハ可申上〻〻と存候得共餘り御上程之時と　朝野依然たる儀故今日は何そ可發かと存候而考居候内三旬にも近く終ニ無報と相成多罪〻〻失敬之至背本懷申候條御海量奉願候陳方今　廟廷風光如何可有之哉矢張萬荏歳月而已押移未勇斷之嚴令も行はれ申さす義と御遙察被爲在候得共何分時之摸樣申上候樣奉謹承候素其心懸罷在候得共何分固陋且疎外之愚僕ニ候得は見聞隘狹其段遺憾恐怖之至奉存候扨廟堂之光景御發輿比と相替儀無御坐候得共尙以頽靡不振ニ相至り申候其因は　至誠卓絶明公御發輿相成候而福山をセめ候者無御坐薩ハ度〻參り候樣子候得共賢考有之と相見得格別激論抔も無御坐候僕ハ本月九日一度參候處四ツ半時分中〻以云〻之話にも不相至罷歸申候此後も右之手續ニ可有之激論不入耳譯と存且切齒仕候水老公も如御願御免御用御坐候節ハ御出仕云〻被仰出候此間一度御沙汰ニ付御登城爲差建議も無御坐候墨奴も下田

港に碇泊故數百里外に泊り候通り高枕之様子如何樣存候とも內實ハ和親に決し居候故外他之面〻如何樣存候而も最早挽回之術ハ有之間敷と憤痛仕候尤僕輩云〻存候よりハ先頃も御密談仕候通尾水兩公握權ニ相至候樣周旋可仕處緊要ニ奉存候處尾公之御都合別密紙ニ申上候通り僕か所置不宜儀とハ存候得共右躰候へハ此末如何致候ハヽ可然哉此度福山へ逢對之時ハ僕丈ハ可申述候得共夫にてとけ合可申哉薩へも申合候得共此義極困窮仕候依而御神略御敎示奉仰望何分乍憚遠藤へ從尾公御返答之御意味今少寛猛御加味御督責被爲在候得バと殘念奉存候下略

五月廿七日

蓋世英明至忠春岳公閣下拜呈　　宗城

松平中務大輔殿御書翰寫師質云尾州公御實父也

華墨拜讀如命其后は從是こそ御疎濶打過背本意候不順之氣候益御康健被成御消光奉賀候然は件之御細簡委碎〻奉謹承候御一封早〻にも市溪へ

指出候樣被命候處粗御推察も可有之此節色〻不面白内密一條も有之御封簡御取次之事甚心配且嫌疑も有之取計兼候間御斷をも可申上候處年來御懇意返上も甚不本意ニ付此度ハ何角勘弁の上指出候樣可取計候得共何分火急の事にハ行届兼候次第も有之明日晝後には市溪館へ相越寛〻對話も致候間明日窃に相達度此段相願候乍去夫ニ而は御不都合かも難計候得共何分此節右等之事ニ付心配筋御坐候故無據相願置候且明後日迄にハ右否御心得被成度旨をも被命候得共前條之通り故明後早朝否封書等被指出候ハ丶可指出候此段御聞置可被下候前條申上候通り此節右樣之事取計方甚差支候間重而ハ先〻御斷申上度四谷迚も同斷別而心配仕且萬事不案内故萬一他へ泄候而ハ甚以心配之筋故此段不惡御含置被下度此段申上置候呉〻も當時心外嫌疑も有之候間右之段申上置候扨珍木御土產として被投實ニ奇品早〻腐壞之處相除かせ何歟相用方も可有之と深く辱奉厚謝候先ツ早〻貴酬迄如此御坐候匆〻頓首

郎

二伸縲〻本文之次第不惡御聞置可被下候今般は折角被投候事故乍不都合明日指出方取計申候くれ〳〵否封書等出候ハヽ御内達可仕先ハ早〻如此御坐候不備

今日も尾州戸山之屋敷にて調練有之尾張殿にも被相越此方も罷出候只今歸宅候處に御坐候いつ本文之通明晝後又〻對面仕候間其節取計可申候早〻以上

遠江守様　内密

中務大輔

尾侯御返書寫

朶雲御細章披閲時下梅天鬱朦候處彌御精〻剛拜賀之至存候然は縷〻御忠懇之御書中銘肝之至御坐候國風數章感吟其内拙子不當之事とも龜縮ニ不堪元來御熟知之弊邑なと中〻自家門前之雪を拂ハす他家門前の霜を拂候有餘ハ無之候得共足下焦眉之通被髮して救ふ之節と存候付我を忘

れ候事ともに候得共御國道不同相爲に謀難き時節ニ而漸目醒申候是よりは乍不及飽迄弊邑之困厄を拯ふ一事𦤶力を可盡と心付申候然處眞莫逆之賢兄越薩而已ハ猶極密之御消息も可有之哉之義益友之信を絕不申無余義事候得共角邸抔にても殊之外嫌疑之趣恐怖致居候間萬〻一聊之障礙にても有之節氣之毒ニ付必〻卑怯未練之筋に御組取なく今暫之處絕交同樣に致度嗚呼〻〻瞻望不及千歎萬歎止于此不堪揮毫候御了察可被下候不備

蒲月

龍士賢兄　机下　　恕

二伸行止道也是も天下之御爲と御諦悟可被下候以上

同御別紙

別紙之通申入候丈にてハ全躰之薀奥御分り兼ニ可有之誠ニ當節ニとり候て者　幕廷之御算第一之儀ニ而父母之病無不藥之理と申時節三藩之

職にては別而外視は不相成と晝夜軫念あくまても御爲と存候義は通徹致度候處是には內輪ニ取種〻意外之事とも有之却而害引出可申勢ニ相成申候故中〻書中にハ難申盡一旦手を引候も矢張御爲と存候事之儀ニ而有之候右等之主意御承知被成度候ハヽ角老人へ御密談被下候ハヽ薄〻相分り可申候右等之段薩へも宜御傳可被下候以上

仲夏旬二角笘老兄來臨密話大略手覺（師賢云角箸老兄は中務大輔殿也手覺は宇和島侯の御書取也）

一、尾館へ遠藤但馬守參上當時御續柄ニ付罷出心付之趣被申上候由（福閣差圖ニ而遣候事と存候）

申上候主意大概　○遠藤　●尾公

○先日ゟ段〻御誠忠の御考閣老共へ御沙汰御坐候處一〻御正論御尤の御儀奉存候得共當今夷虜の御所置ハ何分不被得止御場合ニ而打返候都合ニ相至候儀ニ而阿部始も一統極〻心痛仕取計居候處御正論とハ乍申餘り御烈敷御激論被爲在候而ハ不宜候間何分御平穩ニ御逢對被爲在度

儀と乍憚奉存候元來恐入候儀候得共近來御養子とも被成候御儀候へハ伊勢守存上候處御生へぬきの御方樣とハ兎角相違も可仕追〻御年數にも被爲成御一國の御義ハ勿論公邊の御義抔御熟知被爲在候上候得ハ無彼是候得共只今之御場合にてハ御扣へ目に被遊候方御爲めよろしくと存上申候又閣老共も左樣之義にハ被爲在間敷候得共水老公よりいろ〳〵被仰遣先に御使はれ被成候樣存上且其外國持衆之内ゟも色〻申上右等にて彌御憤歎被爲在被及御激論候樣存上候事も可有之樣子既に水老公にハ海防御參謀之御沙汰も被爲在候處餘り思召も不被仰聞此言難信と存候言而不用候故終ニ歸不言候所と存候　竊に御壯年の貴所樣を御誘ひ爲御言被成候事ハ不得其意抔と閣老内〻被申候位之儀ニ御坐候旨先ツヶ樣之振合ニ相成居候間何分只今にてハ嚴敷被仰述候而も御爲に相成候儀無覺束しはらく時合御見合ニ被爲在度又御嫌疑にも被爲在候へハ國持衆抔御逢も今少しの間御扣被成候方御宜敷と氣付候旨被申上候由

●委曲御心入之程深辱存候拙者申述方も不行屆候故主意も不致通徹義と殘念且恥入申候何分御大事不容易御時合にて親藩に居乍不肖蒙御厚過汚高官居候身分旁觀不出來と存詰候ゟ愚意申述候處却而惡敷被聞取候旨此上にも申上候而ハ御爲にも不相成旨左樣之都合にも有之候ハヽ暫いせ守殿初へも逢候義申込間敷尤乍不肖此度之儀は水老公始國持衆抔之進めに依て聊申述候筋にハ無之拙者一存心中ニ難默御案思申上候處を申上候處意外之嫌疑を受甚迷惑之至御坐候既に水老公ゟ每度御止被成候位之事にて候得ハ其處は篤と被呑込可申候（此御返答今少し被仰述方可有之殘念〻〻）

○一躰御三家樣にても尾紀御兩家ハ自ら水戸家とは違殊に當水老公御沙汰も御坐候間何事も被仰上宜敷候得共御家抔にてハ先ッ被遊御扣目候方可然と奉存候旨（此事甚以不得其意一言ニ此時合候得ハ外樣ハ勿論蒭蕘之ものへも御尋可被成時ニ不外御間柄尾紀を云〻申候哉以是考候へハ外藩諸侯ハ外國人の如く可被取扱と存候）

尾公何と御返答御坐候哉と尋候處此御答は角老しかと御噂不覺旨殘念

殘念大切之御答被忘候段無止存候事

雜話留　◉角老　△自分

△此間市ヶ谷ゟ御報翰中內輪にても種〻意外之事情共有之却而害引出可申勢相成云〻被仰下候處右ハ如何樣之譯候哉

◉右ハ委敷事ハ不知乍併竹腰初も矢張御養子云〻ハ片心に有之候故もしや强而激論被申張候而遠藤抔をも阿閣初不被用突然と又水老公辰年之樣成御不都合とも可相成候而ハ御爲にも不相成尾公爲にも候故何事も穩に御扣目に被成度との心意氣にて有之故御家臣へも御心痛不少旨兎角竹腰始も身爲を存し尾公の存寄立貫候よりハ阿閣始へ首尾能致度念强し

△同御報書中漸目醒候是よりハ乍不及飽迄弊邑之困厄を拯ひ候事蠶力を可盡と心付云〻被仰候右ハ何そ遠藤抔ゟ御手元之御世話ハ被差置公邊之大議抔被議候而ハ不宜旨申上候や御家來ゟ申上候哉

◉此儀は拙方ゟ附參候者入聽候趣にて當節ハ其思召に而被居候旨

又云阿部も何か奥との工合不宜候間此間決心にて可引籠と存候處阿か牧はならへ一處に引申て引由と申 又出候樣相成候旨密に承候由

又近來三藩も代替り早く候間自然と御附家來に權廻り自分〳〵大名分に入度願望相發御附ハ離れ度所存有之水土奥手筋有之節ゟ一段甚敷相成候處水老公を憚り容易に手を出不申處先頃内亞米一條防備之手筈有之處竹腰抔阿部始へ手を入れ一手にて防き候事相成かゝり水老公の聞出しにて尾公へ云〻と被仰遣相やミ候よし

△右樣之儀候得ハ强而申上候も恐入候儀候得共遠藤始御とめ申上候處御承知に相成伋に御平穩姑息之御論を御追從ニ而被仰候而ハ彌以阿始御家臣迄も他ゟ御誘申候ゆへ一度御激論御坐候處早速御納得被成候處ゟ考候而ハ御胸裡ゟ被爲出候議論にハ有之間敷抔と可申唱尊考ハ可被爲在候得共此段御申上被下度御見込之處ハ不被爲替御言語之末ハ俗人御

扱之儀候得ハ寛大之御懇諭始終奉落意候樣御仕向有御坐度當今俄に迚も此時合ニ而ハ無益也と被思召切候處より御取合無御坐も又如何と奉存候間此處御賢考御坐候樣仕度阿閣ゟ御逢之儀願候儀とふそ工夫仕可申候故御整御逢も御坐候ハヽ御工夫被成置度奉希候

△御緣組一條近日尾へ被仰進候儀に候ハヽ御含被爲成度右之主意委細御密傳言云〻申置候事

△藤堂ゟ拜顏之儀不申上候哉もし御逢御坐候ハヽ此度之一條委細相伺度旨可申上程能御扱ひ被成御打明不被成御密話の方可然尤薩も僕も一向に不存且貴兄にも不相伺旨申答候含之旨藤堂へ被用心度譯御話候處

◉右兩條共至極呑込宜候事

尾公御書表書

　密呈　宇和島侯之此書面端午於柳營以攝津守被遣候也

愈御安榮奉賀候然ハ一昨日角老人貴舘へ罷出候處段〻御懇念之儀一昨

日委細申聞實ニ御忠情之至感佩仕候拙子儀も日夜心痛罷在候得共時至り兼無已當時默〻と仕候事ニ御坐候右之次第承知候境ゝ迄に以舌代申入候薩へも宜敷御傳聲可被下候　蒲月

水老公御登營之件宇和島侯御探索之御書面

過九日黄昏之比松平河内守殿川路左衛門尉殿小石川へ御同道御越御逢之被仰入候付無程　老公御逢ニ相成及深更御兩所御歸に相成候由ニ而（儀脱カ）樣〻御說話も被爲在候御容子ニ候得共何分巨細之儀ハ漏洩不仕乍併專御登營一條を御勸被申上候儀と相聞え其大意ハ日〻御登城之儀ハ御難儀之趣を以御辭退御斷被仰置候段於　公邊も御推察被爲在御老躰御苦勞之儀御尤に思召候故ニ日事之所ハ御願之通被仰出候得共萬端御依賴被爲在候義ニ付御用被爲在候節ハ不時御登　城御坐候樣と被仰出其所ハ御請ニ相成居候にハ無御坐哉左すれハ御沙汰次第御登　營被成候事とハ存上候得共萬一是限御引籠之御覺悟に被成御坐候而ハ　公邊思召

と御齟齬に相成候抔と種々被仰述
老公よりも何角と御論話及深更御退散に相成候旨候事
一、翌十日昨夜之御應對ニ而彌御沙汰次第御登　營可被成とも御落意ニ
相成兼候と御存被成候故歟河内守殿ゟ御出仕迄に藤田誠之進へ御逢被
成度旨早朝申參り同人罷出候處　老公御登　營是限に相成候而ハ不相
成事ニ付何分程克申上是非に御沙汰之節ハ御登　營被成候樣取計御賴
申すとの御咄ニて誠之進引拂候趣ニ付其段誠之進ゟ申上候次第も可有
之且　老公にも容易に御登營之思召も無御坐旨之處御引籠以來日數も
相立候ニ付何等一廉の　幕議も相立候歟一ッにハ近日御沙汰有之而も
御登　營不被成候而ハ後日も御沙汰無御坐候而者御登　營難被成譯ニ
相成夫ニ而ハ品ニ寄御差支も可出來ニ付此度御沙汰次第御登營被成置
候得ハ以後は　老公ゟ押而御登　營被成候儀も御指支無之譯ニ相成夫ヽ
彼の御爲には御沙汰次第御登　營可被成と御決心被成候哉に承知仕候

趣候事

一、十七日前日御奉書御到來之可有之今朝彌御登　營被成候處何も廉立候御用筋ハ無御坐候共早速

將軍御逢相成暫時御對顏之由是則今日之御用御招ニ相成候御主意ニ可有御坐候得共サマデ之御咄も不被爲在御退坐に相成其後御老中御一同御逢ニ相成候ニ付前段之通何角一廉の御評議共申上ニ相成候事歟と思召候處更ニ左樣之事も無御坐候故却而　老公ゟ被仰述候にハ何等廉立候御廟議も可有之候處左も無之と相見候何分にも是迄之次第ハ取返も難相成今日今更致方も無之事候得者此末之御手段は如何之御處置ニ相成可然と見留相附候御評議有之哉可承と被仰候處甚恐入候得共評論のミにて何分ケ樣と見留相立候御處置も相立不申候いつれ其內重〻取調談判相詰候て可申上と御老中方御受にて御別れニ相成無程御下城に相成候趣之事

右之通夫〻巨細之事情は相盡不申候得共今曉ゟ小石川へ罷越同志之面々呼出承候處少〻推考も可相加哉候得共早速相分候丈ケ申出候旨尙取調此上行違候義御坐候歟又は一段巨細之儀相成候はゝ又〻可申出筈ニ御坐候事

宇和島侯御別紙
昨廿六日も御登　營被　仰出候處御脚痛ニ付御斷被仰上候由今朝御自翰にて被仰下候故附箋仕置候

一、六月十五日去ル八日江戸出立之飛脚到着して薩州侯ゟ之御直書相廻ル

右御別紙如左

別啓仕候阿閣へ面會之儀ハ琉國之儀にて是迄日本通信淸朝へ對し押隱ニ相成候得共此節之場合にてハ打捨置異人自儘ニ被致候而ハ不相成候間此方ゟ打明け是迄不申聞候得共琉國は屬國に相違無之譯申聞候方可然評議ニ候彌夫ニ而可然哉との事に御坐候尤之事候得共彼國所存も御坐候間篤と申諭之上に致度申候處其通りにて是ゟ追〻彼方へ可申遣と

存居候阿被申候ハヽ左樣ニ相成候ハヽ琉も悦ひと被申候間中〻左樣にハ
有間敷大方難澁可申立と存候旨申置候左候而彌左樣ニ候ハヽ萬事下田
之規則に習ひ候樣御達御坐候樣且又外へハともかくも小子にハ琉球引
合も御坐候間下田應接之次第取繕無之處不致承知候而ハ不都合眼前ニ
御坐候段申述候處至極尤候間應接人歸着之上委細可申聞との事ニ御坐
候是にて事實可相分と存申候來三月ゟハ彌通商道取結之相談相違無之
樣ニ被存申候左候而大船成就之上ハ此方ゟも出張商法の心得にてハ無
之哉と被察申候追〻樣子承り可申上候呉〻も極秘に相願申候扨又閣中
も以後手當之義ハ餘程心配之樣子候得共御救助之沙汰ハ頓と無之よし
外ニ手段ハ無之と存申候とかく閣中始メ商之法可有利潤と存込候口氣
ニ御坐候
一、水老公御登城も全く世上之人口を恐れ候譯と存申候全體前日承候而
御登營候而ハ輕〻敷候間此節ハ無之方と龍土へも申遣候同意ニ候得共

申上候間もなく候處跡にて承候へハ藤田へ松河内ゟ是非と申而夫故御勸めも申上候哉ニ聞得候二十六日にハ御斷ニ相成申候御登城之節も何事も不申上表通り之御届等之書付入御覽候計之よしに御坐候
一、ホート炮圖龍士ゟ拜見いたし候早速寫申付候且又遐邇貫珍之儀御返却相成落手仕候
一、愚娘之義いまた何之沙汰も無之此間辰之口氣はいつれ何とか返事いたす筈に候得共存之通り色〻御入用多御事多之中ゆへ少〻靜に相成候迄は何分難申と被申候隨分含之樣子ニ候得共長引可申光景扨〻困り入申候相顯はれ候義も御坐候ハヽ又〻可申上候
一、墨奴應接も此前ゟ宜敷との事候得共市中歩行且品物取入等ハ不相替我儘之樣子下田七里方箱館五里方ハ無相違自由ニ歩行御聞濟來三月ゟ品物交易始候との事ニ密〻承り申候水尾兩公如何程被仰候とも迚も可被行光景にてハ無之候猶逐〻可申上候立花彌御救助之願指出し不相叶

候はゝ守衛御斷申上度願書も出候由岡山も何か申立候樣子候得共例之通長引また決定不致よしと御坐候下谷不相變鎗鈒之世話致し候よし每ゝ咄有之共外格別小子へも咄無之候細川例之通にて相分り不申候猶後便細事可申上候頓首

六月三日

尙ゝ久世事家來國勝手一條ゟ事起り當時引入多分退役之風聞極內承り申候已上

一、七月五日水老公御登城有之　御逢後御老中方を以て御渡こ相成候御書付之寫

公邊御軍制之儀前ゝゟ之御法式も有之候得共當今之時勢古來之御備立こ而ハ不都合之義も可有之御取捨之上御改正有之可然と思召候仍之御實備之處御大切之樣に付此度夫ゝ懸り被仰付候事故得と御勘考之上御十分御見込被仰立永世之御規則御定可被成樣にとの

御沙汰候事

師質云七月廿四日表向御軍制御改正之儀被仰出若年寄中始御掛り被仰付たりき

一、七月十八日去ル十一日江戸表出立之飛脚到着して水老公ゟ之御返書相廻ル如左

芳墨致披誦候

公邊益御靜謐御同意奉恐悦候貴兄御暇御禮等如先規御濟長程無恙去月十一日御歸國之由欣慰此事ニ御坐候右ニ付早速御書面之趣辱次第御坐候右御祝答相束如此御坐候謹言

夏六月念五　松平越前守殿　水戸中納言

二白本文ニ而可及御答筈之處取紛延引之段御海恕にいたし度御坐候愚老登營云〻の達書有志の御家臣ゟ御承知ニ相成候由ニ而縷〻芳諭之趣汗顏此事ニ御坐候此節ハ月ニ一兩次登　營いたし候日〻罷出候てさへ

行届兼候愚老一月一兩度出候迚何之御裨益ニ可相成哉乍然潔白の名を求候も不本意故先〻命ニ隨ひ罷在候心事御洞察にいたし度候入土用別而酷暑爲天下折角御自愛專一存候也

右同時宇和島侯ゟ之御直書左之通但摘要抄出

宇和島侯水老公對話ノ件ニツキ宇和島侯ヨリ來書

一、幕朝光景委細申上候樣恐承仕候先便申上候儀萬機彌増靡然就中何壹ツ實武御督責振起可仕大嚴令ハ無御坐候御武威日〻に弛縮之極ニ落込候故官途實戰の覺悟云〻抔ハ一言半句も相唱候者無之段ハ申迄もなし只以交易相開眉前の休平を望のみに候得共不遠眉燃不測の危害可相生淺間敷御儀實以城下の誓ならハまたよろしく城内堂上上客之御扱ニ而誓候樣可相成と御同情夜白泣血仕候計ニ而何を申ても二親冑公御參謀御隔絕水ハ有名無實候得は如何とも致方無御坐候それも實に　天上尊慮ニて左樣なら又あきらめも可仕哉禍閤初云〻にてハ極〻不服の至毛骨竦然憤悶仕候乍然今日君側之姦惡云〻と申立候時ハ外夷よりハ腋下之內亂と相成候事ニ付みすく　左樣の義ハ決而不相成候故最早致方無之藩籬之任丈ケを不失樣精〻心懸候儀寸忠にも可相當內にても外にても有事日竭死力候外覺悟ハ無御坐候乍然それにて　皇朝御爲にハ相成不申候得共諸侯伯皆以此氣に成候ハヽ又御裨益も可有之哉今日にてハ最前必戰を唱候侯伯も眼前無事に濟候にはしかすと申尻込ミ所存相發候者も可有之候半是則大號令之御誠意貫徹ニ歸候義ニ御坐候此光景に付何分御聖慮之末御運策被爲在度奉渴望候得共御在國ニ而ハ思召候樣にも相成中間敷と奉深察候

初秋初四午後書於楠軒北窓下

水老公へ僕拜眉も可仕哉に野父ゟ申上候ニ付云〻被仰下候處去月九日十三年振ニて緩〻參殿仕候き　老公へ御密話もいまた嫌疑中候得は一寸之事ニ而心緒不殘ハ中〻吐露も不仕其上彌御不聞故心配も仕旁此度ハ御互に樞要計さつと御申合仕候杜角　明公へも吳〻宜申上候樣每度

御忠誠御憂悶之段御感悦被成候由杜角御面談も被成度此事ハ是非〻〻と被思召候得共近親連枝之外ハ云〻と申事故御心底にも不相任御遺憾無限段も申上候樣にと御坐候　明公と麟兄にハ何卒御面晤被成度段度〻被仰聞候へき御密話も辰年已來御一藩浮沈之義等にて其末墨奴魯虜之儀相伺候處兼〻御申越御坐候通外見とハ違全いかゝし番ニ折〻罷出候樣との事故何事も御賢慮ハ難相貫一事にて申候ても當三月上旬應接林ゟ日本永世可致通商云〻申答候由之處拙老へは四月上旬爲聽候故如何存候而も駟不及舌事一大議にても右樣之仕合中〻無是非譯に存候如此にてとふする事かなるものかとの御噂に候へき何分此末之處甚以無心元候間各自國を堅固ニ守りもしもの事有之時は更(ママ)服して攘夷奴候樣心懸候外はあるましくと微笑して御密示も御坐候故僕ゟも　明公麟兄僕抔ハ杜角右程にハ不相至更張御維持被爲在候樣にと奉存候故云〻心配奉存上候旨申上候處極めて御感悦之旨乍恐此体にてハ不可期樣なりと被

仰候故只今之儘にてハ所詮宋末に落込候事不遠と申上落涙仕候へハ御同様御落涙にて段〻長談ハ不宜又可逢今日ハさつとかよろしと被仰述候而御同道にて馬場へ出申候水藩も戸田忠家老ニ相成追〻一洗之兆相顯欣〻躍〻仕候可歎ハ　幕廷に御坐候

一、去月十三日阿へ参り當節ハ何事も不申聞外〻の用談のみ仕候處阿より墨奴も先〻退帆此方見込通相成墨丈ケハ可之安心と申候事何分御結末明白ニ不相伺候而ハ如何とも安心申上候樣にハ不奉存旨申述餘り不氣色故相別れ申候ひき

　　初秋五日午出

一、七月晦日去ル廿三日江戸表出立之飛脚到着して相廻ル水老公御直書之御別紙如左

　別紙薫誦爰許事情ハ近頃有志之御家臣歸國のよし故委曲同人申上候半と文略致候御城下火災其後地震打續き變難御撫育方嘸〻御多事と存候

天將レ降ニ大任於斯人ニ云〻と古人の申候通り種〻の變難にて心志を苦しめ筋骨を勞せられ候も一ツ之御修行何分御努力專一ニ存候心緒非筆墨所能盡候也　　初秋念一

同

時尾公より之御返書如左

（上略）例之下田港異船一二艘も折節出沒是も左も可有之事不及是非存候然ル處右出沒之義は營中にても取沙汰之事と相見得其度每　御城附之家來共ゟ申出候得共有司を初世間一般惣而耳目に馴更ニ安閑たる事にて是ハ勿論　幕ゟ御招之病根候得共只今俄に邊事等起候ハヽ爭てか前〻之氣勢可有之哉土崩瓦解之場にも可相成哉と深及寒心候是又自然之士氣を受容易に挽回も相成間敷進退惟（維カ）谷之秋と日夜痛悶此事に御坐候追〻にも申入候通り建議之術計も盡果候ニ付此虛隙を幸ひ明日の安危ハ難計候得共先自國之治務專一ニ及研究舊弊一新致度此節專ら取掛り中に御坐候就夫拙生寸志之謹愼筋等御聞ニ入候段汗背之至候尊家も御同樣

御改正中之由何寄之御事折角御勉勵可被成候孔明之七因當時之活法と存候事ニ候

一、異船下田退帆ニ付　幕議益怠弛は勿論之儀出沒共に前顯之姿にて有志ハ實に解躰之事ニ候龍閣へも猶更御針砭被仰遣候由御忠志感激之至無御脫氣御攻擊專要存候乍併戰爭抔ハ思ひもよらぬ偷安之有司共折角之御直言も洞徹致間敷と歎息之至御坐候

一、前條改革筋ニ付貞愼公之義ニ付御心添被下御深志之程不淺銘肝之至御坐候如命俊恭院之前蹤も有之國許御住居相成候得ハ省略筋ハ勿論公私之幸甚都鄙之大益と存候已ニ昨年侯伯之妻子國勝手之儀も及建議候得とも何等否も無之荏苒と相過申候且又如命婦人之常情ヶ樣之義ハ貶謫同樣に相心得甚不仁不孝之所業にも汲取何分惑亂も一難事に候得共是は兼而覺悟致し漸〻其場へ相及し度一時鼎沸も可有之候得共肝心之大棟梁さへ御左袒は不被下共可〻御納得被成下候へハ其餘ハ不及論候

去かし此離際ハ甚以無覺束候ニ付御肉緣方ゟも折にふれ異船の大患都鄙の安危國家の大益　松榮公主之御引事等御詞長に御理解被下候ハヽ自然と安ニ就之思召も湧出可申歟と幸之高論ニ任セ此段ハ御賴申候幕議ハ已に俊恭院事跡も有之差而六ヶ敷も無之哉と存候阿閣へ之御內問も又ミ追ミ相願候期も可有之候得共先差當り御賴申候ハ御說諭の一事に御坐候乍併餘り取急き候而ハ却而不整之基ニ付御悠長にて御申上置可被下候追而御追書の御樣子も聊御洩し可被下候先ハ貴答迄早ミ如此御坐候不一

七月十一日

英船渡來ノ件ニツキ宇和島侯ヨリ來著

一、八月十三日去ル六日江戶表出立之飛脚到着して宇和島侯御直書相廻ル內

追ミ御傳承も可被成去月十五日之來舶ハ兼ミ仕(脱アルカ)候暎咭唎軍艦四艘プレカツト一艘水蒸船三艘ニ御坐候事情もしかと不相分昨日殿中にて井戶

對馬に承候處其身懸合不申委曲ハいまた不承候得共魯奴を歐羅巴洲中申合打つぶし可申策當今甚敷右ニ付魯船を日本近海迄も追擊可致爲に軍艦數艘追〻差出往來致候故弁利次第日本浦之何れの港にても薪水食糧抔不差支樣相開度願の趣に相聞え候尤不遠委曲事情可相分旨密話仕候き墨奴船も二艘下田へ去月廿三四兩日に參候譯ハ醫者致死亡候故玉泉寺へ埋葬致度爲に參候由も申聞候

愚案英船御取扱の見分にヘルリ申付遣候事ニ可有御坐候

右舶將申出候にも長崎へ英舶參り可申兼而ヘルリより申出候通り此夷は墨魯抔御取扱の如く萬事御手延ひニ相成候時ハ崎鎭に待居不申直ニ江戸內海へも乘込强而相願候事にも押移可申哉と存候旨申出候趣も密話仕候き扨此度の英奴御所置甚六ケ敷可有御坐廟議ハいまた一向極り居不申時にて實に井戸申通之願にて候とも日本環海浦〻御免迚も出來不申第一本邦近傍迄魯奴追擊云〻事實不得解候得者長崎にて薪水欠乏

の時に被下位ニ相成外無御坐様被存候中〻魯奴を打つぶし候儀ハ不出來事と存候矢張國威を示しおとすのみに御坐候尤長崎にてハ埒明不申とて江戸海へ相廻り内海迄ものり込云〻と申募候ハヽ又去秋已來之墨同様何分にも彼か云通りニ相成へしと晝夜苦心痛悶仕候より外無他事右之通困難時体候へハ何分にも諸閣老始苦心傍觀仕候處薄き様ニ存候此時合阿閣一日も早く不出候得ハ就中衆議計に日數移り英江戸海へ突入可致上下顛倒潰亂可仕ハ必然に御坐坐多少御同情憂憤扼腕泣血之秋嗚呼長大息〻〻・〔〻脱カ〕意長紙短尚後鴻可申上候下略

一、八月廿三日去ル十六日江戸表出立之飛脚到着宇和島侯之御直書相廻ル如左

扨崎陽へ去月望英船渡來之主意極密搜索仕候處大意左之通御坐候崎奉行へ出候書面之方

魯國儀近來專ら國を披らき候事を好兼而歐羅巴中誓約之次第も有之

候處それをも凌轢いたし猥に戰爭を起候事甚以如何之筋にて英女主にても深く意に含右ニ付既にトルコへ致荷擔魯軍を防き大に勝利をも得候事有之如此魯國とハ讎敵の國と相成候得ハ此末日本地へも船相寄可申哉ニ付御國地を環航いたし見懸次第魯船を擊候心得ニ付就てハ薪水等欠乏之義も可有之御國地之港口へ船寄相願候義も有之或破損之補繕も港內にていたし度此儀を願立申候　八月二日

廟堂ゟ御返答

魯西亞云〻ニ付薪水欠乏之時何れの港にても乘込欠乏之品相渡候儀ハ難相成候得共實ニ薪水食料不足且破損等之節ハ長崎箱館兩所ニ而相渡候間猥に他港へ入津ハ不相成候旨

傳承如右御坐候○去月二十八日歟下田へ墨奴船又一艘參候所右船ゟ不遠近海へ英船四五艘可致渡來候趣見聞致候間不取敢御注進申上候旨申出候由是ハ昨朝廟堂へ相達候由御坐候此船ゟハ通商交易願立可申候又

ハ崎へ渡來船ゟ云〻申立候ニ付試に渡來薪水等相願見候歟ニ可有御坐
候定而佛夷も可來と恐察仕居申候實以痛悶之至憂憤仕候○辰閤も出勤
相成先〻降心仕候　八月八日
一、九月十八日去ル十一日江戸表出立之飛脚到着して尾公ゟの御返書相廻
ル如左
貴翰拜誦如命時下爽冷相加候處依舊愈御勇壯御富強之御術計被盡御精
魂候段逐〻及傳承不堪欣躍之至候猶此上爲
皇國御忠憤所祈御坐候乍不及飽迄赤心を吐露いたし内外無伏藏御内話
申入度候得共何分嫌疑之世躰且亦　廟堂は雲烟天日を掩候歟天日自蝕
に及候歟下情貫徹致兼自然と天下之士氣も怠惰偷安に流れ當今之姿に
てハ表向金皷之調練船軍銃礮之聲ハ不絶有之候得共篤と内輪を致探索
候得は列國過半ハ同樣之義と存候是ハ何分　幕府御自招之事故不及是
非既に水老人へ之文通さへも嫌疑不少夫故迚も筆端のミに疑端生候而

畵餅に屬し候ニ付度〻は遠慮致候事ニ御坐候其内此頃來書中に何分此節之　幕議姑息苟安のミにて夫故崎陽にも蘭英とも碇舶更ニ退帆致し不申候惣而不可思議事共有之心緒中〻筆紙にハ難尽段被申越候右英夷ハ如何成願意ハ不及承知候得共定而同穴之狐狸故似寄たる難題と巷説もチラ〳〵及傳聞候何方之有志も長歎息不啻行末如何被成御思惟候哉御妙策御示諭相願度何分此議論に至り候而ハ筆も立兼候故不及詳仲候書外ハ御意察可被下候

二、家政向之義御過賞被慚愧之至御坐候只〻心計之經濟も自國にてさへ舊弊なと丶申義ハ存外心に任せさる事とも不少守成之政道何分蒙昧にハ甚之重擔に御坐候御憐察可被下候

三、東武之時令先是迄ハ順氣ニ御坐候奥羽は水損等も多く有之哉ニ相聞え申候貴國ハ水火厄之後秋成ハ至極之御様子大慶之至是全御治國第一之御吉瑞に御坐候弊國も幸に可ゝ豐熟之様申越致安堵候

四、御内密婦女子秘文御示し被下扨〻御心入程不淺辱奉存候如命女子小人難養之聖言思ひ當り申候惣而質素節儉筋と申ハ帳内にてハ甚不喜事にて酒宴鄭聲抔旦暮随意に致爲置候得ハ賢明之仕向之樣に申候得共積累之舊弊改正復古之期に至り候而ハ最是を第一に不致候而ハ實ニ惣藩之龜鑑にも難相成旁ケ樣之誹謗を受け候も不及是非候得共是等之義承知致置候得ハ短才淺慮之鑒戒にも相成實ニ可畏懼可戒心事ニ御坐候呉〻も御深志之段ハ銘肝不堪感謝候猶此上にも御聞及之義とも少も無御隔意御内洩可被下候乍勿論秘〻決而禁漏泄候貴家にも御内憂御坐候由女子之制度は又別般之者にて實ニ及迷惑候艸略如此候之書外期後鴻候不一

八月

一、右同時福山侯ゟ之御返書如左（但此御書ハ十月朔日に九月廿三日立の飛脚到着して相廻りしを誤りて爰に出せり）

先日は華翰被下拜讀仕候追〻寒冷相催候得共倍御安泰被成御在城恐悦奉存候陳は縷〻被仰下候蘭書之義今般は小生用向之積ニ長崎へ申遣候

間其内にハ參り可申候尤持渡り有之分ハ可參候得共無之分ハ注文申付候事故當年之事にハ參り不申候間左樣御承知可被成候且又英船一條縷〻被仰下委細承知仕至極御同意之儀最早萬〻見込通取計も相濟去月廿九日長崎表退帆いたし候墨奴迄も參り不申相濟申候委細は逐〻御承知被成候事と存候此節短日別而取込何分寸暇無之荒〻申上候猶近日萬〻可申上候艸〻頓首

九月十六日

大坂港ヘ魯艦渡來ニツキ件々

一、九月廿一日夜亥半刻過去ル十八日京都表出立之飛脚到來して去ル十八日朝異國船壹艘攝州大坂近海へ乘入京攝以之外騷擾之由申來る處　公已に御就寢之後にハあらせられしかと海防掛り御用人共ゟ御聞に達したるに　公大に驚かせ給ひ夷狄既に畿甸に迫りたれハ萬一大坂ゟ上陸に及ひ京師へ濫入せハ兼ても申せし如く京畿の御固メ殊に御手薄なれハ宸襟如何に坐しますへきいつれにしても容易ならさる次第なれハとて坐て旦を待せ給ひ御家老共を召て御商儀あるに兎も角も京師御無勢にてハ適ふましけれハ早速御守衛の御人數可被指登事候へと京師よりも取あへさる注進にて定かならぬ筋も多く將急速に京師へ御人數指向けられん事ハ

幕府の御嫌疑も憚りあれハ旁〻今一左右を待せられ事實ならんにおゐてハ早速に御目付共之内にても被指登京師之形勢により所司代へ伺之上御目付ゟの言上次第出勢に可相成と夫〻御手配の御內評あつて再度の注進を御見合セあり

一、九月廿五日午後京師ゟ何の聞へもなけれハ此日爲御放鷹上方筋へ御出あり天王村なる與次兵衞か許へ被爲入御晝辨當被召上暫之御休息ありける折御側御用人秋田八郎兵衞參上して今日又〻京師ゟ之注進ありて此比の異船は魯西亞國之軍艦にて大坂天保山ゟ壹里計沖へ碇泊し小舟を以安治川口四五丁目迄も乘入及測量或ハ上陸之夷も有之ニ付京坂共に警固被仰付諸大名屋敷〻〻も有合人數指出候樣京ハ所司代大坂は御城代より御指圖あつて御趣意柄ハ不分明なれとも夷情平穩なる旨に聞ゆる由乍併都下之騷動は夥敷由申來る旨八郎兵衞申上候ニ付　公夫より御歸殿あつて御膳をも不被召上御家老共を召て御相談あり御膳後にも猶御再評ありて御家老共の　御前を退出せしは二更に及ひたり

一、九月廿六日朝御目付千本藤左衞門へ上京を被命於彼地天機御窺ひ且御國御評議之趣所司代へ相伺ひ御指圖之次第早速可申上將京攝之形勢等も逐一可及注進旨を被仰含たり又於此表ハ御軍制懸りへ渡來之異船之樣により當春御内調ありし急出府御人數可被指出候間内〻可及支度旨を向〻へ可申渡旨被仰出たり

一、藤左衞門ハ同日夕御國表を出立して十月朔日の晝時前京都へ着し卽夕在京服部熊五郎森賢次郎を兼而御用御賴ある傳奏東坊城大納言殿之雜掌水口近江介といへる者の方へ遣して此度大坂表へ異船渡來の義を承知あ

られ土地柄
皇居近き故殊之外心痛いたされ不取敢御警衛のため人數被差登度と於國
許夫〻申付られ御摸様次第に可被致候へハ御差圖伺として國許より使者
指登せ候之且伺の上
天氣をも被奉窺度と申付越されたりと近江介へ内密にて取調らへたるに
介も　越公の御賢徳は兼〻伺ひ居り候ひぬと殊之外感服して此節所勞罷
在候へと明日ハ押而及出仕亞相殿へも極密相伺ひ彼方ゟ可及返答と申聞
たりしか翌二日清田順三郎熊五郎賢次郎を近江介か許ニ呼寄せて演說書
取を以て申渡せし趣如左
今般異國船近海へ渡來ニ付而は
禁裡御崇敬有之被盡御心乍内〻取調之上士分迄も被差登殊に御國内
御人數御手配等之事夫〻前大納言殿へ申入候處具ニ被致承知必不取
捨置早速殿下公へ申達三條へも示談ニ而其筋を以内〻可及奏聞と被

存候左候ハヽ定而越州殿御心腹之程可被爲安
叡慮御事と被恐察候尤窺
天氣之儀ハ未關東始御摸樣不相分候得共其筋も有之儀ニ付無御指支儀
候ハヽ猶早〻可被相達と被存候右等之趣在京之衆中へ拙者ゟ宜申達
旨前大納言殿被申候事
　寅十月
猶以本文之趣前大納言殿ゟ逑達之趣則書取にて申入候事ニ御坐候間
左樣御心得可然御取計可被成候事
同日夕服部熊五郎ゟ所司代近侍之知音へ内調之上同四日午後順三郎熊五
郎賢次郎同道にて表向所司代脇坂淡路守殿へ罷出公用人鹽山丹宮へ逢對
一、天氣御伺幷御警衞御人數被指登儀及内調候處丹宮暫引入やかて罷出申
聞候ハ内談之趣無急度淡路守へも申聞候ひしか
一、天氣伺に此度之如き先例ハあるへくも候はねと雷地震等は御伺之事も

有之哉取調らへ申達候樣との事の由又御人數之儀は大坂表異船も平穩之趣候へハ御差登せにも及間敷御國許に御備置可然歟乍併是も大坂表異船碇泊中の事にて及退帆候ハヽ在京之衆迄可及案內と被申聞たる旨を承りて退出せり扨大雷地震等ニ付而之御先例吟味に及ひしかと所見なかりしとそ

一、十月四日近江介ゟ三人へ之來書如左

先〻異船も未た何等之沙汰も不申來候右ニ付別段申上候廉無之扨又今朝下官押而出勤仕候處則別紙之通今朝下官へ可被申達之趣前大納言殿被申居候處へ出勤都合宜則別紙書取にて委曲申上候御一覽之上御目付衆へ可然御通達可被下候

書付之寫

今般異國船一條ニ付越州殿厚存意を以

天氣被伺等之事則前大納言殿ゟ昨三日關白殿へ被申上候處誠ニ以神妙

之事ニ思召候由實ハ御内〻
奏聞可被爲在哉と思召候之段御返答有之右ニ付所司代之邊御聞繕無
子細ニおゐてハ於　御所表
天氣御伺之儀は差支無之候間此段御心得可然御取計有之樣との旨内〻
可申入旨前大納言殿私へ被申達候間右之趣書取にて申入候事
猶〻今般御存心殊之外於當地夫〻御評判至極結構の御事候間此段も
譯而御噂篤と可申入旨別段前大納言殿被申付候間是亦御心得迄に申
入候事
一、同日暮時頃近江介ゟ昨三日卯半刻異船紀州表へ退帆の由大坂町奉行ゟ
達の趣所司代ゟ申達有之由をしらせたり
一、同く六日雷地震等之節
天氣御伺之先例無之御答旁藤左衞門熊五郎賢次郎同道にて又〻淡路守殿
へ參りて其よしを申て如何心得候はんと申談せしか御先例なき事候ハヽ

表立御伺にたになり候ハヽ淡路守殿より關東へ伺の上御指圖ニ及ふへき
との事なる故いまた關東より　上使も無之諸侯方ゟ御伺の沙汰なけれは
此上强て御伺あらんも却而如何なれハ此度まつ相扣へ候半と申談したる
よし事の次手に京地屋敷ハ殊に無人にて此度の如き早急の差圖となりて
ハ甚不都合之次第となり候へハ兼而人數少〻差登セ置申へき歟と承りた
るに京地の御警衞ハ兼〻近國の諸侯へ出張被仰付置候事に候へハ其他ハ
御無人にても決して御不都合にハ相成ましき由を答へたりとそ

一、右等の次第にて異船も既に退帆セしかハ藤左衞門は　　京を立て大
阪を一巡し　月　日御國許へ歸着せり自是以來
公御忠義の御盛名京攝之間に充溢して萬人の依賴を負せ給へり
因ニ云魯西亞使船の大坂へ渡來せし趣意ハ於彼地直ニ開港之示談にも
及はんとの下心なりしかと應接の役人も居らす通辭さへもなき体なる
故指當り缺乏の食糧薪水を乞ふて豆州下田をさして出帆せる之

一、十月九日去ル二日江戸表出立之飛脚到着して相廻候宇和島侯御內書之內如左

阿閣へ御密奏相成候御草稿拜見被仰付再三奉熟讀候處依舊御忠誠之御至念充楮案感興敬服素ゟ御同意無間然御忠謀實以今日と相成餘に致方も無御坐候間せめて亞奴ゟ超越之御取扱に不相成候處確乎不可拔之決議ニ相成度事ニ御坐候過る廿日辰閣へ參候處最前ゟ申込候間例ゟどん〳〵迄少ゝ問合御坐候故僕も聊愚意議論仕り申候元より宇宙無比之猖獗狠夷候得ハ貪欲ハ申迄も無御坐候諸夷ゟ倍層ハ數段も手強く輕蔑凌壓可申立ニ付其威勢に不屈如何樣申立候共墨奴ゟ超越之儀ハ御聞屆不被成樣是非相願度右ニ付內海へ乘込ハ勿論及戰爭候光景に至候而も不撓不屈神武之英斷被相決候而ハ今日ハ今日之議其時ハ其時之談にて乍憚御變動も可有御坐ニ付其處迄御見切に而御据り被相附度縷ゝ陳白仕候處阿閣返答不相替忠誠感服ニ存候

廟議も丁度被申述候處と符合にて決而墨奴ゟ宜敷御取扱は如何之儀に而も被成間敷と相決居候尤右程迄之御取扱を不致承引戰爭云〻とも可及候得ハ彼ハ非義其時ハ無止旨被申聞候故左樣に迄も　御廟算御決斷候得ハ難有儀と奉存候乍然無止御時合ニ及候ハヽ戰爭之御覺悟に被爲在左候ハヽ尙又今日ゟ其趣御敎示不被爲在候而ハ何分一體之樣子當春ゟ整〻仕候樣にも不奉存候旨申述候得ハ右之儀ハ尙又厚御評議も可有之との事結末之返答僕内心今日迄も安心ハ不仕候今少〻見合セ尙又來月初旬參候而愚意可申述と相心得申候

○御軍政全國一般云〻是亦御尤至極實戰之覺悟に候ハヽ如御立論之外無御坐左樣相成儀にも候ハヽ無此上儀其内僕愚意素ゟ御内意にハ奉存候得共當今封建之姿にてハ一般被仰出候而も遵守實施如何可有之哉夫よりハ先ッ　幕府御軍政中昔ゟ戰態沿革之處被遊御見拔當節諸大名始奉感美候樣之御軍政被相建候上時〻駒場等之御練兵見物被仰付候ハヽ

諸藩も敬服仕候而追〻　幕之御軍政ニ相改度奉存候半其機會に臨勝手に御軍政通り相改可申旨被仰出候方ニ相成度奉存候間右之主意にて阿閣へも陳論仕候處至て呑込ハ宜敷御坐候き扨右軍政云〻中〻以何比相定可申哉時〻關心故承繕候得共方角さへも不相分事ニ御坐候委曲　明公ゟも阿閣へ御忠告被爲在候得共百奏不如一面唔と申鹽梅故僕ゟも可申述折角之御敎諭何之御助にも相成間敷とハ奉存候得共陳白聊差支候間如前文申述置候尤如落雷　幕府ゟ云〻被仰出と申　明公御卓論僕ハ感興羨望之念相發上ニ而云〻被仰出候方第一迅速御改正御坐候而　官軍之整〻堂〻實戰之必勝軍政御定に相成其上全國一致に歸候樣に少〻道ゆきは替候得共全國一致ニ至り候處ハ乍憚御同意ニ付再度不奉伺聖慮申述候義にて不應英慮候ハヽ御叱督奉願候云〻餘略　九月晦日

一、十一月四日地震甚し夜中も亦震ひ爾後小震度〻なり　御城郭を始め御家中在町共に破壞頗多し此地震東海道筋殊ニ甚敷駿州久能山　御宮の外

ハ崩壊夥敷府城も同斷なる由追〻に其聞ゆあり

公是を聞し召近來外寇の騷きといひ當夏

内裏の炎上といひ將此般之震災なと只事ならすと深く御感憤被爲在此末

の世態も如何成行んト御公私ニ付種〻思召煩はセ給ふ御事共なりき

一、十二月十三日前に記する如く近來天下之變事共相續き天譴ともいふへ

きさまにて穩かならさる世態なる故　公も色〻に思召運らし給ふ御事共

ありて御家老共初へ御評議ありけるハ倩御領國之形勢を以天下の事を御

較量被爲在に何事につけても　德川家と御休戚を共にセらるへきハ勿論

の御儀なから關東の時變に應せられん事ハ百餘里の遠程にて及はセ給ふ

へくもあらす又京師ハ御手近の事にも候へハ御警衛の御手筈も御調ひに

可相成歟此上於關東御持場等を被命なハ御勤勞ハ不及申御國用不給之大

弊にも可及なれハ然る御沙汰なからん内に遮而京師之御警衛を御願ある

も然るへからん歟との御事なりしかいつれにも例之福山侯の御内意御伺

大地震ニツキ福山侯へ内談

あつて宜しかるへしとの御決議にて右等之御趣意を御書取あつて今晩立
之飛脚に福山侯へ進せられたり其御書取如左
近年天災地夭打續候折柄去夏已來墨魯英之諸夷連〻渡來夫而已ならす
今年に至り　內裡の炎上兩度之大地震別而此度之儀ハ日本全國之大變
之由承候就中久能山之　神廟も御大破之由且日光山も稀有之雷霆に有
之由何も至重之御場所柄之儀彼と云ひ是と云如何成御厄運に被爲當候
御事歟と憂患恐懼之至に御坐候素ゟ無妄之禍變兆朕浅智之可測知事に
ハ無御坐候得共指當り外寇之一件ハ形迹指見え候儀ニ而當時之姿ハ御寬
大之御取扱故彼亦平穩之趣候得共元來數萬里の波濤を凌き御國地を目
指致渡來候ニ付而ハいつれに深き姦謀可有之事候得ハ何分片時も早く
待事あるの御備之儀は申迄も無之此儀ニ付而ハ去年來逐〻愚衷及陳告
餘蘊無之候得共尚又近來之勢を以及熟思候處去夏已來墨船江戶近海へ
渡來之儀將來之禍胎無此上加之先比魯船大坂湊へ碇泊之儀恐怖至極之

次第と奉存候畢竟夷情大坂之膏腴を思欲致候のみの事に候得ハ夫迄之
儀は可有之候得共自然日本の地を中斷し京畿に迫候遠謀等に候ハヽ誠
以無極之御大事と被存候然ル所京都御警衞之儀は昨年井伊家へ被命今
般又〻郡山小濱其外へ被仰付御手配り被爲在候御姿候得共江戸近海之
御固メに比候而ハ同日之論にも無之且窃に京師の風聞を承候處夷虜之
儀ニ付而ハ兼〻殊之外被爲惱　叡慮於　朝廷は　伊勢八幡之祖廟を初
祝禱之御至誠を被爲竭外攘之謀略は毎〻關東へ　勅問有之候得共被爲
安
宸襟候程の御答も無之因循年所を經御警衞之御手配も無之内此度之渡
來ニ而一旦は雲上も騷ヶ敷事に有之由且又近年江戸御本丸炎上之節ハ
御經營御指急き不日之御落成ニ相成候處　内裡造營之儀ハ今以御取懸
り無之ニ付而ハ彼是雜説も有之由元より街談巷評一向取るニ足らさる
義とハ存候得共假りに此説によつて申試候ハヽ京畿關東百餘里を隔て

臨機應變之策は施しかたく候へハ萬一夷虜東シ品海ニ逼り西シ大坂を襲ひ候ハヽ本邦之形勢立地に分裂し關西諸侯兩端を持し或ハ事を左右に託し兵を自國に斂めて天下之大勢歸する所を察し或は旗を京畿に建て尊
王之義を唱へ候時に至り候ハヽ西國中國之侯伯　帝京の動亂を看過し數百里を經て馬を關東へ進候者ハ十に一二を得かたかるへく候乍恐
征夷之大號一度他姓に遷候ハヽ御威令も今日之如くには有御坐間敷候伏惟萬一關東に事ありとも京畿磐石泰山之如くに候ハヽ本邦惣崩れにハ相成間敷御地何程御嚴重に候共
皇趾一度動て本邦瓦解之勢に可有之と實ニ戰競寒心之次第ニ御坐候左候得者方今　京都御警衛之儀ハ大義之係る所勿論にて時勢ニおゐても又十分御手厚に無之而ハ御大切之御儀と奉存候右ニ付而は憂慮之餘り心緒多端如湧には御坐候得共歸する所ハ皆以逐ミ及陳述置候外に出不

申兎角非常之時運に被爲遭候而ハ又非常之御處置を以上ハ
叡慮を被爲安下ハ天下之人心安堵固定致候樣之御計畫今日之大急務にて左樣無御坐候半而者難相適御時態と奉恐察候尤此上追ミ被仰出候御義にも可有御坐候得共例之婆論躐等失言之罪ハ幾重にも御宥恕可被下候扨天下之公論ハ前文之通候得共又退而自己之進止歸宿を致思慮何分にも此節一廉之御奉公可相勤覺悟無之而ハ事に臨ミ狼狽必然ニ而御地急變之心懸第一之儀とハ存候得共御承知之窮家ニ而此末御地ニ而應變之備可致置國計にも無之其上吏情遠大之黠計にて緩ミ徐ミ遂に志を果候手段に候ハヽ徒らに半治半亂之奔命に行疲れ一大事の節ニ臨み一敗塗地再擧振ひ難きに至るへきハ必定に御坐候されハとて萬一關東におゐて事起り候節在府候得ハ不取敢有合之人數召連候共誠ニ僅ミたる小勢にて見附壹ケ所も慥ニ持怺へ可申とも實にハ不被存此處に至り憂悶苦惱殆相極り申候尤義を重んし死を輕んし陣頭に屍を曝候ハ素ゟ當然

之事に候得共徒らに其死然を潔く致候迄にて果して天下に益なきの遺憾ハ萬〻に御坐候左候迚國元ゟ人數召呼候共急速之用にハ難相立たとひ不指急候共大變に至り候而ハ驛路之運送今日太平時之如くにも有之間敷候得者軍器兵糧之輜重搬運悉く一國之役丁課役を以可取計事ニ候左候へハ所謂軍行五里にて數十日を經すしてハ東着も難致萬人數十日を支候糧食供給之計事出る所を知らす半途にして困難極り空敷餓死之外ハ有之間敷歟よし又辛くして及東着候而一戰打勝候共再戰之見詰曾而無之將卒一擧して倒れ一國困極に就き候迄にて更に天下に益有之候とも不被存候出軍之儀ニ而ハ此節專ら軍制改正取調中にて遠地出勢之計畫ハ殆當惑罷在候折柄故前文之難儀ハ實に眼前指掌之心地に候へハ變に當り百里を隔候領國ゟ人數召呼候と申儀ハ名のミにて實事ニおゐてハ當今決而取計ひ兼候儀にも可有之哉と被存候假令太平之今日宿次人馬無指支時ニ而も一戰も可仕と存候程之人數國許ゟ召呼候儀ハ中〻

以不容易大費にて夫限りに國計盡果可申勢と被存候是も國許ゟ到着無程及戰鬪運命之開達否塞を決候事に候へハ兎も角も召呼候所詮も有之候得共仕出したる事もなく安然束手旬日を經樣にてハ窮家は不戰して亡滅に及ひ候より外ハ無之候右樣致考慮候得ハ何分在府中應變之御奉公可相勤見詰ハ曾て相立不申又在國中關東之變を承り致出立候歟又ハ被召等にて國許人數召連れ打立候運ひに相成候而も前文同樣之次第にて十ニ八九は中途にて窘迫羸憊必然に御坐候右等の譯ニ候故於御地之忠勤と申せハ唯一命を抛チ一身を致候より外ハ無之畢竟匹夫同樣にて國持相應之御奉公と申而ハ可相勤心算無之殘念至極歎息至極に御坐候仍之反覆及論議候ハ前文京師之義は外寇之和戰に不拘只管御嚴重に不被成置半而ハ於他家親衞の權柄を致窺窬候樣相成候ハヽ御大事至極之儀と被存候然ル處京畿近傍に御家門の諸侯手薄に有之紀藩之義ハ事あるに臨んてハ退而守らさるを得さる之國勢に候得ハ京畿之御警衞にハ

難相適可有御坐歟就夫私論を去つて他ゟ及評判候ハヽ拙藩之儀も不勝
手には候得共家柄ニおきてハ他に讓るへくも不被存候者是を
皇都之御守護ニ被命豫て一ト手之人數も指出置候樣之儀と相成候ハヽ
今に比候而ハ御警衞向も御手厚にて天下之御爲にも可然儀とも可申歟
又是を私よとり相考候へハ領國ゟ路程も近く海運之便りも宜候得ハ京
都御用之儀候ハヽ國主相應の御奉公も相勤まり可申哉に被存候乍併豫
而人數等指置候樣ニ御嚴重被仰付候儀候へハ從來之逼迫故此儘之体に
てハ夫か爲に疲弊相極まり中〻御奉公處にてハ無之候右樣の御仕向ケ
ニ相成事に候ハヽ相房御固メの諸家之振合ニ而最寄の領地幷陣屋再建
等之御手當ハ不被成下候半而ハ相勤まり不申候若又彥根同樣一ト通り
之御警衞而已之事候共彥根程に便利にハ無之候得ハ兼而一番二番之差
別可有之事ニ御坐候何分右樣蒙仰候得ハ大名らしき忠勤可相勵目當も
相立將士一同嚮ふ所を知り勇鋭を競ひ可申儀と本懷至極にハ御坐候得

拙藩一家ニ而事足らせらるへき儀にハ勿論無之且願之上相勤候様相成候而ハ第一逼迫之國柄にて用途給しかたく將何とやらん關東之御奉公を避候樣ニ相當り恐入候次第ニ付公然主張も難仕候得ハ實ハ公邊之御爲にも可然儀と奉存又私家に取候而ハ御時節柄存分之御奉公も相立祖先へ對候而も社稷を受嗣候面目も有之故旁以一同及密議候事に御坐候先年來御地近海持場之儀追〻諸家へ被仰出候得共拙藩へハ臨時御固め而已にて別段被仰出も無之儀窃に致推考候へハ賢兄之御囘護多〻可有之と御厚情不淺感荷能在事ニ御坐候乍併從來之時勢昨春と申又〻此度因州を初め夫〻被仰付　京師御固も近國之諸侯へ被命列侯之持場多分相定候時に當り徒に致傍觀候も心中恐入且自然此上之御周旋に相成候樣出來候而ハ彌增之御氣之毒其上追〻之御運ひにて千一御地近海御固場等被仰付候而も前文之趣遠路と申不如意之儀事實におゐて迚も相應之御奉公難出來候故公私ニ付愚衷之趣有体及御相談候事ニ御

坐候呉〻關東之御奉公を厭ひ候譯にハ聊以無御坐候得共遠國之御奉公ハ如何樣相考候而も見詰相立兼京師之方へハ國持之所詮も可有御坐哉と存候ニ付不顧恐惶意中之概略賢兄限り及密啓候右樣申立候得ハ甚嗚呼ヶ間敷相聞え候得共全無餘義時宜候條宜御汲察可被下候尚心事委曲之儀ハ御相談としていつれ重役共指出申上度候間御地之御摸樣且貴意次第指出候程合御內諭被成下候樣仕度奉存候已上

十二月

一、十二月十六日去ル七日江戸表立出之飛脚到來して相廻ル宇和島候御返書之內如左

官御軍政云〻ニ付愚意申上候得ハ御別慮も不被爲在段細〻被仰下慙恥赤面仕候扨右御軍政革正之義今以爲何事も無御坐候過日も誠之進參候故如何やと尋候處閣老始ハ大體を水老公ゟ被相立候ハヽ加衆評可申上と申シ老公ゟそれてハ閣老初之請裁製（制カ）潤色候譯ニ相成候間何れにも下

地ゟみ立致呈覧候樣との事にて双方にらみ合の姿と申居候右樣にてハ不相濟義ニ付只實ハ閣老始下地ゟみ立上候力乏敷出來兼候故ニ可有之何分國家之御爲候得ハ早〻前後の論ハやめられ老公にて御建白相成度事と奉渴望旨愚意申述候處感服故尙可申上との事ニ御坐候き是ハ秘中之密秘と誠之進も申置候間其思召ニ希候月日荏苒相立候段歎ヶ敷奉存候而已ニ御坐候出來ぬ者へ御注文ニ而も出來不申故老公ゟ手本を被差出その尾に附て衆有司之發論仕候樣今一段正滬之御扱老公にて被爲在度とのミ心裡に存居候

一、坂港魯奴當時下田廻着本月三日初而應接御坐候其後は別紙申上候大變ニ而のび居中候筒井內密書簡にハ最初は去冬以來應接時なと丶違ひ墨奴之擧動傳承故にも可有之哉種〻六ヶ敷彼か舶へ參り致應接候樣上陸之末應接ハ再度ニ可致抔と以之外之儀ニ付段〻手數にてよふ〳〵呼付申談候處去冬當節最前考ゟ平易之事ニ御坐候由申越書面さる方にて一閲仕候僕愚考ハ彼戰爭一條にて後ろきみわるく候間片時も早く願意達度故に可有之大坂又浦賀以内も乘渡不宜候ハヽ相控可申勿論下田ハ手狹其上に風濤之防惡敷候間外にて手廣之風濤凌能場所御免願度よし右も愚考ハ右樣之場所無之ハ渠も承知之前故右樣申候ハヽ大坂又ハ浦賀抔此方ゟ可被差免との狡智ニ可有之と存候尤應接掛も墨奴さへ下港に而畏り候故是非崎港之外ハ下田に押付候含と申事ニ御坐候唐太島の義も交易御免にさへ相成候ハヽ是迄之通に可致由愚考是も只今迄之通官にて度外に被置候ハヽ實ハ何時にても奪據ハ出來候故六ケ敷ハ跡廻し出來易ゟ開港工夫ニ存候尙又賢慮相伺度候當春墨奴云〻相成候末候得ハ他夷迚も隨意可申立ハ當然位ニ御坐候下略

仲冬念三

一、右同時福山侯ゟ之御内書相廻御別紙如左

以別紙申上候今般も諸國共未曾有之地震海嘯等驚歎之至ニ御坐候右ニ

付而も内外の心痛萬〻御推察可被成下候扨御國元も餘程之地震之由如何と實ハ御案事申居候處過日飛脚着委細御容子も相伺ひ降心いたし候へとも右ニ付而も何角御配慮も深案いたし候下田へ罷越居候魯船も殊之外破船右ニ付而も品〻手數かゝり迚もの事異人共不殘覆沒致候得𪜈またしもと存候却而内地之災と相成歎息之事共ニ御坐候嘸〻遠境懸隔居候而ハ品〻之浮說も可致候へ共今般之魯船は鳥の翼無之如く大炮類も不殘下田へ取上置候位しかし此程も難船し又難船有之益入潤强相成大破船ニ相成使節始海中へ胴中へ繩を付ヶ四百人餘不殘飛入漸く海岸へ危く漂着いたし海上も度〻荒れ能氣味に有之候此弱りへ付込應接は十分ニ爲仕漂流之御仁恤は行屆候樣爲取計候積りに有之候乍去品（〻脫カ）之事ニ而手數而已相懸り繁雜心痛萬〻御察可成下候日〻寸暇も無之次第併聊障も不仕益精勤罷在候間乍憚御安慮可被下候猶餘ハ後便可申上候頓首

十二月七日

一、十二月晦日去ル廿二日江戸表出立之飛脚到着して尾公ゟ之御返書相廻ル如左

芳墨致披閲候時是嚴寒候處倍御勇壯被竭御忠謀候段欣躍之至存候時下爲御訊問御投書之趣御悃情不淺忝存候猶從是猶も御起居承之度貴答旁如此御坐候頓首

十二月十八日

再白寒刀凛然貴國は北地猶數層上之威力と存候爲　社稷御務防緊要と存候陳は先月初旬已來度〻之强地震武江以西ハ諸國一圓にて貴境も御同變之由定而御破損多候御事と存候加之當年は水火之御災厄にて御撫育筋何角御痛心御察申候乍勿論無御倦勞被成御勉勵追〻御富强之御左右承度候四國邊も余程の震勢洪波之由諸侯伯之困厄不少趣ニ候如命下田も烈敷趣已ニ昨今之風聞にてはハ魯船も損所爲修覆由井ヶ濱へ廻候由之處彌增及破裂忽洋中にて溺沒致候由甚愉快之事にハ候得共彌實事

に候ハヽ人情猶更怠惰を相増可申歟と過憂此事ニ候且又實説之由に承候ハ應接出張之筒井初も纔に死亡を免候而已之爲体巷説にハ奉行一人溺死抔とも申位ニ候家數も大分之處漸三四十軒計半潰にて殘候由可憐之至に候是全
天神地祇凹眼凸鼻之醜類を御惡第一は是迄我
神州之御所置に有之間敷儀共を深忌惡ミ給ふ
神慮之程可恐可尊可歎之至彼ニ付是に付寒心戰栗御同樣被存候宗城ゟも此比同憂申來候猶此上ハ是非之議論ハ姑閣之唧枚世間之動靜を覘察し自國之持張こそ專要と存候呉〻も長歎息不啻存候心事難盡筆紙貴答迄早〻不一
一、右同時宇和島侯ゟ之御內書如左
一、天闕御造營御差急にハ候得共御落成にハ未タ間も有之
至尊假皇居御火急之炎上御手元御道具迄も御燒失御不自由可被爲在と

以
格別之　幕以思召一萬金被差上候旨難有思召と奉存候其内天下之富を
至尊御不自由可被爲在と一萬金被差上候段深く御ほこり可被成儀にハ
無御坐右ハ是迄にも無御坐可被差上筈畢竟ハ先日ゟ關白ゟ云〻之都合
も有之人心御收め之御權略に可有之候窮迫至極之僕ニ而も
至尊右樣不自由も被爲在候ハヽ進献不苦候ハヽ一萬位は如何樣ともい
たし今日にも可指上と奉存候　幕ゟ此少量を以御恩荷らしく所司代迄
閣老ゟ中遣候段ハ如何仕候ものやと奉存候
御尊崇之御誠意とも難申候
一、扨弊邑去月十二日又廿日立相達候所破潰彌增甚敷對柳と違僕愚昧候
得ハ處置當惑遠路懸ニ指揮も不行屆無止過日如別紙辰へ内存聞合せ差
出候間不遠表立出候樣指圖有之候半と存候最早年内ハ否も有之間敷右
ニ付明夏拜眉も難出來其段ハ遺憾千萬御坐候得共御互ニ爲民社致方無

之候此度之震浪兩災ニ付彌以諸大名窮迫相促候間嚴敷御用捨無御坐而
ハ不相濟堯舜禹相傳にも御座候通り四海困窮天祿永終とハ此時にハ無
御坐哉窃に痛憂奉存候餘り近日又〻難堪辰閣へ陳述申置候下略

臘月念日

一、右同時福山侯ゟ之御答書左之如し

十二月十三日附之御内書同廿一日到着早速披見仕候餘寒嚴敷候得共愈
御安泰御在國欣喜之至存上候陳は其後種〻之義ニ而大心痛仕候萬〻御
推察可被下候扨別紙御内〻被仰下候趣一トわたり拜見仕候處隨分御尤
の樣存上候得共得と勘考仕候上猶又否可申上候御重臣共も呼相尋候儀
も可有之と存候月迫御用多端取込先昨日の御答迄早〻申上候餘其内萬
〻可申上候頓首

十二月廿二日

昨夢紀事第二巻 終

昨夢紀事第三卷

安政二年乙卯正月十一日去ル四日江戸出立之飛脚到著して宇和島侯より の
御直書相廻れり如左

且又劣僕碌々死全消年仕候條乍憚御放念可被成候將又先便申上候通り
震害浪患ニ付明早春下旬御暇之儀奉願候處御聞濟相成重疊難有仕合奉
感徹候正念八御暇も被下置候ハヽ仲春二日三日之間發程可仕乍不及爲
民社粉骨可仕と存居申候尚右ニ付御鞭策被成下度萬事不行屆之儀當惑
仕候尤右故不得　尊顏段ハ遺憾深く奉存候御投翰被成下候ハヽ右日間
御考量にて趣次第浪華へ被成下度候早々不備

臘　月　念　九

一、二月朔日舊臘思召寄らせられし御事ともを福山侯へ御相談ありしに侯御考の御返答あるへく且御重臣被召呼御尋の事もあるへきとの御返翰ありしハ前に記する如くなれとも猶又御評議あつて此返翰ハ兎も角も從是ハ師質を御指出あつて爾後の思召通りをも申上將福山侯の思召も相伺ひ御國評に及はるへき御次第ならハ急き御國へ申上御在國中御決評にて御發あるへし又左程にもなからんには彼表にて御參府を待て申上ゐハ御都合よろしかるへく將外にも命せらるへき御旨もあれはかた〳〵支度次第出府可致との儀を此日師質へ被仰付たり

一、二月三日去月廿四日江戸表出立之飛脚到着して福山侯の御返書左如

別啓内密申上候先達而縷ゝ被仰付候條ゝ別冊御見込書共得と致熟考候處此程も烏渡申上置候通り隨分事實御尤之次第ニ御坐候間色ゝと致勘考候處京師之儀も井伊掃部頭酒井修理太夫松平時之助其外夫ゝ被仰付も有先當今之處にてハ此上何事そ有之節臨機之人數出し等ハ其節之義にて別段當今被仰付候義ハ先無之御摸樣に相成其上國持大名之内にも

當地勤向ゟも京地御警衛相願候向抔も有之猶更彼是議論も有之折柄貴
家之義ハ別段之事故外之國持大名へ被仰付候と違
公邊ニ而も御安心之事にハ候得共當時品〻之議論も起り居候處故國持
大名抔之內當地の勤向を御免相願
京地之方を御警衛相願候向同樣に萬一同列初存し取違ひニ相成候而ハ
以之外貴家御爲に不宜折角厚御見込之趣も却而害に相成候てハ無詮事
と深其處致心痛候間得と御勘辨有之樣仕度尤此上萬一京師へ猶又增御
警衛被仰付候義も有之候ハヽ御不都合不相成候含方も可有之歟尤於
公邊も御三家方越前家松平加賀守松平薩摩守松平陸奥守抔ハ先つ容易に
京師御警衛等ハ被仰付候義ハ無之哉被考申候間旁厚今一應御熟考可然
存候尤別册は又〻何そ含候種にも可相成と其儘留置申候不外事折角厚
被仰下候事故再三再四勘辨を盡し內密無伏藏申上候間不惡御諒察可被
成下候不備

二白又〻何そ個様と御考も御坐候ハヽ可被仰下乍不及猶勘考可致存候

以上

正月十五日夜燈下認

一、右福山侯之返書によつて御内談之次第も略御了解にハ相成しかと猶御伺の廉もこれあり且外に被命たる御用もあれハ師質は二月十日御國許を出立して同月廿一日江戸表に參着せり

一、二月廿三日午後過師質福山侯の邸へ參上セしに未刻比御逢ありけり一と通り之御口上を申上畢て改而申上しハ舊臘被仰上し如く

王室の御崇敬も畢竟　幕府の御制度御遵奉に出候事にて此御時節何をかな御忠勤之御筋御勵被遊度思召候得共關東之儀ハ如何にも遠路にて御不便ハ不及申上御勝手向御逼迫にてハ御見通しも被爲附兼候

京師之儀候へは最寄も宜敷候得ハ又被遊方も可有御座哉左候得ハ

京師の御堅固ハ　幕府の御安心にて　京師御守護は則　幕府への御忠勤

と思召且ハ御内密被仰進候國持諸侯方競望の宗源を御杜絶の御一筆にも可被爲成哉との御微意も被爲在候故、先般被仰進候御儀ニ御坐候外國持衆の關係を避け　京師之便安に就き候とハ同姿別趣にて御着眼全く大義に御本付被遊候御儀にて此件も御勝手向御充實に被成御坐候へハ公然御主張表向御願も被仰上度程に思召候得共其儀ハ御適ひ不被成御次第ハ先達而被仰進候通ニ御座候故先以被爲及御内談候御儀候へハ此處深く御汲察被成進猶又尊考被成進候樣にと思召旨を申上けれハ福山侯御答爲被在候ハ此儀ハ先達而も御報に及ひたる通りにて常磐橋樣にての被仰立ハ御尤至極にて　幕府におかせられ候ても御安心之姿に候得共外諸侯ゟ相望む向も不少其邊の淵底ハ甚面白からさる意味も有る事にて如何にも常磐橋樣へ被仰付候て外〻之所望の根を絶つも御一策にハ候へと御三家越前家加薩奥之三藩等ハ事あるに臨んてハ御膝元之御警衞第一の御規定にて容易ニ動かしかたき謂もこれあり其上外諸侯擧而競望の折柄故當時之處ハ

何分　京師之義ハ是切にて相濟たる趣を以一段事を鎮め候半との評義に相成有之事故常磐橋の事計持出してハ唐突に可相成候へハ此事ハ何そ折もあるへし相含居るへけれハ其段申上へしとの御事なる故師質京師の御事ハ右等之御運ひにて御時節無之而ハ適ひかたき事と仕りさらハ此表の御勤に候へとも此儀も先般被仰進候如くにて如何にも御見込立兼候何分御國力に際限御坐候事故何とも被成方不被爲在近海御固程の儀にても連ゝ之事と相成候てハ矢張御國計も漸く盡果候事候へハ何卒瑣ゝたる御關係ハ不被爲在一擧に御國力を傾け盡され御遺憾無之程成大切之御場合之御奉公を被仰蒙度被思召候御儀ニ御坐候此儀ハ如何思召候半哉と申上しに候暫時御考の上にて是も篤と承知之事にて諸家共に手厚なる樣にても存外手薄なるは當前の事にて已に此方抔も左樣にて手厚と申程にハ如何にしても行屆きかたし當時内海御臺場も出來夫ゟ已外大森其外も夫ゝ諸侯へ被命夫ゝ御手配も有之事故向後之儀ハ先年之如く諸家へ臨時ニ御固

等ハ先ツ被仰付間敷との御評議ありＪ其上にも萬一之事に及ひ候へハ夫ハ百年目にて何れも有合の人數差出し身力を竭すより外ハこれなく自然之用に平常備置候樣にてハ夫か爲に諸侯疲弊して丁度萬一の時には間に合ひ不申樣にあるへけれハ兎角平時之儀ハ成丈冗費を省き置度事常磐橋の儀も書面之上ヱてハ成丈け御手厚に被成置候樣にと申へき事にて御手薄にても可宜と此方よりハ申かたく候へとも外あらぬ御儀打割て申候へハ例年御參勤之筋の御人數にて別段御增人にハ及間敷歟如何なから五人十人被相增候迚夫にて御手厚と申にも無之候へハ御平年之御振合にて可然との仰なれハ自然之節臨時御固被仰蒙候共別紙丈ヶ之御人數ハ御平日御有合候へハ何時にても御手支ハ無之候得共是式の御用意にて　公邊之御見込と格別之御相違も被爲在間敷哉打明て申上候へハ此通りに候と兼而用意したる御人數書付入御覽候へは御熟覽之上此外にハ御人數無之歟と御尋に付是迚も浮人と申にハ決し而無之候得共此外に御出馬之節御供

松榮院樣御立退幷大奥御備たけの事ハ御繰廻し御手支にハ不相成儀候と申上しかハ夫なれハ隨分御手厚の形なれハ是位の御心組にて別段御用意にハ及間敷書付ハ御留置被成候との仰なり師質臨時御國許ゟ御人數被召呼候儀ハ如何にも御適ひ不被成候へハ如何樣の儀御坐候とも不被召呼御内調候へとも萬一御名聞計にて被召呼候方
公邊御都合に可被爲成御儀も候半歟と伺ひしに候夫ハ諸侯一般の難物にて此方抔も同樣に當惑罷在るとの仰なる故猶又申上候ハ御人數被召呼候而も畢竟御無益候得共又不被召呼事と相成候へハ一統の士氣も落付不申候此處　公にも御扱ひ兼被遊御義に候へハ何卒被召呼義ハ
公邊よりの御指圖に相成候樣にハ相成間敷哉と伺ひしかハ良久御勘考之上如何樣夫ハ尤成事候へハ御國許にてハ其趣に御心得置可然右ニ付而ハ譬ハ御在府中萬一之儀有之節ハ　公邊より御指圖次第御人數被召呼候儀も可有之候得は一統其心得にて無油斷用意罷在樣尤如何樣之儀相聞候而

も御指圖有之迄ハ妄りに騷動不致御下知を相待候樣御發駕前に一統へ御示し有之而ハ如何可有之哉其段申上候樣との仰ニ付御敎示之段委細可申上旨御請ニ及ひて御前を退出せり右福山侯仰の趣御國許へ申上たりしかハ侯の御內意之通り　公邊の御指圖次第御人數可被指出段を御發駕前に被仰出たり

幕府ノ軍制ニ付水老公ノ返書

一、三月十六日去ル七日江戶表出立之飛脚到着して先達而水老公へ幕府御軍制之事如何と問はせ給ひし御返書あり如左

御別紙薰誦月日如流御參府も近寄嘸〻御多事と致想像候

京師御普請之事當春ゟ頗果取候由去月中石河土佐等上京に付而ハ一段埒明可申哉何とぞ少しも御早く

還幸輦至願候御軍制云〻御尤千萬候共愚老ゟ建議致候を老中ゟ諸向へかけ種〻の添削を經候而ハ事體ニおゐて如何歟候間却而諸向之懸り懸りより存分之建議を取候上乍不及折衷いたし尙愚考も申述度存候處去

年已來一通之建議も不相廻右樣怠り居申へ建議ハ勿論無益故手を束ね
居申候食事致候へハこそ膳立も有之候へ軍を不致候へハ軍制も引立不
申筈ニ存候書外御參府後と早〻及御答候也

仲春念八

再啓墨夷婦女を載渡來候處魯夷右船へ賴み士官數人乘組かむさずかを
志し過日出帆之由扨右婦人をハ下田にさし置候風聞多分無相違每度可
惡事に御坐候

御詠每度感吟いたし候拙老今朝六半時より認物いたし只今燈下にて貴
答認候仕合老眼是計にも大につかれ申候右故此度ハ御返歌も不致候御
海恕可給候

一、右同時尾公ゟ之御返書如左

本月仲八御發之華翰到着忙手致拜閲候如命時下追〻暖和相催群芳滿開
之好時節と相成申候貴公如何御坐候哉愈御淸寧被施御政敎候段無量目

出度存候隨而弊家貞愼公御始擧而平安致起居候間乍慮外御放念可被下候

一、禁闕御造營之義も追ゝ御取掛相成候趣此比近衞とのより御消息有之候處御礎迄にハ相成候由之處兼而御內望之趣ハ一向沙汰無之趣且石河土佐上京之節被仰達候哉之義ハ難計候得共是又無心元趣被仰越候ニ付小价におゐても甚心配猶又勢閣へ及內問候處極密之處ハ被行候趣有之右表發之義ハ前條右府公御察之通りと相見え申候先ゝ致安心候乍併小生より　京師へハ極密にて申遣候事ニ御坐候得共只ゝ宜敷御摸樣位迄右府公へ申遣置候事ニ候　幕府御軍制之義縷ゝ被仰越候趣御尤ニハ候得共右は海防掛りと明白に被立置候水老人さへも內實ハ長歎之事而已之由此比も年賀かたく相越緩ゝ內談にも及候處惣而何事も口出しは被差留候只馬耳風にて相濟候得ハまたしもに候へとも綿裡針の時世可恐可嘆事とものの由表向講武場御取建其外少ゝツヽの虛飾ハ有之候得共詰り朽腸腐膽之官吏のミにて徹夷之盡し様も無之失望之至ニ候宋末之世態も致想像候此節も下港にハ米艦碇泊之由女夷迄携參候趣輕蔑侮慢之情態顯然難堪憤悶存候蝦夷地御取上之御懐合も松前家之惰弱を御洞察之義候得は爲天下可賀事候得共交易場を手廣に御設之爲にハ無之哉抔と邪推致し申候御確論承度候最早發途近寄何角多忙之消日致候當年ハいつ比之御參府に相成候哉阿閣は格別之御間柄之事程能御助力御奮勵可被下候心緒萬端難盡筆端候書外は期后鴻候頓首

二月晦日

一、三月十九日　公御國許御發駕ありて四月三日御參府なり然ルに三月中亞墨利加船下田港に來りて日本海測量の事を願ひ此儀を妨くる人あらハ合衆國ワシンテントの敵とすへしなと容易ならさる筋の呈書を指置て出帆せるか此末御返答を承りに來る時御許容の有無ニよつてハ兵端にも及ふへき様に沙汰して世の中靜かならす諸大名も夫となく國許ゟ人數召寄するもありて都之光景何となく騒然たり　公は兼而福山侯へ被仰談たる事も坐すなれハ猶御對面ありて天下の事も國家の儀も可被仰合と思召せハ暫く世上の有様を御靜觀なりき

外國人ノ儀ニツキ水老公ノ意見書

一、五月十日天下一統之支干御相當ニ付御祝儀の御能あり爲御見物公にも御登　城被爲在しに於營中川越侯ゟ御密示ありける水老公ゟ川越侯へ被進たる御内書如左

極密申進候今日被參候ハヽ御咄可申と存候處不被參候故無已書取にて申進候去ル六日登城之上内ゝ聞候へハ魯夷にて申候に墨夷數十艘來り昨春林大等決斷ニ而官吏を指置候一條十八ヶ月後に彌取極可申との事右十八ヶ月ハ當八月候得共當年ハ閏有之申とのよし彼はいつも指を屈し數へ居候半故此度之儀も當六七月ニは必數十艘ニ而寄セ來候ハヽ中ゝ林大之力にてときふせ候事ハ相成間敷ハ指見え申候追ゝ承り申候に魯夷よて墨夷をつゝき墨夷右之通爲致若此方よて不承知候ハヽ一戰致させ官吏を差置候儀相濟セ可申候左候はゝ魯夷其後ゟ參り墨夷の例にて官吏差置候儀手をぬらさす濟セ可申との儀表向口へ出し候半處閣老にてハ如何之了簡に可有之哉と了簡承候處一閣老ハ

當時判斷中之よし申聞候四閣曰（私云松平伊賀守）とても御備も不行屆今事出來候而ハとても利なし四閣老抔は大窮迫にて迚も戰爭ニ相成候而ハ立行不相成云〻三閣老曰（私云松平和泉守）なまなか一戰して其上にてゆるし候よりハ却而今の中より濟セ候調に致置候方　御威光もよろしく云〻と申聞故拙老申官吏を置候儀御濟せ不相成候てさへ三港御開きに相成候へハ夷人不居儀無之常〻來り居薪水食物欠乏物求候のみに無之自儘之事致候況彼方ゟ官吏指置候樣相成候へハ下田ハ不殘天主敎に可相成下田天主敎に相成候ハヽ又必箱館等を如右致し可申候本朝の人を馴け置候而本朝之人を先手に遣ひ此國をうたセ候ハ指見得候下田に官吏指置候樣相成候へハ夫にてよろしくとハ不申又壹ッ内へ喰込可申終にハ　御城へ迄も入見度抔と申ハ指見え候又ハ　將軍家抔と御縁組可致抔申如く濟セ難き難題を（申脫カ）出候ハ指見え候が先つ夫迄にも無之四閣の娘抔縁組申度よし申候ハヽ遣し可申哉云〻申聞候へハ四閣夫ハと笑ひ居候へき（右樣之事ハ有間敷と存）

し候様子なり下田不殘天主敎ニ相成候ハヽ此處へ砦及出來彼へ從候者へハ品〻遣し馴レ候ハ無疑云〻拙老申聞候へハ四閤申に下田の人ハかき集めてわづか三萬人位ならん是を御捨被成候へは可然云〻右様にハ申候得共是ハ實正より出候ニハ無之候余りの事申聞候故戯半分とハ存候へ得共右之口氣なり是ハ余り之事故戯にも致セ官吏を指置候儀御免に致候而も兵端の開けぬ様ニと恐れ候ハ無疑被存拙老もあきれ切候故共に戯抔申取合も不致候へき第一防禦せんに勝手の窮迫等論候譯ハ有之間敷古來不勝手故戰爭相成兼候と申儀聞も不及事ニ候まして日本國中戰爭と違ひ勝手よきもあしきも共ニ夷人を防禦致候事なれハよき人ハよきたけあしき人ハあしくとも力のおよふたけ防き候て可然事にて下田等に官吏差置候事墨夷に爲御濟に相成候へハ又魯夷にも御濟セ無之而ハ不相成夫を聞候ハヽ英も佛も願出候へハ何れも御濟セ無之而ハ不相成様に成行可申一昨年一時之御權道にて御備出來候までとの事にて書翰御受取ニ相成位ハ無據とも可申候得共夫さへ正論にて申候へは

征夷之御任には少〻不當に可有之まして官吏等差置候迄も御濟せに相成候而ハ此日本ハ御捨被遊候にも同斷ニ成行可申今にてさへ何もかも夷人の方ハ馴れたかり申候處官吏にても出來下田之人〻彼に靡き候樣相成候上ハとても　公邊ハ六ヶ敷必京都御尊敬薄きの何のと表向立派なる方を名とし御面倒之事も多く可相成又下民共之御扱不思難義候へは救遣抔可申出いつれも表向於
公邊御答に御指支に相成事計りと存候得ハ日夜
公邊御爲を存上候身にてハ不安寢食右樣之事に相成候ハヽ外樣抔ハ
公邊之御下知はかまゐ不申樣に可相成如何となれハ夷狄さへ不法をいたし候而も於　公邊戰をおそれ自儘に御任せヨ候へハ大名にて云〻致候をばかり云〻被仰付べき謂れなし抔申間敷物にも無之戰を恐れ夷狄の自儘を濟せ候上ニ大名にても戰をせんと有之候ハヽ同樣恐れて御手出しハ相成間敷抔多くの中にハ存候人無之とも難申乍恐左候而ハさら

に　大將軍と申ハ御名計にて何とも恐れ入候矢張御國法に付不相成事ハ何れまても不相成と斷り彼より兵端を開き候ハヽ無已候得ハ戰爭いたし候外無之と拙老ハ存候然ルを勝手惡しき故云〻武備不整故云〻抔申候而いつ勝手直りいつ武備の整ひ可申哉左樣申候得は拙老一人戰を好候樣ニて如何候得共　征夷之御名目に相違候而ハ異國へハ兎も角も日本中へ御濟不被成樣に存候全くハ　公邊の御爲と存候にハ彌官吏御濟せにも相成事候ハヽ拙老はとても後〻御持こたへ御六ケ敷御不爲と存上候幾重にも御免相願候外無之候

福山侯招請ノ節外國事情密談

一、五月廿三日福山侯幷謐姬の御方招請ありて御饗應の御暇に御別室におゐて御閑談あらせらる此比異船の事につき何くれと世にいひ騷く筋共の實否をいかなるにや御人數抔召呼はるへき歟を問はせ給ふに侯異船數艘渡來すへきとの風聞も其實ハ在留の魯西亞人之内下田なる小吏共の內へ手似眞にて示せる狀は始に五指を出し扨◡を書き又十指を出す事二度又三指を出し又十七指を出し最後に打銃の体をなせし事なり彼の實意は知りかたけれと我にて判せし處ハ五指と半月狀ハ五月なるへし十指二度は廿日なるへし三指は三本檣之蒸氣船十七指と打銃狀ハ十七艘之軍艦にて五月廿日十七隻之軍艦渡來すへしといへる事なるへしと事分て其筋より魯人へ糺問せしかハさる事ハ申上ぬよしにて唯跡形もなき事の様に聞えたり近來下田港嚴重の取締りに申付て候へは異人共も思ふ儘なる事も出來兼ぬる故時としてかゝる虚喝を行ひしものにて慥かなる事には候はす夫ゟ墨の近海測量を申出せしハ實事にて是にハ心を痛め侍るなり何事も虚を實と見て心構へたにせハよろしきやうにハ候へと指定めて慥なる事にも候はねハ江戸表の事は御在合之御人數にて多少共に事足り申へくや御國許より召呼はれん事抔ハ却而然るへからすとこそ存候へハ若此上御心もとなき事も候ハヽ先立に密に爲知參らすへしとの御答なり御軍制御改正の事なとハいかにと問はせ給ふに此事も更に捗取らて俗にいへる船

頭の多くて舟の山へといへる類にて心をのミ苦しめ候ありいつれに惣而西洋風にならてハ適ひかたき事候へとまつ御先手ある弓組の鐵砲になる可き事抔ハ内定して候あり兎角外寇よりハ内亂を恐れ候族多く水戸の隱居といせの守かいらさる事のミ主張せる故と後言せる狀にて同僚の内にさへも同し口氣もありて中〻におもふ樣なる事ハ露侍らすと大息し給へる故

上にハ如何に渡らせ給ふと問はせ給へハ御側衆初奥向の面〻も異國の狀情抔折にふれて達　上聽候へハ宜敷候へと本庄岡本抔いつれも　恭廟御代の人にて太平の氣象而已にて殆當惑の外ハ候はす大學頭か墨使を指置事ハ十八ケ月の末に返答すへしと約せしからハ墨舶の往來絕へましくおもはるゝなと御物語ありしとそ　公も異船の實ハ世の騷き程にハなけれと　廟堂の内景如此にてハ今後の世態ハいかゝあらんと猶さま〳〵におもほし惱ませ給ふ御事なりき

一、六月ゟ至り諸國寺院の梵鐘を以大小炮に鑄換銅銕ハ勿論錫鉛硝石等を以無用の物品を製する事を止め銅鉄を以佛像佛器を造る事無用たるへき旨を令セられ又關八州御鷹場の近傍にても炮術稽古四季打不苦旨御觸達の事あり

薩侯墨使應接ノ内話

一、七月朔日公御登城の折於　營中薩州侯の御内話ありけるハ今度琉球國の御處置ニつきて御心得の爲め江戸近海ニおゐて異船御取扱振の事を幕府へ御達の上應接方の諸有司へ御尋問ありしに林井兩氏を初當前之難儀ハ一に交易次ては日本海測量の件にて如何に手を盡して御斷りに及ひても承引すへき勢ならねハ殆當惑せるのミなる故唯表立て交易といへる名を顯はさすして彼は入用の物は金銀を以賣渡さんといへる窮策にて公然たる返答ハなりかたき由を申せし故さらは押て品物を持渡りて交易せんといはゝ如何する心構なるやと薩侯の問はセ給ひけれはさる事となりなんには如何とも致すへき樣ハ候ハすと御答に及へるとそ應接方の内伊

澤作州は氣概ある人なりけれハ作州一人を御引留あつて汝は如何おもふと問はせ給ひしに作州へ御任セにたになり候半にハセめて川の測量丈ケハ斷り延へ可申と存候へと巨細となく一ゝ伺となりてハ御評議決し兼日間取内彼ゟ次第に押強く申立候へハ少し許ツゝ御免しある如き次第故一ツとして御手強よなる御仕向もなく又堅固の御備もなけれハ生きたる心地ハ候ハす測量の事も船の通り候半限りハ水戸口續き何方にても乘入るとの事候へハ龍の口までも迫り可申一大事の儀候へハ一命に懸て對談に及はすしては承伏すへくも候はすといひて別に聲をひそめてかの彼理ハ容貌雄偉威望堂ゝとして林井黨の敵手にあらす二氏も彼に對しては敬屈して口を開き難き由を申て歎息せる由を物語ありしとそ

一、八月四日西尾侯松平和泉守上田侯松平伊賀守病氣に依つて願之上閣老御免なり西尾侯ハ松前侯と内縁ある故近來蝦夷地の　公料となりたる事ニ付松前侯の事を最負せられ上田侯も贓を受て荷擔せられたる事による

との巷説あり又兩侯共に水老公福山侯に善からさるにもよれりと聞えたり

一、八月七日にハ御政務筋の儀
御代〻樣の思召を被爲繼御世話あらせられしかとも昌平年久敷外見虛飾に流れ手重に成行實備之處往〻御安心被遊かたく殊に諸夷引續き入津致候ニ付後來別而非常の手當肝要之儀ニ付此度諸事格別簡易之御制度ニ被爲復總而無益の舊習手重之古格を被爲省質素の士風に相成候樣被遊度との思召ニ付追〻可被仰出儀も可有之候へハ一同右御主意に本付萬端厚申合等閑の心得無之精〻可勵忠勤旨御書付を以福山侯ゟ被仰渡儀有之
一、八月十一日夕福山侯へ御留守居之者を被召呼明後十三日朝卯半刻
公福山侯の邸へ御出あるへき旨御達ありけれとも
公此比御瘧疾たるに依て御斷りありけれハ御次席阿州侯へ御達ありて十三日御出ありけれハ魯西亞英吉利等へ條約爲御取替相成追〻諸夷上港に

測量船ノ儀ヲ達ス

も及ふけれハ以後之御實備彌以肝要たるの間銘〻右之心得を以平生覺悟可有之事故心得の爲め三ヶ國條約之別册御渡之旨御書付を以御申渡あり

同日關宿侯にて阿蘭陀之儀は勿論魯西亞亞墨利加二國ハ長崎下田箱舘三港へ英吉利は長崎箱舘二港へ渡來差免されしに亞墨利加國之儀は近年清國交易盛になり繁〻　御國之海上通航する故暗礁等を心得すしてハ人命にも拘はることに付浦〻測量致度よしを當三月中下田へ渡來之亞墨利加船より願置追而挨拶承りに渡來可致とて出帆せり右測量之事ハ容易に差許されて難き旨追而渡來之節下田におゐて精々申諭嚴敷御斷りに相成へけれとも如何に申諭しても承伏に及はさる時ハ此方ゟ彼國へ應接之もの被指向政府へ御懸合に相成へしとまて示談あるへきなれとも各國の制度相違之上論談徹底致兼る夷情候へハ下田にて應接之摸樣により內海迄も乘入候歟如何樣の次第に成行んも難計尤是迄も都而平穩之御取扱なれハ此度迚も穩に御斷にハ相成へけれと自然之義出來も測り難けれハ銘〻兼而其心得

たるへくよつて亞米利加船より指出せし測量之儀申立たる書面の和解心得の爲御渡ある旨御達あル由にて同十四日阿州侯ゟ御廻しあり唯にさへ穩ならぬ世情の此事被仰出し已來ハ今にも事の出來らんやふに騷きあへり仍之御國許へも防禦を嚴にし且關東に事あらん時の心得も油斷すへからさる旨を被仰遣されたり

一、八月十四日水戶前中納言殿海岸防禦御軍制御改正之儀ニ付月に三度ツヽ御登　城之處此度御政務筋之儀改而被仰出候ニ付而ハ彼是御相談之義も有之ニ付御老体御苦勞にハ思召候得共已後隔日御登城可被遊旨被仰出て同廿日より御登　城あり

水老公隔日登城

一、八月廿三日　　公前條の件〻御憂喜交錯之御時態故廟謨も如何なるにや測量御斷りの御秘策も被爲聽度と例之福山侯へ御尋問の御內書を被進たりしに今日御返書如左

過日は貴翰被成下謹而拜讀仕候卽貴答可申上處乍例取込大延引失敬之

段御免し可被成下候追〻秋冷相成候へ共愈御安靜賀上候陳は此程阿波守へ相渡候條約書幷亞墨利加測量一件斷等ニ付而之云〻內海へ乘入候節の次第其外內〻御斷振等も御聞被成度尤堅御他言は不被成候間申上候樣委細蒙仰拜承仕候一〻被仰下候御心配之儀御尤に存不外事故小生心得候丈ヶハ御咄申上度候へとも何分紙上筆端にハ盡シ兼候間貴答に申上候事ハ御斷り申上候尤久〻拜眉致不申奧へも御入被下候樣致度候間御全快之上何卒一日此方廣敷へ御出被成下表向ハ御參勤後幷奧元服後初之廉に而御越被下緩〻御面話ニ而申上度存候左候へハ表ニ而御目にかゝり候と違ひ又書面にても不申上候而も行違不文にてハ御分り兼も恐縮旁前文の通候へは大に都合宜候間左樣御承知可被成下候何も用事のミ延引なから貴答迄如此御坐候恐〻頓首

八月廿三日

尙〻時候折角御厭專一奉存上候先日以來御不快實ニ御案事申上如何と

朝夕心配仕候處追〻御全快の趣誠ニ大慶此事に御坐候乍去時氣不宜折角御加養專一祈上候以上

一、八月廿八日右御返書之趣ニ付追〻御懸合之上今日福山侯大奥へ御入あり御對話之御趣意ハ御筆記ある故左に記之

福山侯大奥ニテ對談ノ手錄

安政二年乙卯八月廿八日夕伊勢守へ罷越對話之趣意

一、測量御斷之御趣意幷御斷振及推問候處當度下田へ渡來之測量船〻主は昨冬老中ゟ「アハダムス」へ相渡候條約を「アハダムス」より諸方へ相廻し候を致承知當度下田へ罷越「ジョンロッテル」測量船主自身一己之存ニ而先日久世ゟ渡候測量申立之書附を差出候由右之通候故アメリカ政府ゟ使節を立願候にも非す全く船主自己之存と申且昨冬於下田「ヘルリ」と約定書にも測量之儀ハ書載無之事故旁以測量願之儀は御聞濟にハ難相成筋ニ而候加之條約之儀至重之事ニ而定而「アメリカ」ゟ諸蠻へも傳播可致候間右約書に無之儀を御免許相成候ハヽ必「ロシヤ」「イキリス」等も夫〻可申

出日本幷「アメリカ」兩政府の取極にも無之儀を船主一己之存を以願出候迚御免相成候ハ如何之儀哉と必可申立左すれハ「ロシア」「イキリス」へ之條約も矢張反古同樣ニ相成可申彌增之困難加之信義も盡果「アメリカ」條約も水上の泡と相成候義無疑將又「ジョンロッテル」一己之申立御免候ハヽアメリカ政府の存も難計但「ヘルリ」より條約無之義を何故御免被成候哉と申越候而も一言も無之次第且又井戶對馬守始昨年條約取極候節も「ヘルリ」此外に別願も無之段は已に申上置有之由右根本之趣意如此にて又一ケ條ハ萬一御許ニ相成候ハヽ今日は及薄暮候間何國の湊へ碇泊致度抔申立終にハ海岸の測量も陸地ゟ見通し度抔申或は山へ登り岡へ登り候樣之事ニ可相成右等之譯にて何分御許容不相成候事

測量御斷振御主意之儀ハ船主以書面測量之儀願出候得共何分御許容は難相成其譯は昨年「ヘルリ」於下田取極之條約書に右之義ハ書載無之事に而候故船主申立之主意且於此方難指免譯等「アメリカ」政府と懸合之上に

無之候半而は返答難致加之是迄於此方承居候處大軍艦におゐてハ必破船等ハ無之由鯨獵船或は小船等は間〻破損有之趣其上申立候書中にも唐國と近年交易盛に被行候由其海路等ハ兼而承知も致居可申候日本下田函館長崎三港も同様之儀には候得共今更測量にも及間敷哉且又如何程常〻暗礁等承知致居候而も難船之節は暗礁を知りなから碎れ可申候左すれハ窮竟測量ハ無益之儀にて延引致候迚左までの害も有之間敷哉於日本は諸侯領分隣國へも暗礁砂洲等ハ秘置候儀古來ゟ之風儀ニ候併當分日本におゐても追〻大船製造有之候故暗礁等ハ承知致居不申候半而ハ難叶ニ付於日本右暗礁等ハ測量いたし國〻海岸へも目當之燈籠を居置度右之通り國〻海底淺深暗礁等此方ゟ出板いたし全世界へ相廻し可申候間左様相心得可申候且又船主推て及測量候ハヽ已ニ條約第一ケ條日本と「アメリカ」と永世不朽之親睦を取結候と申に相背き兩政府にて取極めたる條約を潰し候ユ相當り日本「アメリカ」と敵に相成可申候哉〻

両政府の條約を其方一己之存にて崩潰致候而ハ本國へ對候ても無申譯事ニ可相成右之趣意候間申立之義難相叶候事
若又船主は「アメリカ」政府ゟ兼而測量之儀ハ委任有之事候へハ私中立候義矢張本國命令も同樣之義ニ候右日本ニ而諭告之趣承知ハ致候得共船主迷惑之次第も有之段申立候節ハ如何被成候哉と承り候處必アメリカ」政府へ對し船主迷惑にハ不爲致候間爲其下田奉行「アメリカ」へ被遣候間測量船乘組本國へ連行候樣致度と諭告有之由若又夫をも承知不致節は幸「オランタ」より獻呈の蒸氣船へ乘せ「アメリカ」へ被遣候御含之由大凡右之標的候間多分ハ承服可致候由
一、下田奉行岡田備中守利喜次郎事井上信濃守新右衛門事兩人共莫大の御厚恩にて御取立ニ付兩人共應接之節ハ腹を居へ致決心及應接へくとの事事六ケ敷相成候ハヽ切腹致し爲見候覺悟之由
一、先日久世ゟ渡之書付ニ何時にも內海へ乘入儀難量候間銘ヽ其心得罷

在候樣との極意ハ諸大名にも未た調練始まらさる所も有之氣の付ぬ方ゝも多ゝ有之故夫を御醒覺之爲に右之文言入り有之由
一、諸大名も近年追ゝ困窮相成候ニ就而は上野芝を初火之番等は當時と相成候而は允に失費而已にて御無益之儀候へハ此後とも被相止候御評議有之跡持は八人火消或ハ町火消等へ被仰付候由
一、手明諸大名夫ゝ固場被仰出候由左なくてハ變に臨み被仰付候而も間に合不申狼狽而已ニ依之右之通りに可相成御評議當時專ら有之由
一、献上物等は三ケ一相成候御評議中之由
其餘種ゝ改新之被仰出有之筈候得共及深更候故此後猶又可及內話との事ニ候　以上
一、九月十一日水老公ゟ御返書被進左之通り
如芳翰不同之氣候愈御清勝被成御起居欣忭此事ニ御坐候先般愚老隔日登　營之命を蒙ニ付縷ゝ御紙表之趣御至念之御事御坐候是迄も案山子

同様之身分何之御用にも不相立況や今般之命實ニ心中安し不申候間不取敢御辭退申上候得共御許容不被爲在候間努力勉强罷在候御心付之義無御伏藏御示敎ニ致度所希御坐候御瘧疾之由御樣子も承知不致段御海恕に致度候御答迄草々也

九月十一日　　松越殿　　水隱十

御別紙被閱墨夷測量云ゝ六月廿八日阿閣へ御越御内話之由阿閣如何御答へ申候哉不存候得共いつれ同人御答申候處か當時之眞面目と存候今に始まらぬ事に候得共何卒上下一統必戰之覺悟相成候樣至願ニ候且又追ゝ品ゝ被仰出之儀は貴察之通り評議中と相見え未た耳へは入不申候扨二百數十年昇平之風習其弊不可勝數候處差向如何樣に御世話被爲在候いゝ大小各始一統之爲に相成可申哉ケ樣〳〵に相成候いゝ可然と御勘考之儀何そ一ッ書に成共極密拜見致度候尤拜見候迚も一ゝ建議致兼候儀も可有之又建議候迚御用ひに相成候否難量候得共何とそ御存分御

申聞に渴望候也
公此御返書を御覽あつて如此御垂問あるこそ幸なれ兼〻思召設けられたる事共を仰進せられんかとおほせしかと猶御國許之御家老初おもふ所もあらはひとつに仰上られて有志の情懷をも暢られんの尊慮にて右御下問之次第を御國許御家老共へ被仰遣於御國表も衆議之上可及建白との御沙汰なりき
一、同日福山侯より之御返書如左
過日之密翰昨日之貴書得と拜讀仕候兎角不勝之時氣御坐候得共愈御清廸欣喜之至奉存候陳は先日は御來駕御内話申候通り御一新之被仰出日夜御待被成候得共未如何と御配意少しも早ふ被仰出候樣被成度云〻被仰下候趣逐一拜承致候段〻御心痛之趣御尤に存上候尤他にて傍觀致候處にては譯もなく速に被仰出にも可相成と相見え候得共多端評議も不一水老御考慮も有之品〻存外手數之懸り候事にて心配致居候追〻被仰

出候事も可有之決而御配慮無之樣存上候

一、先般御內話之上火之一條此節取調中故御國許ゟ交替之儀は先ッ不被仰遣方可然歟彌被仰出方急速に參兼候ハヽ其節御內〻申上候間交替之儀其節御勘弁有之而も可然存候

一、諸大名固場之儀幷先日以御家來御指出し有之候指圖早可有之樣との義は委細承知申候

一、蘭書幷銕砲之儀も致承知候廻り次第相含早〻差進可申候昨日被仰下候分御答

一、風說書之儀當年も表向拜見ニ相成既ニ不遠御渡可申候間御願無之候而宜御坐候

一、御國許海岸御手當筋之儀御心得早急指圖有之樣にとの義御尤之儀ニ付今日飛脚出候由故色〻心配取調候得共何分今日指圖と申事ニ參り兼候趣ニ付左樣御思召可被成下候

毎〻不分り之御咎申進例之通亂毫甚御氣之毒に存上候得とも登　城中ハ勿論退出後持歸候書類山の如く一覽迄にも數刻を費し其上種〻不容易事共も有之勘考も盡し不申候半而ハ不相成實に御目ニ懸度位ニ御坐候右故甚麁漏之御請之段ハ呉〻御免し可被成下候尙其内可申上候謹言

九月十一日

一、十月二日夜江戸大地震なり其夥しかりし事ハ記載にも委敷人口にも膾炙すれハ爰に略之

堀田備中守加判上座トナル

一、十月九日堀田備中守殿佐倉侯再ひ加判の列の上坐ニ被仰付たり此侯往年も閣老たりしか天保の末年病氣により御辭職あつて溜詰に居られしか此度再勤にて剩へ上坐ニを命せられたり此事ニ付而は諸侯の申沙汰し給ふ處ハ本文に御書通を擧て次〻に記し侍ぬ世評も亦區〻なりしかと　侯の申させ給ふ如く福山侯の先知自ら其威勢の盛大なるを戒懼し給ひ良善にして事に害なき先輩を撰んて首坐に薦め大權を分ち給

ふ智術に出たる事ハ福山侯の沒し給ひし後の景況を以知られたり
公は比年之御懇意にて御在國の節も度〻御往復之御書通被爲在計の御
事ありき外國の器械等に精はしき御方なりし故之
一、十月十一日去月中水老公ゟ御返答旁御垂問の次第を御國許へ仰セ遣は
されし故於御國表衆評之次第爲申上鈴木主税受持て去る朔日御國表發足
せしか木曾路の藪原驛にて江戸大地震之大變を聞き夫ゟ晝夜道を急きて
今曉常盤橋の邸へ參着セり扨御國許之趣も衰世の挽回は昇平の流弊を變
革するの外ハあるへからすとの歸宿にて數十條を建議せり然ルに都下烈
震後の景況大廈高堂の顛覆燒亡士庶生靈の壓傷埋歿極めて慘酷なる有樣
面親あれは人心洶〻として安妥ならす太平の華麗美飾も衣食之暖飽安逸
も悉く忘却して度外の如く唯性命の保存を歡ふ情狀とあり又　幕府より
も當年中諸侯の登城を被止諸大名震災ニよつて難儀の向へハ願次第御暇
被下又當今大城の御修覆御見合セ等を始非常違例之命令ありて災變却而

革弊の時を得たるか如く思召けれハ兼而之御心構へに御國許ゟ主税を以申上たりし件ニも御斟酌を加へられ將此度震災ニ付而之御建議を合セられ水老公へ御進呈あるへしとの御取調らへあり

水老公ノ垂問ニ答書

一、十月十六日水老公へ被進御書幷御別册如左

一翰謹啓向寒不同之候ニ御坐候處益御清泰被成御起居奉賀候然は去ル二日夜前代無比之大變絶言語畏懼之至御坐候先以　大樹公御別條不被爲在益御機嫌能御同意此上之恐悦奉存候乍併御城郭を初上下一統大破壞死傷等も不少趣大息之外無之候貴邸も餘程之破頽ニ相成候由先ゝ御別條無之此上之御儀に奉存候御家臣にも壓傷等有之趣傳聞仕候何角御痛心共と萬ゝ奉察上候去ル三日にハ早速之御觸達にて一統難有奉謹承候弊家ハ外並に比候而ハ破損位にて當時之手當を仕住居ニ無指支此上之幸甚に御坐候乍併處ゝ屋敷武器藏不殘硝藏米藏等悉く潰頽當惑之次第右ニ付而も外之大潰敗或ハ罹災にて今日之手當にも指支候向も可有

之實ニ察入候事に御坐候　京師を始諸國の樣子は先ッ安心の方ニ相聞え重疊之儀何分重嶮逼至之時節と恐入候且又先日御垂問ニ付建議今度地震ニ付愚考共別紙二通致進呈候間宜敷御推覽被成下御內慮垂諭奉伏希候御敎示被成下候上ニ阿閣へも右書付指越挨拶承り愈覺悟相極國許へ申越候趣ニ御坐候間此節別而御繁劇と恐入候得共何分不日御返翰奉願候尤諸端無伏藏吐露仕候儀に御坐候得は御敎示も何卒無御斟酌被仰聞被下候樣呉〻も奉希上候先此節之御動履相伺度且前文御內慮相伺旁如此御坐候已上

十月十六日

再伸向寒之節別而當時折角御保重爲天下奉萬祈候此比中早速御安否可相伺と存居候得共別而繁多と指扣居候儀ニ御坐候一兩日先ッ鎭まり候哉にて少安意申候扨一籠之內輕品御坐候得共聊御見廻申上候驗迄に奉拜呈候御笑捨可被下候

一、是迄ハ筆尖にて情狀難通儀も御坐候節ハ戸田藤田等へ腹心之者指出
御內慮も相伺候積りニ罷在候然ル處今般兩人樣子承り實ニ駭嘆痛惜之
至御坐候就而ハ以後右等之儀御坐候節誰方へ指出候而可然哉兼而相心
得置度奉存候間御內ミ御敎諭奉希候以上
老公之御書此處へ入ルヘシ

慤吏

一、先般阿閣內話ニも當今之時態必戰を期候外無之段申聞將又尊書中ニ
も必戰之覺悟御至願之旨被仰越拜承仕候然ル處方今天下之具瞻萬人之
依賴第一尊公次ニ阿閣之上に歸し有之候處右等敷必戰之覺悟御至願ニ
於而ハ天下之人心も上風下草必戰を期し可申勢ニ可有之處指當り都下
すらも因循偷安之風習相替候儀無之候は理之解すへからさる處ニ候得
共反求深考仕候處拙生輩も專ら必戰を唱へ必戰を勸め候得共敝藩の風
習も亦都下同然ニ而殆當惑の仕合に御坐候此理を推究仕候得は拙者輩

日ニ必戰を唱へなから心ニ必戰之誠無之故と憂慚之外は無御坐候就夫何故ニ必戰之誠意無之候哉と熟思仕候得は畢竟不決斷より起候事ニ候得共右決斷と申も事理ニおゐて決斷不致候半而ハ難相適及決斷候事ニ而不及決斷儀を決斷可仕樣も無之候此外寇一條におゐても天保度打拂ひを被相止候命令以後ハ不及必戰國体ニ相成候事ニ候得は如何ニ致候而も必戰ニ決斷仕必戰之覺悟ニハ實以相成兼候是と申も不及必戰時ニ當り必戰之備ニ及候故徒ニ奔命に而已勞役し必戰之期を待すして國家困弊ニ至り候は勿論之儀と奉存候只豫備無油斷と申程之儀は誰も心懸之淺深次第甲乙共ニ支度ハ可仕候得共唯今誰ありて必戰を決し必戰之備を可致事とハ不被存候其子細は魯墨英之三夷と永世不朽之御親睦此度御破談ニ相成候旨御開示候ハヽ如何ニも必戰之時節到來ニ而天下必戰之覺悟ニも可相成候得共當今ハ是ニ反シ是迄ハいか成不測之變を生し候半も難計と致恐惶候夷情も此度之御條約ニよつて相定り無二之御和

親御取結ひ之上ハ一統可致安心旨被仰出候儀事理之的當可有御座候處兩國之全權會議之上及盟約候條約之御信用無之測量船主請求御斷ニよつて內海へ乘入如何樣之巨患を發候半も難計候間必戰と覺悟を致候樣ことの御趣意ニ而は人每ニ御致諭有候而も恐らく信用仕る者ハ有之間敷と恐察仕候乍憚尊公阿閣といへとも右等之邊如何御覺悟被成候哉如尊示二百數十年之昇平必戰之事實拂地之時ニ候得は必戰之覺悟を御勸誘御坐候より必戰之實を御示し被成候方時務に適當可仕哉ニ就而は大小之群牧をして必死之地に勞し必生之地ニ佚し候樣無之候半而者難相成右勞佚之分判然たる御仕向ニ相成候ハヽ天下之士氣所嚮を知り安定ニ至り可申儀と奉存候此儀他ニ相求候儀にも無之近ク微軀敝藩に体驗仕候而申上候事ニ御坐候已に大小侯伯疲弊御救助之爲メ諸献上物之御省略諸有司ゟ之贈進或ハ兩山を始火防及御門番等も御免除之御評議も御坐候哉之趣難有儀にハ御坐候得共私家之身上ニ比較仕申上試候得は

兼而逼迫之勝手向ニ御坐候故兩山火防等被仰付候得は右費用別段才覺金を以取賄候次第ニ而兼而備置候ニも無之候故御免御坐候得ハ才覺之勞を省き候と他借相增候儀無之迄之儀ニ而別段有餘ニ相成候譯ニも無之又献上物惣而御免相成迚中〻數千金ニハ至り不申候得は武器之修整彈藥儲蓄之用ニ充候位之事ニ而中〻夫を以必戰を期候事には至り不申候尤同し必戰必死とは乍申時所ニ依て天下之御禆益ニも相成又は犬豕同樣之事ニ而相濟候儀も有之候去レハ犬豕之死を厭ひ天下之御爲メを存候迚和親御取結ひ之當年より後來御破談ニ可相成哉之用意として一ト廉之御奉公可仕程之手當致置候儀は誰迚も出來不仕又幕廷ニ被爲置候而も少人數も召呼候ニハ不及との御趣意ニ候へは此儘ニ而ハ必戰之覺悟仕候而も必戰之手段無之候得は唯必死而已に候得共必死ハ所謂犬豕之死ニ而公私ニ取毫髮之益も無之國許ニ指置候譜代恩顧之侍共も一人として何之役にも相立不申右樣ニ相考候得は此節之大

名程誠ニ果敢なき身上は無之匹夫にして匹夫丈ヶ之心力を竭し候者にも相劣り候次第ニ而實ニ覺悟も極り兼痛歎之至泣血潜然之外は無之候拙生如此ニ候得は外ミ大小名も少ミ之異同は可有之候得共大凡相變候儀は有之間敷諸侯之通患此事ニ止り申候仍之在府之大小侯伯事あるに臨ミ不得止事義を守りて必戰之覺悟を極め必死ニ處候而も右樣心ニ飽足候事無之候得は戰候而も勝算無之又死し而も天下ニ益なき事勿論ニ御坐候乍恐　廟堂ニ被爲置候而も甚御心細き御成行ニハ有御坐間敷歟と奉恐察候されはとて公私共心丈夫ニ御坐候程人數召呼候樣被仰出候ハヽ是亦兩三年にして天下之疲弊極り可申奉存候當今の形勢は必死常勞之道を以諸侯御使役之姿故却而生を貪り佚を樂ひ竊ニ憤然たる事能はさるの勢ニ而實ニ御大事之儀にも可有御坐と恐懼之至奉存候依之諸侯之勞佚を分ち候拙策左ニ相記申上試候

一、當時天下之諸侯を二分して隔年之交替相成有之候處先つ十五年を限り四分して四年ニ一度之參覲に相成兼而御定之持場相固〆不安心に無之程人數召連候樣之御規定ニ相成候ハヽ三年在國中演武を專にして自國の守衞を嚴にし政事幷講文之餘暇ニハ山野之遊獵等を相催し暢欝遣情筋骨を養ひ英氣を蓄へ扨四年に一度之參覲ニハ將卒共に必死を極め治世平常之務ハ盡く致放下一向防禦守衞之備ニ精力を盡し惣而陣中之心得を以て在府候樣相成候ハヽ不介して華美奢麗之弊習ハ自然相止在番中之費用も方今之額とは拔群相違も可仕と奉存候事

但嫡子庶子とも國邑へ召連候儀勝手次第可被仰付候事

一、四年に一度之在府陣中同樣相成諸侯禮式服制等之儀御年限中夫ゝ格外之御制度被相立其以下も是ニ准し可申事陪臣之分ハ不撰尊卑野羽織立付伊賀袴等着登　城供たりとも同樣ニ而主人〳〵ニ之年始之禮も甲冑着用之事

一、右に付而ハ諸侯妻女も銘ゝ國邑へ引移し可申事先年及建白候通り

ニ而此表大小侯伯之邸宅在府無之分ハ留守之者兩三輩門番少〻指置候迄ニ可有之事

一、在番之大名ニ而旗頭を被定小名を旗下に御附屬有之一手ツヽ御分配守衛可被仰付事

一、在府之大小侯伯をして御府内閑曠之地におゐて四季ニ一度ツヽ一手限り之人數操練可有之事

一、右樣相成候ハヽ武相房總御固メ場持之四家は勞役無間斷姿ニ候得は是亦海軍旗頭に被命海國之小諸侯御附屬有之四年一度之勤番ニ而海軍を督し常〻軍艦中に在て海城を相守候樣可被仰付事

但四家海軍之御備有之候得は此邊陸地御固メ之儀ハ小諸侯ニ被命土着可被仰付事

一、品川御臺場持の諸侯ハ是亦砲臺守衛之旗頭被命麾下を御附屬可有之事

但屬下ハ小諸侯ニ不限御旗本御家人等之類ニ而も可然歟
一、定府之小諸侯諸御旗本之類惣而軍制ニ關係之向ハ悉く之を四分し其一分をして輪轉交番一ヶ年ツヽ必死必戰之地に被指置其三分ハ諸役御放免ニ而專ら文學を講究し武術を鍛錬可仕旨可被仰付事
但大小諸侯初三年之休暇中政事幷文武之修治行屆き又ハ徒に安佚に耽り候歟精詳ニ御吟味之上夫〻御賞罰可有之事
一、軍艦製造之事兼而御沙汰も有之如何樣軍艦無之候而は海防全備も難致且夷虜及ひ海賊海運を妨ヶ或ハ掠奪等之節抔も當時之体ニ而は實ニ被成方有御坐間敷候得は此御備之儀ハ一時も早く御完整願ハしき儀ニ御坐候得共拙生如き瘠地の大名ニ而相考候得は如何ニも財用難續手關ニ及ひ兼候得は甲乙は可有之候得共大小侯伯共多分逼迫之折柄故此儘ニ被指置候ハヽ有志之向といへとも容易ニは出來申間敷候右ニ付而は外寇を禦き

神州を護候重器之故を以て日本全國之石高ニ割付譬ハ越前國は六十餘萬石御料私領寺社領除地之差別なく高百石に付十金ツヽ之課役を以國所に應し多少之軍艦及ひ製造使用之法も致習熟候樣國〻旗頭之大名ニ被仰付候ハヽ越前國ニ而も六萬餘金を出し幾數艘之軍艦造出し可申候尤一時ニ成功可致儀にも無之候得は課金之儀も追〻之御取立ニ而可然事故下民之難義ニ及候程之事も有之間敷候如斯して沿海之諸國悉く軍艦を備へ自國之守衞他國之應援ニ充且定額を取立爲御警衞江府近海ハ勤番被仰付前條海國之人員是ニ據て守衞を事とし四季之操練ハ陸軍同樣ニ可有之事

但軍艦之儀中國西國之諸侯へハ別而早速製造候樣被命在國之面〻は事あるに臨んて右軍艦を以京都御守衞被仰付置候ハヽ御手厚ニ可相成事

本文高割出金之儀國之廣狹肥瘠有之已ニ奥羽邊と敝國等とは莫大之

相違有之事ニ候得ハ猶人別高を以御斟酌有之平等ニ有之度事

右諸侯之勞佚を分判して天下之形勢を一變し必戰を期する之拙策ニ御坐候右之趣共御採用御坐候ハヽ他家ハ不存於拙生ハ祖先をも辱めす天下之手本ニも可相成程之御奉公ハ急度相勤可申と存詰申上候事ニ而傍觀紙上之空論虛策ニハ決而無之自家丈ケ之儀は一〻講究躰驗仕候上之儀ニ御坐候私家如此ニ候得は列侯も同然と奉存候間伏而奉冀尊考候將又假令拙策は御用ひ無之候而も大小侯伯之儀者戰陣に臨ミ候而も御奉公甲斐有之候樣何とか御仕向も不相成候而は只今之爲躰如何ニも前途晝然難得死然勢に御坐候得は体ニより不滿を抱き事を左右ニ托し參覲を怠候樣之諸侯追〻出來可申歟と竊に恐懼仕居候何分此体ニ而は他人ハ扨置拙生ニ於而は豫め必戰之覺悟ニハ相成兼候間此段兼而申上置候乍併不得止事持場等被命死地ニ爲御臨被成候ハヽ一足も不去夫を最期ニ必戰必死も可仕左樣致候迚天下之御爲メニハ決而不相成右等之儀は

兼而御斷申上置候私家如此候得は外諸侯も同然之儀と奉存候何分當今御時世ニ當り必戰之覺悟出來候樣御仕向無之徒ニ必戰を而已御勸誘御座候ニ於而ハ將卒をして空敷快ミ不滿之地に斃さんとするの勢ニ御坐候得は如斯形勢ニ而

廟堂獨り御安全を可被爲得理は有御坐間敷奉存候

但前條之次第御採用ニ付而も日本全國中眞ニ必戰之覺悟ニ相成候樣

公邊におかせられ候而御必戰御覺悟之實を以御示し御坐候儀肝要と奉存候

一、右ニ付而ハ日本全國沿海へ異船渡來之節取扱方區ミ相成御條約之御信義不相立候樣之儀有之候而ハ不相濟候間前以詳審ニ御示置御坐候樣仕度候事

一、外夷御條約魯墨英ニ御差別有之候は如何彼之請ふ所ハ兎も角も本邦ニおゐて御許容可相成廉ミ御規定有之夫丈ケ之儀ハ請ニ任せて萬

國一般ニ御許容有之定制之外ハ萬國擧而相願候而も御許容無之御國
体ニ相成候半而ハ必戰之覺悟も極り兼可申事
今般地震ニ付愚衷
一、近年天變地妖發臻之處今般は既に都下ニ相迫實ニ駭愕必天戒と奉存
恐懼戰兢不啻奉存候就而も第一可恐ハ外寇之一條ニ御坐候處兼而手後
レニ相成候武備彌增撓屈可致と深憂此事ニ御坐候依之此時節
公邊におかせられ候而も
大城御修覆を初過日御觸之通り御取締場所之外一切御取補無之兩山
御廟所等御破損所も常体之御修覆に相成候而ハ却而御追孝ニも相成間
敷と奉存候間別段
御名代を以被仰譯有之當時之處武備御整ニ相成候迄ハ至て御假繕ニ被
成置此御儀すら如此候得は其他治世之御格式ニ關り候儀は御年限を以
萬般都而御擲却彌一途ニ御必戰之御所置ニ相成扱諸侯伯へも嚴令相下

り必戰の覺悟御奬勵ニおゐてハ三夷は御條約も相極候處墨夷又〻測量等之儀申出此末之儀も如何成願望可有之候哉追〻萬國輻輳可致形勢と相成候事ニ候得は其内には強て非分之義を申立或ハ乱妨ニ及候も難計加之今般古今未曾有之烈震と申殊更
御不安心之儀ニ付於諸侯而も
公邊御同樣必戰之覺悟相極家作等之儀御年限中ハ大身之面〻たりとも陣屋同樣雨露を凌候迄ニ取補理精〻入費相省キ武備一偏ニ相成候樣嚴敷被仰出無之候半而ハ指當り家作等之費用ニ疲弊いたし再武備被引立之期は有御坐間敷奉存候事
一、別紙及建議候諸侯伯交替之儀此節之折柄被仰出候ハヽ最可然奉存候就而は過日御觸達有之候地震幷火災ニ而格別難儀之面〻ハ勝手次第御暇可被下置旨被仰出有之候得共願無之分も夫〻御撰之上當年在府半分當節早速御暇被仰出猶來年參府之面〻も半分參覲御指免相成來年迄在

府之分ハ夫〻持場等被仰付別段之御手當被成下國許ゟ人數召呼嚴重ニ
相備候樣被仰付候歟又ハ當時何も屋敷長屋向等大破之事ニ候得は在合
之人數ニ御旗本勢被指加兼而調し合セ必戰之覺悟仕置候樣被仰出有之
候樣仕度候事
一、別紙及建議候軍艦製造之義は急務中大急務ニ而日本全國士民之力を
不合候而は出來不仕儀と奉存候當節早速何とか被仰出無之候而は諸侯
伯も窮迫之折柄今般邸宅破壞等之入費を國民ニ課し候樣之爲躰ニ而ハ
其上軍艦製造之儀全國へ難被　仰出次第ニ相運可申哉と奉存候
一、諸御住居之儀も此御時節柄に被准御衣食住共御省略御召使婦人は非
常之節御足手纒ひニ無之樣三分一計りニ被減男子之分も御引移り之當
坐而已ニ而御附人被相止兼而被　仰出之通り代〻妻女之通り御手輕ニ
相成候樣仕度奉存候事
但諸家御住居有之分ハ入費を不厭尊崇之振合故國計盡果武備も難相

整振合ニ候處此節柄老女を初婦女子ハ只地震をのミ恐怖戰兢罷在候事ニ候得は如何樣之被仰出も行はれ易き勢と奉存候

一、妻女國邑へ引移し候儀及建議候得共尙又此比ニ至り世上之樣子觀察仕候得は外寇も追〻御當地へ目指油斷難成折柄今度之地震等ニ而柔弱之輩ハ愈膽を潰し是迄之江戶好も俄ニ國好ニ可變勢之處參覲間遠に而妻子共國邑ニ居住ニ相成候而ハ却而佚樂ニ耽り武備ハ愈相弛ミ只參覲を厭候樣相成候樣之儀ハ有之間敷哉深考仕候得は人情之趨向も難計候間此意味御熟考被下候樣仕度奉存候自然妻子之儀は此儘ニ被指置候事に候はゝ衣食住之嚴制被相立都て奢侈を被禁主人在國邑中ハ一切同樣之振合ニ被仰出候樣仕度奉存候事

但衣類之義過分之地合ハ勿論第一ニハ縫物幷過當之染摸樣等其織元染元迄も嚴重御指留ニ相成候樣仕度奉存候事

一、昨年も及建白候通り都下之遊民夫〻故鄕へ歸農之一條此節大機會と

奉存候事

右等之條〻御處置も兎角因循苟且之人情兼而行はれかたき儀も今般之大變未人心洶〻たる折柄却而行はれ易き勢ニ可有之若荏苒時日相移り候得は自然依舊之常態ニ復し可申ハ必然ニ付早速御英斷舊習御一新轉禍爲福之御處置千萬奉仰望候此餘愚考之條〻も有之候得共當節之急務ニ無之儀は追〻可及陳告奉存候

右

被進候處老公之御卽報如左

如貴諭向寒之節益御勇猛抃賀之至に候先以此度之地震前代未聞之處將軍家無御別條御同樣奉恐悦候如諭御　城内を初諸藩在町迄も潰或ハ出火等にて死亡も不少由拙老初身体にハ無別條候得共住居を初家中居小屋等潰死亡も不少拙老初も露宿罷在候仕合御當代に相成りて天變地妖等度〻にて扨〻恐入候御事ニ候扨兼〻御建白可被成と御考之處此度之儀ニ付而ハ尙又貴慮閣老迄御出し可被成哉ニ付極密〻覽仕候樣被仰

越忝存候一覧之處於貴論は何レも御尤と存候乍然當世態皆〻御取用ひニ相成候哉否ハ何とも拙老考にハ及兼候得共御取用ひ之有無ハ兎も角も貴考之處ハ阿閣迄御出しの方と存候只今登　城前急草略貴答申進候也

十月十六日即時

二白御端書之趣忝存候貴家ニ而も時氣折角御厭可被成候何寄之御品賜り致多謝候不盡

御別紙兩田云〻ニ付てハ是迄兩田ニて扱候義ハ微臣誰方へ御申聞可有之哉との義右ハ幸地震前戸田の實弟安島彌次郎と申者側用人ニ申付置候へハ是へ御指出しにて可然若〻此者指合候はゝ原田兵介桑原治兵衛と申者何も奥右筆調役ニ申付候（是は地震後の事ニ候）是ハ何レも戸田藤（田脱カ）・腹心之者に候へハ内密之儀御申聞ニて不苦候早〻

右ニ付又〻翌十七日早朝再被進御内書左之通

連日晴空新寒相増候處愈御安健奉欣賀候昨日ハ御登城前早速御卽報被成下奉厚謝候扨御紙表之趣ニ而ハ貴邸御居住被成兼未御露宿被爲在候旨嘸〻御不自由且此頃之新寒等別而御困り可被成と奉推察候殊更御自重奉祈候然ハ愚衷書取之趣御時態御採用之儀ハ御見詰被成兼候得共何分阿閣へ指出可然旨御敎示被成下奉拜承候然ル處昨日之書取ハ第一尊君之高慮を相伺候積りにて阿閣之密話等迄も相認候事ニ御坐候得ハ右密話等之條ハ阿閣も他泄を堅く相禁候事ニ候得は此段御含御斟酌被成下候樣仕度奉存候尤阿閣へ差出候書付にハ右等之邊相省き候筈ニ御坐候得共是迄每〻阿閣へ右樣之筋申立候儀も有之候得共一通りニ而ハ敢而益も無之且又此度之儀ハ近來天下之見當ハ元より御奉公之覺悟も相立兼候次第故一己に取候儀ハ國許迄も申越同樣爲致覺悟候程之儀ニ御座候得ハ此等之筋絕而御採用無之候而ハ此末一身之方角も相立不申儀ニ付兎も角も尊君御內慮相伺再應御敎示相願御同意に於てハ專ら御主

張も被成下候事ニ候ハヽ阿閣へも申立度心底ニ罷在候事に御坐候間此段御憐察被下御繁劇中甚申上兼候得共　廷議ハ指置愚衷之可否賢考之處今一應無御伏藏具ニ御垂諭奉仰希候尚其上ニ而阿閣へも指出度候間毎ゝ乍御面倒貴答奉待冀候右奉得尊意度如此御坐候頓首

十月十七日

右被進候處卽晩方御返報來ル左之通

披閲如貴諭新寒相增候處無御恙欣賀々々拙家之義ニ付縷ゝ御尋之趣御厚志之段忝多謝候云ゝ御申聞之趣謹承仕候別紙に而御承知可被下候此梨子如何敷候得共過日鷄卵御投惠之御挨拶迄ニ進入いたし候打續天變地妖如何致し候事ニ候哉此上ハ夷狄云ゝの義と心配いたし候

異國のあたの防きのなきまゝに國地の神かくやせむらん

大ぁゐにかゝるうきめを見る事も神なき月の印ならまし

十月十七日卽時

御別紙

別貴答

極密御懇意ニ任せ御咄申候追ゝ御承知も有之候通り拙老事防禦御用向伺申候得共大方ハ表發いたし候跡にてのミ承り云ゝ相成候故爲心得爲見候と申義多くたとへ愚慮ニ相違之事有之候とても表發ニ相成候を彼是ハ申兼又申候迚も御取上に不相成候へハ毎度夫切ニいたし候御政事之方伺候樣ニとの仰承り候得共閣老の出來候事さへ相談無之此度再勤之者抔ハ兼ゝランペキ故と申阿も不好下官も不好候處何レよりの建白ニて相成候哉表發後中納言咄ニて初て承り申候閣老出來候節ハ三家へ御相談有之候得共此度指かゝり故無御相談被仰付候と申候由右ニ而拙老ハ初て承知致し候細ゝたる事ハ格別閣老抔ハ天下之御爲御大切之職ニ候處右さへ御相談も無之上ハ全くの案山子ニ罷在候義故度ゝ御免相願候得共夫ハ相濟不申又時ゝ建白致し候義も御用ニ不相成當惑いたし候事ニ候右之通故老拙ニて云ゝ申進候とて夫ニて御決しニは相成兼候

義勿論之事に候へハ拙老被用候時も有之候ハヽ心付候義は可申進候得とも是迄之處ハ全く人見せ看板同樣のかゞしに候へハ兎角思召付候處ハ御建白被成候方と存候如何致候世態哉不思議之事ニて候乍御氣之毒前文之次第故拙老被用候節ハ格別當今之處にてハ拙老之建白も是迄度〻申試候得共不被用上ハ御書中愚評申進候とても同斷故天下の御爲可然と御考被成候義は閣老誰へなりとも御認取御出しの方より外無之只自分の存寄を達候と申迄に御坐候くれ〳〵も御他言は御無用直に御火中可被下候

二白右樣にハ認候得共御指出しニ相成候て閣老ゟ萬〻一相談かゝり候ハヽ含み居候て答可申候得共小事ハ被行候とも肝要と存候義ハ御役〻より故障閣老も申上兼候半被察候也

前文之如き貴書被下候ても一覽致候處も無之男女取廻り庭のすミにて一覽人目を忍ひ矢立等にて認候仕合御推覽可給候也

右御再報之趣以之外成御次第にて　公にも甚御失望思召候得共老公へも
御談しありし末なれハ御文段少〻御引直しあつて同十八日夕福山侯へ御
相談旁被進たり右ニ添られたる御内書如左

一翰啓上新寒兎角不同之候ニ候處愈御清安御勤務欣賀之至ニ候其後彼
是御不音罷過候時〻御様子ハ承及候事ニ候遠方日〻御往還且當節一入
御勤勞共と萬〻致推察候然ハ兼而愚考幷今度大變ニ付て之鄙衷共別紙
二冊入貴覽候御熟考之上垂諭希申候追〻恐入候御時態殆當惑至極御坐
候別紙之通一身之見詰も立兼候ニ付實は國許へも申越篤と打合覺悟之
上相認試候事ニ候間無御斟酌可否御教示希申候何分此儘ニ而ハ不相濟
と存詰候事ニ御坐候愚衷御憐察呉〻御教示可被下候左も無之候而は此
節之覺悟書〻迷惑之外無之候且又過日は佐倉再出被
仰出其後之樣子如何ニ候哉竊に御案し申候將又備中も兼て懇志之事ニ
有之旁別紙之趣少〻認替申達候半哉ニも存候得共此節之御摸樣も不致

承知突然差出候而ハ如何之勢ニ可有之哉難計候ニ付極密及御相談候右之可否も御教諭希申候當節定而種〻御評議萬緒と致推察候呉〻も鄙意實躰不得止事仕合共亮察垂教高恕〻〻右御見廻且一條爲可申陳草〻不宣

十月十八日

尙〻此節柄不揃之氣候と申旁爲天下保嗇專祈申候お謐事も追〻快方之由此頃も委曲承申候御同事欣然御坐候何角御介意千萬多謝之至御坐候且每〻佳品御惠贈是亦不堪感謝候當時假御居住御手狹殊之外御混雜之由嘸〻御困り可被成萬〻致推察候以上

副啓過日主馬儀罷出候節御住居一件之儀ニ付與一兵衞迄申上置候譯も御坐候然ル處御住居之摸樣追〻取調ニ相成候處極御大破之分御取縮其餘御建直しニ相成候ハヽ可也ニ御居住も御出來可被成哉ニ付左樣相成候ハヽ往々之御落付ニも相成御都合も可宜と則御取縮ニ相成御補理之分繪圖等出來ニ付近〻之內彈正指上御內慮も相伺且右ニ付而ハ御住居

へも御大破之分御取拂御取補理ニ而御假住居ニ相成候樣御沙汰被成下候
樣相願度積りニ候然ル處當時丸山御假住之處も殊之外御手狹ニ而混雜
之旨承及候ニ付乍序右等之趣御內聞之上指上度否爲御聞可被下候以上

十月十八日

一、右之外に別冊二被進水老公へ被進候と御同趣ニ而少〻御文意替候のみ
故不記之候事

一、十月十五日薩州侯ゟ御書翰左之通り

愈御安康奉賀壽候扨此間は非常之地震驚入申候併御怪我も無之由奉恐
壽候辰ノ口余程之怪我人も有之よし氣之毒千万と存候扨又此後世上之
光景如何相成可申哉不容易御時節と奉存候海防一條も如何相成候哉御
賢慮伺度奉存候
一當年中登　城ニ不及との事併久〻　御機嫌も伺不申候間愚考ニハ來
月ゟ月に一度ツヽ御機嫌伺として登　城仕度旨奉願度內存ニ御坐候如

何に思召候や尊慮伺度御相談旁奉申上候老中達〔逢カ〕も出來兼候而琉球之一條ニも差支之譯も有之候間登城ニ而　御機嫌相伺節ニ辰ニも逢候内存も有之候間旁御様子相伺申候先〻御様体相伺旁要用申上度如此ニ御坐候頓首

十月十五日

猶〻御自愛専一奉存候芝屋しき住居大破ニ付無據澁谷屋しき引移申候芝ハ建直之考ニ御坐候手輕ニ普請仕置万事宜敷機會故格別改格〔マヽ〕可致内存ニ御坐候其内拜眉之上萬〻談申上度奉存候以上

一、十月十九日御同所ゟ御答書左之通

一、昨夕は尊書忝致拜見候愈御清福奉賀壽候被仰下候條〻委細拜承仕候御機嫌伺登　城之儀は兩三日中辰へ内〻申試候上差出候樣可仕候且風說書幷約條書云〻拜見被仰付千萬辱奉存候昨日返上可仕處一昨夕遲く相成候昨日拜見いたし延引に相成恐入申候則返上仕候間御落手可被下候此度地震ニ付御賢慮も御坐候ハヽ被仰下候樣仕度何分不容易時節心配罷在候着服沙汰之義も被　仰出候右も御屋敷ニ而如何御處置被成候哉伺度奉存候御道中御供等之事も伺度奉存候今少地震靜ニ相成候ハヽ罷出拜眉相願度奉存候當節ハ家來共差置候假小屋等之下知仕日〻大取込罷在申候偖又何寄之品被下千萬辱奉存候先は貴答旁可申上如斯に御座候頓首

神無月十九日

猶〻御自愛專一奉存候梵鐘之義御領分中追〻御取調に相成候哉小子方も早〻取調申付候事ニ御坐候頓首

一、十月廿四日阿州樣ゟ御返書左之通（但時變ニ付御奬勵之御書を被進しなり）

昨日は華墨被投辱雪手謹讀仕候已來愈御淸寧御起居之段奉怡悅候然は過日も御同意御文通仕候通今般之天災不容易義ニ而御同然痛心仕候右ニ（付脫カ）段〻被仰下候貴慮之云〻夫〻貴答ニは不及候得共具に謹承仕候如貴意近年は諸蠻夷屢來舶先般被仰出承知仕候御約條も相濟此末度〻渡帆

も可有之は必定乍恐
公邊ニ而も愈以御武備御嚴整は乍恐申上候迄にも無之愈御憤發被爲在
度付而は此度段〻簡易之
命令相下り右も全く武備御嚴整ニとの御趣意彌以難有事ニ奉存候諸侯
伯ニ而も右之御趣意篤と相心得今般之災害破損等可也ニ補理之上は其
余先指置人命之安危ニ拘り候處迄手當仕置其他無益之事は尤相省き候
事當今之肝要と奉存候此天災恐怖は自素之事ニ候得共天災は天災と相
愼破損處等に屈居候時會ニは毛頭無之如仰陣中之心得ニ候得は雨風寒
氣ニも指而迷惑可仕筋にも無之如貴諭偸安之人情改り兼此節聊地震間
遠く候得は姑息之心を生シ怠惰相萌し候事ニ而此一儀可歎可悲事ニ御
坐候貴君之御卓論尤時世ニ相當り誠ニ御尤之御儀甚御同意奉存候且又
此度之災害ハ　皇國復古之基を開候ニは誠ニ天之時を得候事ニ而此機
會を外シ候而は又いつ之世ニ改正之時期無之奉始

公邊諸家共簡易之政事ニ復候義今年之中ニ可有之と奉存候何故簡易を相用ひ候と質問仕候得は是全く余之義ニ無之自素御承知申上候迄も無之儉素武備相整候より外無之文武並行ハレル之處成不申候而は全盛の世ニは成不申候何分ニも文武兩全有之度義ニ奉存候今般之天災ニ苦心恐縮而已ニ而は此末異舶渡來萬一異變之節汚銘（マヽ）を取候迄ニ無之營之高恩忘却致候ニ相至恐縮之限（外カ）は無之候且御國辱にも相成候事ニ而儉素專一之事に而候得共先ツ武備尤專一之義ニ而御同然此時會にこそ憤發致し武備精勵可仕と水魚の御交に任セ此儀御約諾仕候且萬一之節ハ心力之及候丈ケハ御奉公仕度存意ニ而貴君ニも自素御同志之義と奉存候轉禍爲福處置當今ニ有之と奉存候定而貴君ニも左樣御坐候半此災害は愼又是依り憤發可致時至り候事ニ御坐候誠ニ恐入候事ニ御坐候得共不容易御時世重〻恐入可歎可悲又可勤可勵時と奉存候誠ニ愚陋之淺智何之遠謀も無之乍憚貴君英明之御義ニ候へは定而御良策も可有御坐候尚又伺

度奉存候何分にも屈然可仕時ニ而は無之候憤發ニは至極之時ト呉〻存
罷在候且又來月にも至候ハヽ參殿可仕旨承知仕候先般之
命令ニ付御高論も可伺又短慮も可申述と存候先は昨貴答當今之御動靜
も可伺且聊愚意も申上度草〻内密如此御坐候恐〻再拜
初冬念四日
二伸時下當今別而爲　皇國御自重専一奉存候取紛乱書御海恕可被下候
小子無事乍憚御休意可被下候不備
三白簡意之
命令は武備を勵めよとの御趣意ニ而尤難有厚心得不申而は相濟不申と
奉存候以上

一、十月廿三日藤田與一兵衞ゟ彈正迄内書通左之通
十月廿一日夕秋田彈正を福山侯丸山邸へ被指
以手紙啓上仕候寒氣相催候得共先以益御勇健被成御奉職恐悅之御儀奉
存候一昨日は御苦勞奉存候其節ハ大失敬御仁恕可被成下候扨其節奉

出過日被進たる御書取之御返答且此節柄ニ付御住居御修覆并御在國中江戸詰人減少或ハ御献上物御省略等之義彈正伺ひ書取を以與一兵衛迄及内談たりしに此日與一兵衛方彈正へ之書面且覺書伺取附紙等茲ニ記するか如し

仰候御儀一ゝ申上候處附札之通伺候付不文ニ其儘を認取候事ニ御坐候
御賢察御覽可被下候不審之義可有御坐候間無御伏藏蒙仰度奉願上候則
御繪圖面幷四通奉返璧候今日は伊勢守樣至而御徹邪ニ而御登城不被成
候得共御案事被進候而は恐入思召候間尊所樣迄御含ニ申上候事ニ御坐
候右奉申上度如此御坐候以上

十月廿三日

一、十月廿一日夕彈正義丸山へ被指出覺書持參左之通與一兵衛迄熟談致置
候處伺取候趣ニ而前書面之通申來右附札出來候書付左之通
外ニ御住居御取縮別紙出來之繪圖面一枚是亦持參候處御一覽相濟候旨ニ
而返却之事

覺

一、當節之折柄今般之地震等彌
公邊之御儀深御案事ニ而御摸樣次第尚又御熟考も被成度ニ付此間被

附紙末同斷

御書取ニ付而ハいつれ御直書を以近日被仰進候御積之由

此儀御見込之通ニ而宜敷と思召候

此儀御含被成候

進候御書取之御返事殊之外御待兼被成御繁用中甚被仰上兼候得共條ゝ御同意御不同意之處荒方成とも御垂諭被成御賴候右ニ付而ハ此節定而御繁劇御書御認之御間も被爲在間敷と被成御察候間不苦御儀ニ御坐候ハヽ彈正迄被仰下候儀ハ相成間敷哉此段相伺候樣被仰付候事

一、此後御在府中ニハ成丈ケ御人數も御増被成度思召候ニ付此表御留守中之儀は兼而御人少ニハ候得とも此上御屋敷向御〆切り御同樣ニ而御人數等も御減格外御省略御取行被成度就而は別紙之御廉ゝ無御據御備も相立兼候右は敢而

公邊へ御拘りも無御坐候哉ニ付別段御屆等にも不及御手前限り御取行ニ相成御指支も有御坐間敷とハ思召候得共猶又一應御相談被仰上候事

一、御住居之儀不容易御大破ニ而是非御建替無之候而は御歸輿難被成御次第ニ候處此御時節

公邊へ御拜借等ハ如何にも御願被成兼甚御當惑思召種〻御心配被成
必至之御手繰御才覺を以御大破之分御取拂精〻御取縮之上當分御假
御住居御指支無之程ニハ被成進度併御元形ニ被仰出候而ハ御手闕ニ
難適儀ニ御坐候然ル處御附方ゟ是迄ハ餘り御手廣ニ而非常之御掛念
有之候間今度ハ御取縮ニ而御建替ニ相成可然旨無急度沙汰も有之大
体御同意之趣ニハ被相考候得共此節從
公邊御住居向も御時節柄之儀ニ付御大破之分御取縮精〻御勘辨ニ而
御假住居御指支無之程ニ御取補理御歸輿ニ相成候樣御沙汰被成下候
ハヽ萬端格別御取縮も相屆御入用筋も相減可申と思召候左も無之而
ハ御取掛り之上夫〻御附方ゟ御物好之廉〻被仰出有之意外之御入用
增ニ可相成は必定ニ付何卒右等之邊御汲察被成進何とか御沙汰被成
下候樣奉願候此程主馬罷出候而御內〻申上置候儀も御坐候得共右樣
之御運ニ被成進候方御落付ニ相成行〻之御都合も可宜と思召候ニ付

尙又御内ゝ被仰上候間則別紙繪圖面御取縮等之御見込箇所奉入御内覽候何分御住居ニ不日御沙汰之儀ハ一統奉願上候事

一、先達而表向御内慮御伺置被成候來年御引揚御暇之儀御樣子如何可有御坐哉

此儀ハ御伺置之通可相成とハ思召候得共未タ御調中聢とハ難被仰進候

一、御獻上物幷御役方ヘ御配り物之義別紙之通表向御内慮御伺御指出被成度御調ニ御坐候右ハ此節御背ケ被成候御儀も有御坐間敷哉御内ゝ御相談被仰上候事

此儀表向御内慮御用番へ御伺御差出被成候而可然思召候

右之趣此節別而御繁多ニ可被爲入右御中ヘ被仰進候儀甚御氣之毒思召候得共一應御内談之上御決着被成度ニ付私罷出候而御内ゝ相伺候樣被仰付候事ニ御坐候間無御覆藏可否御敎示被成進候樣御賴思召候事

秋田彈正

覺

一、是迄御在國中此表ニ而非常之御用幷御奉書火消等被仰出候御例無

此儀御屆ニ

ハ及間敷思召候

此儀思召無御坐候

此儀御用番江ハ御留守居ヲ以御伺御坐候而可然思召候

此儀公邊ヘハ顯レ不申何と歟御含可被成候

之旁以來は御心當御人數被相止度候右は別段御屆ニハ及間敷哉ニ思
召候事
一、御上屋敷東西通用御門御在國中ハ御〆切ニ被成候事
一、御老中樣御始御役方江年始初定式幷御吉凶之節御使者被指出候御
仕來ニ候得共以來御在國中は御止め被成度尤
公邊ヘ御拘り被成候御廉〻ハ是迄之通り御指出被成候事
但此儀は御留守居ゟ御表ヘ夫〻爲御伺被成候御積ニ御坐候事
御住居御定用天保十四卯年被仰出三千七百兩之御規定ニ相成候得共
年〻（脫カ）御入用增ニ而四千五百兩ゟ五千九百兩ニも至り候儀有之
公邊ヘハ相顯レ不申御附方ゟ内談ニ而指出候振合多く有之候
別書付にて與一兵衛書取
御繪圖面高キ御建物等御取潰ニ相成御空地も御程〻御出來地震
火災等之御爲宜敷有しハ御安心之方と御同意思召候

此等伺書御用番へ御内慮御伺可被成と候御表向キに不相成様可被成候乍去夫ゝ調懸りも有之御規定も有之事故惣而思召通りニ相成候事ニも參間敷思召候

近年異國船渡來ニ付而ハ被　仰出も有之候通萬端無益之失費舊習古格たり共相省非常之手當厚心掛軍備嚴重ニ致置不申候半而は不相濟御時体ニ付不顧他無類之省略取行精ゝ致心配候得共從來不如意之勝手向ニ而兎角存意に整兼致心痛候就而は分限勤向之廉ニ而申上兼候儀奉恐入候得共別紙之通省略之儀相願申度奉存候右は相願候而も不苦儀可有御坐哉此段御内慮相伺申候以上

別紙

一鹽鮎子籠

右は享保六丑年中務大輔宗昌當家相續仕候以來獻上仕來り候處年柄ニより出來兼

一國許仕立騎

右は享保十三申年參勤年四五年ニ一度ッヽ獻上候様被仰出以來獻上仕來候處近年駒拂底ニ而獻上可仕程之駒出來兼

右兩品之儀往古ゟ之獻上ニも無御座其上右申上候通年柄ニより出來兼候儀も御座候間以後御用捨被成下候儀ハ相成申間敷哉此段相伺申候

別紙

一御老中方へ金馬代相贈り候廉〻　都而銀馬代拾枚ッヽ相贈候樣

一若年寄中　同斷

一御側衆　同斷

一若菜　御老中方鯛料千疋ッヽ相贈候處五百疋ッヽ相贈り候樣

一（端午 重陽 歳暮）　御老中方若年寄中へ一種千疋ッヽ、御側衆へ一種五百疋ッヽ、相贈候處御老中方若年寄中へ一種五百疋ッヽ、御側衆へ一種三百疋ッヽ、相贈候樣

一國產獻上之節　御老中方始御殘り相贈候廉〻御用捨被成候樣

右之通御儉約御年限中致省略候樣相伺申候

別紙

一（端午 重陽 歳暮）　時服獻上仕候處爲御祝儀一種ッゝ獻上仕候樣

一寒中　國許之生鱈二度獻上仕候處初度獻上計ニ而二度目獻上之分御用捨被下候樣

一金馬代獻上之分　銀馬代拾枚つゝ獻上候樣

一不時御檜重獻上之分　御代料ニ而貳千疋獻上候樣

一歸國御禮　國許ゟ家老格之者を以御禮申上候處當地詰合同格之者を以御禮申上候樣

一宿次御奉書を以鶴拜領之御禮　同斷

一（宿次御奉書を以暑中御尋被成下候御禮）　（國許ゟ番頭格以上之者を以御禮申上候處當地詰合同格之者を以御禮申上候樣）

一（不依何事從國許御禮等申上候廉）　（番頭格以上之者を以申上候廉當地詰合同格之者を以申上候樣）

一不依何事使札を以申上候廉　飛札を以申上候樣

右之通御儉約御年限中御用捨被成下候樣相伺申候

阿部閣老ヨリ建議ニツキ密書

一、十月廿六日夕阿閣老侯ゟ御密書左之通

過日は貴翰被成下謹而拜讀仕候兎角不同之候ニ候處倍御清榮奉賀候陳

は従是も大御不音打過背本意候且又別紙二冊御厚意御認取拜見被仰付
再三熟覽仕候處何れも御尤千萬ニ存候併四年目參勤妻女國許ゟ差遣し
候と申義此義ハ如何可有之哉と愚存ニ而ハ考申候備中も兼而御懇意之
事故水府老公と小生計必戰之事を申候と申事は御省キ其餘少〻宛御認替
同人ゟ封書ニ而も御差出し被成候方可然小生ハ心得も致居候存申候へ共
外ゟ書面出候方都合宜有之候間左樣御承知可被成候左候へハ筆頭之義備
中之方可然存候其餘之義ハ過日彈正參り候節御內問之趣も有之其節附札
ニ而御答申進候間別段否不申上候別紙二冊も差置候得共若〻御認等之御
都合も有之候ハヽ一ト先上ケ可申候何も過日之御答乍延引申上候謹言

十月廿六日

二白時氣折角御自愛專一に存候神田橋御住居之義ニ付被仰下承知仕候
小生義折惡敷風邪頭痛眼氣にて引居中風邪頭痛ハ先快方ニ候へ共眼氣
ハ未た直り不申腹合筋張全癇氣之動し候事と拙醫共申聞候併なから此

節柄一兩日中ニハ押而も出勤之覺悟罷在申候平臥中別而亂筆御仁免可
被成下候以上

薩侯へ事務相談ニツキ同侯ヨリ返書

一、十月廿六日當今之時勢ニ付薩州侯へ節儉質素之御處置御相談且佐倉侯
出身之次第の事を被仰進たるに今日御返書之内如左
堀備之義云〻是亦不思議に御坐候此義ハ老公御承知之上と存候處案外
至極ニ御坐候閣中之樣子内〻承候得へは堀田出候而萬事心配薄相成候
と申向有之哉ニ承り申候右ニ付而は色〻申上度事御坐候拜眉萬〻可申
上候堀田撰擧之儀一向不相分候得共矢張阿と牧との所存ニ而無之哉と
存候溜詰ゟ井等之内閣中之義色〻申候故其爲撰擧ニ而は無之哉と存候
猶又御賢慮伺度奉存候追〻命令も下り漸〻善に可相成光景にハ有之難
有事にハ候得共小事枝葉之事多き樣に奉存候非常之災害到來故非常之
御處置有之候而天下一新有之度事ニ奉存候御賢慮伺度奉存候
一、着服之事承知仕候屋敷ニ而は此度追〻改正可仕と奉存候女中向ハ御

住居等如何之御樣子候哉伺度奉存候
一、道中供之儀致拜承候
一、御住居其外彌節儉御用ニ而御手輕ニ御修覆之貴慮之由御尤千萬奉存候小子も當時芝屋敷可也に修覆出來候場處も御坐候得共此度ハ不殘建替可申義に御坐候委細拜眉可申上候此節之機會不失建直し女中等減し可申內存ニ御坐候猶拜眉萬〻可申上候
一、參上之儀辱奉存候來月に相成候ハヽ罷出候樣可仕候先は過日之尊答如此御坐候頓首
十月廿六日
猶々御自玉專一奉存候昨日捉飼申付候間鴨致進呈候已上
一、十一月五日柳川侯ゟ之御來書中左之通
然は堀田氏再勤之一件彼是聞糺候處荒增相分申候右は元來阿閣不好義ハ相違無御坐候由然ル處當今不一通御用多有之處何事にも阿閣壹人へ

打懸取扱ニ相成候ニ付阿閣も不被任心底此後迚も如何樣之可有變動とも難計候得共事之一二悉皆一人へ懸り甚痛心被致候旨且外〻にてハ上席出來兼候間堀田氏へ再出取計に相成候趣に御坐候乍去萬事矢張阿閣ゟ出候由承り申候先看板之積共にやと被存候探索之儘極密申上候御他言堅御斷申上候何も尊答迄如此御坐候頓首

十一月五日

堀田閣老へ建白

一、十一月五日公福山侯より御建議之御答御同意ニハ坐しなから御擔當なさるへき御樣子もなくて御上席（ニ脫カ）讓り聞え給ふからに賴もしからすハ思召とも福山侯の仰するまゝに猶又御文段之上御添削あつて今日佐倉侯へ遣はさる其折に添られたる御內書如左

一翰致啓上候兎角不同之候寒威增加之處愈御淸安珍重之至御坐候先日ハ御重職被蒙　仰爲天下欣賀之至御坐候當節別而唯々御繁務と致推察候扨又今般大變絕言語候將貴邸類燒一層之御困難と萬〻推察申候其砌

ゟ御歡御見廻も可得其意之處彼是遲引御宥恕可被下候此品輕微之至御坐候得共聊御見廻之驗迄進入申候御笑留可被下候

一、兼而之鄙衷幷今般大變ニ付愚考共別册二入貴覽候何卒御熟覽御篤考之上無御伏藏御敎示可被下候御同意之上ハ御主張專御周旋所仰希候扨〻恐入候御時態ニ候𠮷〻も亮察希申候右相伺度旁草〻如此御坐候謹言

十一月五日

右御建白と共に御封物にて遣はされたるに彼方ゟ御返辭あるへしとの事にて御卽答はなかりしなり但御建白ハ初ニ記する故略之

一、十一月六日昨日佐倉侯へ御建議御書面さし出されしに付右御寫しに添られ福山侯へ被進し御直書如左

不相變不同之氣候にて一兩日寒氣俄に倍加之處愈御淸全御勤務珍重之至御坐候其後ハ彼是御不音罷過候御風邪幷御腹合等愈御快然候哉伺度候然は過日は彈正指出種〻相伺候處御內慮之趣與一兵衞迄御移し夫〻

附紙を以申越了然承知申候其後御細答書被下御繁劇中御煩勞之御事共千萬辱別而御住居一條早速御沙汰被成下大ニ都合宜全く御周旋故と不堪叩謝候且又愚衷書取二冊之儀來諭委細拜承則少ミツヽ認替備中殿へ昨日指出候付右寫し又ミ入貴覽候間過日之二冊は御返却可被下候右は貴兄へのミ御相談之積りにて相認候事故彼是當り障りの儀も有之候得ハ此冊と御取替可被下候將右之内四年一度參覲之一條如何思召候由尤御制法に相拘候事ニ而不容易儀にハ可有御坐候得共かゝる御時態非常之御英斷を以銘ミ必戰之覺悟出來候樣御仕向無御坐候而ハいつ迄も御實備に相成候事ハ決て有之間敷則別冊にも認候通り何分依舊之形勢にてハ如何樣相考候而も實に必戰之手段ハ相立兼申候猶又別冊附紙之趣等御熟考可被下候兎も角も此大好機會不日に御一新之嚴令御配慮之程一向默禱罷在候右時下御見舞旁爲申陳草ミ以上

十一月六日

尙〻俄之寒氣殊更折角之御保持專祈申候當節御用多御退出も延刻之條承及候遠方と申不一方御勤勞共致推察候何分萬〻御自玉可被成候本文之趣呉〻御熟察尙宜御含御主張之程伏希申候過日も佳魚御惠投萬謝之至御坐候此品不相變麁輕候得共折柄御見廻之驗迄進入御笑捨可被下候お論も追〻快方之由何かと御世話共多謝尙又よろしく希申候以上

右御別冊ハ佐倉侯へ被指出に等しけれハ爰ニ略之御附[紙脫カ]も初に記之

一、十一月七日水府老公ゟ御內書幷御副密啓被進外ニ佐倉侯へ被指出候御建議寫し一冊被指出御書中左之通

連日晴色寒氣倍加之處愈御壯健可被成御起居奉恭賀候先近日ハ震災も相收り候哉ニ御坐候其後御不音罷過背本意候扨貴舘破壞所修覆御假住ハ出來ニ候哉御案事申上候寒氣之節殊更御難義と推察仕候右御安否相伺何そ進呈仕度奉存候得共存付も無之一籠之內魚菜不腆之至御坐候得共御慰迄に奉呈上候御笑味被下候ハヽ本意之至御坐候右相窺度如此御

坐候頓首
十一月七日
二伸時下俄之嚴寒㒵〻も折角御愛護奉禱候不相變何角御心勞共と奉推察候以上

御別紙
副啓先日は再應御密答書細縷被仰下難有奉拜承候乍併案外之御様子柄今更驚入何共失望の次第熱中不啻仕合御坐候如尊諭いか成世態ニ御坐候哉其後も色〻愚考仕候程恐入候儀ニ御坐候將又如貴諭愚存書取認替阿閣へ指越候處趣意隨分尤に存候旨何分心得居候間佐倉へ差出候方都合宜旨追而申來候ニ付其節も申越置候通り又〻書面彼是認替過日佐倉へ指出候處返報追而可申越と申來候事ニ御坐候則右寫し入電覽候間御取替可被下候先日ハ尊公限りニ御相談旁御認入貴覽候事ニ御坐候間右二冊ハ御返却可被下候尚又阿閣へも右同樣寫し指越置候事ニ御坐候此

等之趣御含置可被下候扨世上之樣子相變候事も無之追〻復常之趣承及申候佐倉之樣子も種〻世評有之候由御都合如何ニ候哉內〻探索も仕候得共相分り兼候唯〻

御一新之程奉仰企候外無他候先日之御密書中ニ而忘途曹然罷在候間尙亦當節之心得ニ可相成儀も御坐候ハヽ御教諭奉伏希候頓首

右被仰進候處御報彼方ゟ可被仰進旨也

水老公ヨリノ返書

一、十一月八日水府老公ゟ御返報左之通

如諭寒氣倍加候處益御勇健抃賀〻〻此節居宅之事御訊問ニ付海鮮等御投惠每度德意令感佩候先〻老幼共一同無事御降心可給候右報答早〻也

十一月八日

二白時候御厭專一ニ候此（版本蟹字アリ）國產ニ付乍微少供御一笑候不悉

御別紙之御上書

別貴答直ニ火中

御別紙縷〻被仰下候義何も承り申候櫻香も有之候付委曲相含居候間一諭いたし候半乍然拙老方迄櫻花來候へはよろしく候へ共何共安心不致候又匂ひ來候とても不殘其通りに出來候義ハ安心不致花と雪と相違位之處ニ可相成哉とも被察候へ共せめては雪と墨とニハ不相成やう一首詠申度候御書中成否ハ指置御論は勿論なから御尤と存候すへて案山子へハ匂ひ不及貴家へ返翰來り候ハヽ極密一覽いたし度候

一、又極密御咄申候去ル甲辰之一條も家老結城寅壽家老隱居藤田清軒抔申者申合此姦黨は多候へは名前略申候水戸山寺ニ住居候法華坊主の日華といふ者も右黨の中ニて候頗大姦又小普請組に相成候谷田部（雲八）今は藤七郎と申候甚姦人ニて是迄も色〻と姦策をめくらし申候前文谷田部事ハ連枝高松の役人へ取入高松と井伊ハ懇意故是をこしらへ阿部初を入かへ候上ニて老中ゟ指圖致させ候て正論之人を退け姦黨を用させ可申との計策是ニハ色〻と阿初ニも有之候へ共大意如此ニ候又日華坊ハ梵鐘御引上之義ニ而諸寺〻をつヽき立騷かせ候て畢竟ハ拙老阿部の扱不宜故かゝる騒動ニ相成候云ゝ高松等ゟ申上拙老初を打抜可申の計策其本ハ結城寅壽初之姦人先ッ公邊之役人を入かへ置候て其上ニて新役人ゟ公邊の御指圖ニいたし人ゝの姦黨用ニ相成候やうの姦計ニ候如何ニも巧かる事ニ候扨又本願寺懸所より京地本願寺へ文通致し候を内ゝ拙老手ニ入候處是ハ亦次第相違ニ而梵鐘等引上ニ相成候ハ拙老の胸中ゟ出候事ニて右は諸人のうらみを天帝へかけさせ人望を失セ置候て拙老天下を取候企之との事有之候其中ニ十三ヶ條か有之候處其中一ヶ條ハ先ニ拙老ゟ林大學へ法事と申事世ニ行れ候へ共右ハ何經の中ニ有之候哉聞申度由を阿閣へ申林大へかけ候處右のヶ條第一ヶ條ニ認其外ハ右懸所之惡僧ニて作り認候事候へハ林大ヲ（マヽ）もらし候事と相見え油斷不相成事ニ候

前文拙老を打落云ゝの書付幷懸所の坊主云ゝの事も極密先日阿へハ爲心得見セ候處是ハ御内ゝ御咄申候阿へも御咄は御無用ニ候

右之通り故かゝる折ニても專ら武備の世話いたし候てハ不宜候故内ゝ

ニハ世話も致し候へ共表向ニハ音樂鷹抔いたし候て夷船等ニハあまり
かまはぬ不申樣見セ置申候何事をも捨置候て世話致し候てさへ不行屆折
から右樣の嫌疑をさけて武備の方ハ内〻ニて世話致し候事無已事ニ候
乍去姦人姦僧ニ打落され候へハ内〻にても世話出來不申樣相成候へハ
是亦無已候ケ樣なるも時と相見え申候咄之度〻大息致し候計ニ候何も
極密貴兄故御咄申候ケ樣之時節ニても變禍爲福候義出來不申樣ニてハ
此先又洪水凶作等の事も難計いつ本の事行れ可申か登城前急認候御覽
後直ニ御火中

過日之御書付二返上御落手可給候

異國のあたの防きのなきまゝニ天地の神せむるなるらし

大なゐニ斯る憂きめを見る事も神なき月の例ならまし

此度の地震ニ付命助り候人の袖の中ニ必馬の毛少〻有之よし（但其節着候服ニ）故拙者
夫ハ脇の下の毛ニは無之哉と申笑候處脇の下ニ未毛なき程の子供等の袖中ニも有之
候よし（二ッ着し候其合よ有之よし）伊勢の神馬の毛とも申鹿島神馬の毛と申候よし實
ニ左樣ニも候ハゝ有志の人抔ハ助け可申處如何いたし候ものか乍序御一笑迄ニ御咄

申候誰そ其節の着服の袖の内御見せ可被成候

又御別紙ニ而

昨夜被下候御書も直ニ一覧仕候扨先〻被遣候御書引かへ候様ことの御事故則返上仕候乍然朱を付候段ハ御海恕可被下候

又御別紙ニ而

又御内〻申候或人曰松家ハ何も是と申罪狀無之候ニ土地がへ抔如何之仙臺抔誰へ紐し候ハヽ不容易云〻申者も有之候得共夷狄ケ様ニ船を寄せ候樣相成候も畢竟は松家ニて　公邊へかくし内交いたし候義ニて日本の摸樣分り候故魯夷に而墨夷を手先ニ致し候て船を寄候ニ可有之其節打拂ニ相成候へハたとひ一度ハ騷候とも諸夷來る間敷候處御仁惠之事ニ成行候故諸夷來候樣相成候且亦松家自分領分之カラフトへ魯ニて館を拵候ニも不心付石炭山開候ニも不心付候段ハ其罪重く又乍存　公邊へも不屆候ハヽ尙〻の事と存候先年蝦夷騷動ハ全く蝦夷と日本の商

人位のけんか此度の義に比候へハ何程か輕く候處夫さへ土地がへに相成候上ハ此度土地替に相成候て松前奉行ニても御立ニ相成候ハ相當の義と存候尙又松家ニて右新城へ籠り云ゝなと申事ニ候ハヽ尙更夫を恐れて所がへ無之程ニてハ以來大名ハ皆左樣可相成と存候又仙臺抔右樣之松家へ組し候義ハ有之間敷と拙老ハ存候處尙又御賢考御內ゝ御聞セ可被下候直ニ御火中

一、十一月八日福山侯ゟ御答書左之通り

密翰啓上候寒暖不同ニ候得共被爲揃愈御勇猛被爲渡奉恭悅候陳は此程之御書面少ゝ宛御認替被遣慥ニ落手得と熟覽仕相心得居備中殿ゟ評議も有之候ハヽ申談可申と存候則過日被遣候御書面ハ仰之通御戻し上候間御落手可被成下候此程は何寄之品被下難有早速打寄拜味仕候事に御坐候每々御懇切ニ御尋問被成下萬ゝ奉謝候此節ハ假住居朝夕ハ山中故別而寒成も嚴敷覺申候處拜戴之品小生初一同打寄拜味思召相屆不淺ゝ

ゝ奉謝候右貴答申上度如此御坐候艸ゝ謹言

十一月九日

二伸時氣御厭專要奉存候取込早ゝ以上お論事追ゝ手痛宜方故御安心可被成下候以上

薩侯阿部閣老ノ内書ヲ持參ス

一、十一月十一日薩州樣御出之節御內ゝ御持參爲御見之御密書左之通

極密呈寸簡候追ゝ寒威相增申候得共倍御安靜賀候陳は其後は大御不音打過背本意候御同然假住居万端不都合ニ而御察申上候兼ゝ御懇意ニ付別段申入候外之義ニ無之松越前守義此節柄甚心配にて品ゝ存意認取小生へ相談故少ゝ存意之趣申遣幸堀田備中守義は同人懇意ニ付同所へ差出候樣申遣置候間定而同所ゟ差出候事と存候右ニ付心配いたし候ハ同人存意此節柄萬緒心配申出し候段は隨分尤之事ニ候得共中ニハ理屈計り而俗ニ申出來ない相談と申事も多有之實ハ同人家來之內右之義を主張いたし同人ゟ相進め候哉と存し申候同人も御承知之通り一ト向之仁

物故一概ニ申立候樣ニ相成万一不都合之事共出來候而も如何と心痛いたし候右ニ付而は定て貴君へハ內ミ御相談も可申哉と存候間程能同人之不爲に不相成樣御敎諭奉希候尤小生ゟ貴君へ御文通は誠之別格兼ミ不外內外御咄も申候事故有之儘申達置候間此義は御內ミ之事故厚御心得置可被成下候若ミ外同列共へ萬一如何樣之不都合出來候而はと近親之義深致懸念候間此義は貴君へ內ミ御賴申入置候不惡御汲分ケ可被成下候當時不容易御時節海防之義も有之天災も打續候事必戰之理屈ハ至極同意之譯にハ候得共廣く世界の有樣を考候而は差向キ金銀融通方等を初人ミ一ト度安心之場ニ赴不申候而は何事も出來不申此處も肝心と存候間苦心いたし居候事ニ御坐候兎角學者理屈而已ニは困苦いたし申候何も用事のみ早ミ御覽後御火中可被成下候以上

十一月六日燈下認

尙ミ時下御厭專要奉存候山之手之寒氣强一ニ當惑御一笑可被成下候早

〻不備　御上書　御覽後御丙丁可被成候
薩广守樣極内用　伊勢守

一、十一月十二日薩州樣〻被遣御内書左之通

連日好晴寒氣相倍候處愈御清安珍重之至御坐候陳は昨夕は態々御賁臨寬〻拜話本懷之至御坐候乍併此節柄餘り粗末之事共ニ而御氣之毒御坐候御歸邸も遲刻相成可申御障等も無之哉承度候其節縷〻御懇篤御内話之趣萬謝之至御坐候御歸後も尙又及愚考候事ニ御坐候且極密爲御覽被下候辰の紙面返上慥ニ御落手可被下候右紙中ニ付而も高諭共も委細相心得申候將又其節荒〻御咄申候今般佐倉へ相達候愚存別册寫し一竊ニ入貴覽申候御内見可被下候高慮とハ相違も致候半歟何分拙家等之貧國如何ニも强兵之手段無之實ニ當惑之次第故右樣存詰候趣書取申候事ニ御坐候尤富國强兵は順路ニ可有之候得共手段も無之荏苒歲月相移候内夷情ハ何とも難計萬一之儀有之候而も迷惑之外無之と存候得は實以不安次第御大事を存し且自家着實處置之趣陳述之事ニ而右之所置ヶ富國ニ

相運ひ候積りニ候定而拙策ニ可有之尤決而理屈張り候樣之所存ハ毛頭無之何分躰認實意尙（當カ）世態呉ミ御大事と存詰候故之事ニ御坐候右は不外御懇意之事故鄙衷及吐露候尊考之趣猶又相伺度高慮良策御敎示奉伏希候右は昨日之御挨拶且一條極密御相談旁如此御坐候頓首

十一月十二日

尙ミ彌增寒氣御假住居と申別而御加養專要相祈申候呉ミも本文之趣尙又御敎示希申候且別册御覽後御返却可被下候以上

一、十一月廿六日尾州樣ゟ御書通左之通

其後は御不音打過候先以愈御安康抃賀之至存候然は當地にても無異消光在罷候間御放情可被成下候扨今般は未曾有之强地震相發誠以拙家等大破損（版本ニ「大故に」ノ三字アリ）隔地用向意外に有之多忙取込御疎濶打過多罪此事ニ御坐候貴家ハ如何候哉追ミ世上之樣子承り候得ハ夥しき事ニて御案事申候連年天災地妖打重り誠以諸侯伯も困弊を生し言語ニ絶候次第ニ有之候

拙家之義ハ世上ニ比し候而は輕き方ニ候得共御承知之通之窮迫之上之事且敝邑にてハ先般之洪波にて人民を損し兩地之入費莫大ニ有之殆當惑之至ニ候水老人ニも文通致候處是は別而不容易破損其上誠忠之良臣即死之由誠驚入候爲天下此良臣を如何せんとの場合於拙も愁傷之至有之候就而は貴家にてハ死傷も如何候哉甚此段御案思申入候例之御腹心者無事に候哉承り度候其上外異之事も差加り危窮存亡之秋とは實ニ此節と被存候今更申も愚かる義と存候最早凶年之循環も難計毎事心痛之事ともに有之候方今都下之形勢幷遠近侯國之動靜加之三港外異之事情等惣而御見聞之廉〻竊ニ承知致度乍御筆勞猶又伺置度存候先は強震ニ付御安否承知致度如此候也

十一月

以副簡申入候過日は何寄之品御惠投忝存候此鴨些少ニ候得共野外放鷹捉飼致候間進呈致候御笑味有之候ハヽ本懷之至ニ存候頓首

建白ニツキ薩侯ノ内書意見

一、十一月廿八日夕薩州様ゟ御内書左之通

一筆致拜啓候先以愈御清榮奉賀壽候然は過日は罷出寛〻拜話千萬忝奉存候其節御談申上候御書付等御廻しニ相成御細書之趣委細致拜承候御書付篤と拜見仕候上早速貴答可申上處彼是延引譯合跡ニ申上候恐入奉存候扨御書付之御趣意至極御尤ニ奉拜見候御書面之通ニ候得は萬事全備相違無之御同意奉存候乍然異存之趣も候ハヽ無遠慮申上候樣被仰下候間不申上も如何ニ付無腹臟左ニ申上候

御建白之御一條至極御尤ニ奉存候非常之御時節故非常之御所置當然之事ニ而御同意至極ニ候得共諸大名參暇之儀は

德廟之節既に議論有之候處

御威光ニ相拘り候との事ニ而御評議も相止申候よし承及候間御明論なからとても御評議決し申間敷やと奉存候

一、御文段之内只今之御所置ニ而海防被仰付候而も必死ニ而御勤之外無

之云〻其外御文言之内同御趣意之處是又至極御尤ニ候得共對　公邊少〻
被仰上過ニは無之哉辰ニ而心配と申候は此所ニ而は無之哉と被存候事
一、辰之心配と被申越候處段〻と相考候ニ若哉閣中ニ而余り被仰上過と
申人御座候哉とも存候間過日御書付拜見後辰へ内〻文通いたし拜顔の
事申遣し御書付も致拜見候趣申遣し御趣意は御尤之儀ニ候得共當時難
被行義も可有之且少〻被仰上過候所も御坐候哉ニ存候間一應御申下ケ
之上程能御取直し之方可然哉又は御差出ニ相成候後之事故其儘ニ而可
然哉と申遣置候處延引ニ而廿四日別紙之通りニ申參候間極内〻申上候
間篤と御勘考之上御取直し被仰上候方可然哉と奉存候折角天下之爲被
仰上候而も御不都合相成候而は御誠忠も却而無ニ相成候譯ニ候間不本
意ニは可有之候得共當世可被行程之良法被仰上候方御忠節も相貫キ可
然哉と愚考仕候辰ニ而別紙之通申越候處ニ而は何か無余義御案んし申
上候而之事と奉存候間呉〻も御勘考第一ニ奉存候先日ゟ貴答も可申上

處辰ゟ之返事日々相待候而案外延引ニ相成恐入奉存候廿五日は登　城
一昨日客來昨日は飛脚到着ニ而又々延引呉々御仁免奉希候
一、御明論被行候樣成御時節ニ候得は是迄之如き御所置も有間敷處扱々可歎義ニ奉存候三代井田之法良法ニ相違無之候得共時勢不得止事常平社倉之法ニ押移り候趣ニ相見得申候故當時相應之御良策被仰上候義專一之御忠節かと奉存候色々愚意申上恐入候得共不申上候而ハ御懇意之詮無之候間乍憚心底不殘申上候間篤と御勘考可被下候
一、廿五日ニは登　城仕候處於
御座之間御大小拜領被　仰付重疊難有奉存候御吹聽旁奉申上候
一、過日申上置候御緣組之義水府之御都合如何ニ候哉御內々相伺申候其內猶また申上度義も有之候
一、過日之御書付返上仕候
一、色々前文申上度義も御坐候得共筆紙ニ盡兼申候來月初旬御登　城之

節鳥渡御知らせ奉希候其節拜眉萬〻可申上候先は過日貴答旁要用申上度如此に御坐候恐〻頓首

十一月廿八日

猶〻時氣折角御自愛專一奉存候以上

一、勢州様ゟ薩侯ぃ御密書左之通

內密申上候過日以來早速貴答可致と存候處何分更ニ寸暇無之大延引御仁免可被成下候追〻寒威相增候得共被爲揃愈御安清賀候陳は越前書面一條段〻御考之趣被仰下一ト通りならす御熟慮被下厚忝存上候猶小生再三相考候處何分最早差出候事故手續不都合ニ相成候而は不宜候間貴君之御存慮被仰遣今少勘考之上當世之時務相當之處ニ取直し申出し候方却而御忠節ニ可相成御內意ニ候ハヽ備中殿へ差出候書面一應下ヶ相願得と取直し差出し候方可然と被仰遣以後申出し候事有之候節ハ當節之時務相當之處を勘辨申上候方爲可然と被仰遣候方至極可然と存候間

宜御勘考可被成下候扨極内〻申上候明日於
御座間
御懇之上意之上御差し御大小貴君へ被成下候間御心組も可有之と不外
事故内密申上候尤於扣所
思召ニ而御菓子袞染等可被成下候哉と存候間此段も極内〻申進置候是
も全
一位樣厚御續も有之事故重き御品被成下候事に有之候何も內用事早〻
申上候餘は其内拜眉萬〻可申上候以上
十一月廿四日　伊勢守
御表書
薩摩守樣　内用事
尙〻時氣御自愛專一奉存候早〻以上

一、當春已來異船の情狀將近比の烈震といひ天下の安危にもなるへき秋と
思召セハ前にも記する如く追〻御國許にも及はセられ

幕府の御爲筋と思召籠られたる御事共水府老公へも福山侯へも御相談ありて佐倉侯迄御建白あらせられしに福山侯も
公の御正論を曲け給ふへくもあらねと又行はるへしともおはさぬにや薩侯を以御諷諭之御次第等御失望の限りには坐せと猶思召し屈し給ふへくもあらせられす夫につけても
幕府の御事而已仰せ立られて御國元の事御忽になりては
幕府へ對せられ仰せ譯られも立せられかたく思召せは御國許の事はいよいよ御取締なくはかなふましとて

時勢ニツキ越前表家老共ヘノ書

一、十一月廿八日飛脚發ニ付御家老中へ被遣御書取左之通

御自筆

近年異船頻ニ渡來追ゝ萬夷輻輳可致勢既ニ三夷には御條約も御渡ニ相成候得共尙測量等之儀及强願不容易御時態は申迄も無之處今般都下前代未曾有之烈震何共駭然恐入候外無之誠ニ以重嶮之御時世ニ付而も第

一可恐は外寇之一條に而銘〻一通り之覺悟ニ而は難相濟ニ付熟致自省候得は二百數十年之昇平ニ浴し櫛風沐雨之艱苦を親しくせす不覺苟且偷安馴致怠惰之心を以口ニ必戰を唱へ致奬勵候故士氣不振却而彼是批判文武調練等も不實候儀躰認反求今更悔悟慚愧之至ニ候左候而は
徳川家華胄之甲斐も無之
祖宗へ奉對實ニ申譯も難相立此天戒ニ應し卽今因循偷安之念斷然芟除し諸共ニ必戰必死之覺悟を今日ニ相定戰地ニ臨ミ遺憾無之樣實踐の上ゟ相極候儀當節之急務と存候尤政敎上萬事躰驗聊不實無之樣研究勉勵相盡し候はゝ自然士民之風習も一新は必然と存候
公邊も御同樣之事と奉存御大事之御時節默止可罷在儀ニも無之候得は先達而ゟ及國評置次第且地震ニ付熟考之趣水老公兩閣老にも指出候事ニ候右ニ付而ハ爲天下國家紛骨碎身相互ニ殊更可致切磋儀ニ而第一此方言行前條相違之儀有之候ハゝ愈無隔意匡救ニ預り度其方共ニ不限役

人共は勿論大身之面々番頭等別而厚相心得政事は素ゟ文武奬勵筋等ニ付不心服之儀は些も無伏藏申達何分相共ニ精力を竭し候樣致度右之條歸國之上委縷可申談候得共夫迄可捨置儀ニも無之候得は先ッ申越候間是迄迚も油斷は無之儀ニ候得共尙又諸事右之心得を以て取計存寄も有之候ハヽ早々可申越候也

右主馬方迄御下ケ同人ゟ御國表へ相廻候事

一、右御同文御自筆ニ而一冊本多內藏助方へ被指遣之右ニ付御書添御別紙左之通

別紙愚存之趣披見篤と思量之上同意ニ候ハヽ家來へも相及し彌振興候樣可被致其許ニは國中模範と相成事ニ候間一際研究有之度存寄之儀も候は無伏藏早々被申越候樣致度尤右別紙之趣今度家老共へも申越候事ニ候也

御花押
慶永

本多内藏助殿
本多　丹波殿

一、先達而水府老公へ被指越候御建議寫し二册是亦内藏助方へ被指越右册
上ニ御朱書寫し左之通
此二册阿閣内話之義迄も相認極密水老公へ建言之事ニ付其心得を以父
子限りニ内見可被致事
右兩樣共主馬方ゟ御下ヶ同人ゟ御國表へ相廻し御國御家老ゟ府中表へ相
達候筈之事
一、十二月四日尾州樣ゟ御返翰左之通
尊翰奉薰誦候嚴寒之節相成候處先以倍御勇健被成御起居奉拜賀候從此
方も打絕御不音罷過不本意御坐候處御懇尋被成下實ニ愧汗之仕合奉存
候如高諭今般未曾有之强震駭然之至御坐候當地貴舘も大破損相成御心
痛御多事之旨奉恐察候拙家之儀御懇尋被成下奉謝候先ッ格別大破ニも

無之外ニ比候而は輕キ方ニ而幸甚御坐候乍然神田橋御住居大破此節指急修覆取掛心配仕居候事御坐候如來示世上一統夥敷破壞ニ而絶言語大變御坐候連年天災地妖此上大凶逼至候半歟と恐懼之至御坐候將如尊命諸侯伯困弊も彌相極り重嶮之時ニ相成申候貴家ニは先般御領地洪波加之今度之震災旁御當惑之旨實ニ奉恭察候次第御痛心萬〻と奉存候水府老公ニも御文通被成候由如仰礫邸不容易破壞ニ而未假住露宿同樣と承及御氣之毒存候事ニ御坐候其上如諭肱股之忠良兩人迄壓死痛惜之至御坐候如何致候儀ニ候哉爲天下大息仕候拙家ニ而は下輩四五人壓死ニ而相濟此上之仕合ニ御坐候乍憚御降意可被成下候腹心之者御懇尋是亦奉謝候依舊無異罷在候吳〻も恐入候世態ニ相連候儀御坐候扨御尋之條都下之形勢震後相變事も無之破壞之趣は稀ニ外出に見受候處不容易儀追〻傳承種〻驚入候事共御坐候乍去追〻人情も復常之趣市街も相應ニ繁華之摸樣何と改變之形勢も見聞不仕候遠近國之沙汰是と申事も不承何

分今度之變ハ都下に限り候義と存候三港之事情近來相替候事も無之此比下田へ亞商船來泊來春ヘルリ渡來之段申聞候由風說ニ候是も虛實不聢候何分今般大變之機會斷然　御一新相祈候得共是と申　命令も下り不申候則先日內〻水老公へ相談旁愚存且地震ニ付而の陋慮建言其後伊勢守備中守には同樣內〻及建言候得共彼是先行きも致兼熱中仕居候事ニ御坐候水老公も不相替御進退御迷惑之趣ニ而何共恐入候事ニ御坐候今度之機會　御一新萬〻奉企望外無之候右之他相替候條も無之候當節御良考も被爲在候ハヽ御垂諭奉希上候右尊答且時下寒氣御見廻旁如此御坐候謹言

十二月四日

尙〻寒威倍加折角御保養乍憚奉祈候本文之通御不音之處御懇尋被成下却痛奉感謝候以上

御副啓奉拜見候御捉飼之鴨一番御惠投被成下奉拜戴不打置拜味遠路之

處御配慮之段實奉感佩候呉ゝ御禮申上候扨此海苔不珍候得共奉進呈候御笑捨可被成下候頓首

一、十二月五日薩州侯へ被進御直書如左

一翰奉拜啓候嚴寒之候候處愈御清安奉壽候陳は過日は貴簡委曲被仰下候趣段ゝ御懇切御垂諭再四拜讀御悃篤之趣千萬不堪感謝候其後も尙亦反復熟思致候儀にて猶篤と相考可申陳と存候扨明六日爲伺
御機嫌登　城仕候間兼而御約束に任せ爲御知申候尤於　營中拜眉御咄可申候得とも心緒萬端暫時に難申盡候間當時御假住ニ而御迷惑可有之候得共近日之内推參尙又御相談致度候其節愚意書取等も持參可申候と存候右草ゝ過日之貴答且明日之儀得御意度如此御座候餘期面晤候頓首

十二月五日

尙ゝ時下嚴寒自重專祈申候若明日御登　城無之候ハヽ木文推參之日限何日比御指支無之哉御略答希申候以上

拜見仕候愈御安康奉賀候陳ハ御紙上之趣致拜承候明日御登　城之由是又致拜承候然ル處明日は無餘義客來ニ付御斷申上候御來駕之義も忝奉存候得共何分拜顏可仕座席頓と無御坐候間近日中に登　城退出より罷出候樣仕度九日迄は內ミ無據指支も御坐候十一日登　城之心得ニ御坐候間其節罷出候而ハ如何に候や十一日後候得は御光駕之儀も可也出來候得共無據九日迄ハ御斷申上候十一日罷出候へハ別而辱奉存候先ハ早ミ申上候頓首

右之通被仰進しに御卽報如左

十二月五日

水老侯ト書通往復

一、十二月十一日水老公へ被進御內書如左

一翰謹啓仕候嚴寒之節御坐候處倍御勇健可被成御起居奉欣賀候其後ハ彼是御不音罷過不本意奉存候寒氣御障も不被爲在候哉伺度候尊館御修覆等御出來相成候哉此節別而御困り奉推察候尙又寒中御安否相伺度如

斯御坐候謹言

十二月十一日

再伸嚴寒折角御厭御自重奉專祈候連日晴色且烈風無之火說も稀少ニ而欣然御坐候扨昨朝國產雪魚到來如例致獻上候右獻餘進呈ニ付呈書可仕筈之處折柄殊之外多事罷在候ニ付乍失敬不取敢爲指出候儀ニ御坐候遠來風味も無覺束御笑味ニ相成候得は本意奉存候次ニ野生健食罷在候乍彈御降意可被成下候頓首

副啓先日御內〻申上候通り櫻へ書付指出置候得共未何等之香風も不來候阿閣ゟも同然御坐候此節如何之御摸樣ニ候哉極密相伺度尙亦心得にも可相成筋も御座はゝ御垂諭奉希上候

一、薩州養女

公邊へ御緣組之儀ハ御內定に相成有之由不遠表向被仰出ニ相成儀ニも候哉何分御治定之旨ニ承及候當年は餘日も無之候得共來早春之御沙汰

ニも相成候歟右等之邊御承知ハ不被爲在候哉彼家ニ而は專支度有之尙又心得方も仕度ニ付何卒御內〻相伺呉候樣薩摩守ゟ內〻相賴申聞候ニ付乍序相伺候貴報奉希候
一、松前蝦夷地等之儀ニ付過日縷〻被仰下拜承仕候其後種〻探索仕候得共事情相分り候事も無之薩州等へも承合候得共是亦相分り候事も無之候何分先般被仰出公邊御取締りニ相成候儀は御尤と奉存候且有志之者蝦夷地ゟ罷越開業候樣被仰出是亦御尤ニ奉存候得共追〻好事之者寄集候而後害を生し候儀出來候半も難計且箱館港之儀も風說ニ而承り候得は諸夷幅湊買賣交易之趣至微品も銀錢等ニ而高價に相求專ら愚民を懷候手段ニも有之候哉何分利を以相誘浸潤遠謀ニも可有之哉段〻と邪教傳染等も難計儀何分右松前蝦夷箱舘等之處ニハ錠と御取締り出來候程の總裁之仁御差置ニ不相成候而は唯小吏のミてハ小利ニ被誘候ハ勿論ニ而呉〻も後患無覺束御大事之儀かと愚考仕候且下田へも商船來泊之

旨風說承り申候將又都下も平に追〻復常之趣ニ御坐候其後も反復潛思
仕候得共先達而陳告及御相談候拙策之外良策も無之候右等之邊尙亦尊
考垂敎奉伏希候以上

右被仰進候處御卽報ハ不來候事

一、十二月十三日水老公ゟ御返書左之通

如垂諭嚴寒御起居佳勝大賀候抑名產雪魚獻餘之由ニ而忝令嘉納候鮸物
報好意候也

十二月十（三日脱カ）

二白時氣御厭專一ニ候居宅修覆も不行届候得共去る九日假ニ引移皆無
事ニ候御降心可給候不一

御副書ニて過日之御書之事云〻被仰越候得共今以何の香氣もさらに拙
老へは及不申右故模樣も何も不相分候故有躰申進候

一、蝦夷之儀松前奉行先年さへ御立ニ相成候へハ先ッ松前奉行ニても早く御立ニ相成候へハ可然よし追〻申候得共何等之答も無之當節ハ如先年賄賂を取て松へ力を用候儀閣抔ニハ有之間敷候得共是亦如此世態と存候

一、來正月へルリ相越候よし御申聞有之候へとも未承知不仕候御備向御手厚ニ相成候迄ハ兎角事出來不申樣夫のミ相祈申候乍然くれは騷き不來ハゆるミいつ武備御手厚に可相成哉今以梵鐘之事も引上ニ不相成由此世態ニ而ハ山門抔ニて少〻ひぢを張候得は内〻に賄賂を以て頼ミ先〻おだやかに抔申事ニて止ニ不相成はよろしくと被察心配いたし候右鐘之地銅有之候てさへ窮迫之大名大小炮製候ハ不容易まして地銅抔買上ニ相成候ハヽ尚以武備は出來申間敷候歟　御覽後直に御火中

又曰敝家潰等致候所も不少候得共燒失も不致なまじゐ殘り候故やハり如本ニ可相成摸樣左候へハ只〻地震だけ入費有之迄と相成り申候燒失も致候ハヽ何分小く出來候て後〻の爲にハ可然候處實ニつまらぬ事に

成行申候世上一体も同斷らしく相見申候くれ〳〵も此後は凶作洪水等か又は夷船云〻無之候へはよろしくと存候如何にも人氣改候事無之候

一、去月來薩侯と御應答之御次第ニ付倩思召めくらせ給ふに福山侯ハ素ゟ之御近親に被爲渡且年來御入魂之御事なれハ此御方よりハ何御事も御覆藏なく仰セ談セらるゝに彼御方にてハ此御方へハ一トわたりの御返答にて傍邊なる薩侯をもて御諷諭あり又薩侯も御同志なるよしにハ坐セと內〻に交易の說を御信用ありて福山侯抔へ左袒し給へる也彼といひ是といひ不審敷〔事脱カ〕・に思召せは前記之如く彼邸へ御入ありて御面談あるへしと被仰入たるに夫ハ御斷りにて此御方へ十一日に御出あるへしとの御事なりしかと十一日ハ此御方に御障ありて御斷りになりにけれと兎角今一應薩侯迄御意衷を御打明け仰セ入れ置れ其上にて御對顏ありて彼侯の御意中をも御討論あるへしとの御心構にて十二月十三日薩侯へ被進し御內書左のことし

薩侯ト書通往復

過日之密牘忝奉謹讀候嚴寒之節候處愈御勝常奉壽候陳は先日御枉駕に

て御內話被下候折御約束ニ付後日建議書取寫し指上候處御熟覽御同意にハ候得共諸大名參暇之條其他委縷之高論且折角御爲申上候而も不都合相成候而は微忠も無に可相成候間當世可被行程之良法申上候ハヽ忠節も相貫き可然哉勘辨之上取直し差出候方可宜と品〻被加賢慮被仰下一〻拜誦不容易御配意不相替御懇情萬〻奉感荷候如垂諭申過しニ相成候儀ハ畢竟右書面辰へ見セ候事故例之親戚邊少も不避嫌忌存付有之儘相認差越都合により佐倉へも差出可申哉辰へ及相談候處少〻認替差越可然との事ニ付則其趣にて尤廉立建白之心得ニも無之兼而之懇意邊ニ而內〻及陳告候儀之處懇諭ニ而心付候へハ書面如何ニも過當之文体不少不念之至今更慚愧之至御坐候兎も角も天下之御爲メ第一之儀故當節御採用ニも可相成筋何分ニも認替可差出は勿論之儀ニ付種〻愚慮を盡し候得共元來野人之献芹精誠存詰候事故此上可相改趣意更ニ不能愚慮左候とて御爲ニも不相成候儀を其儘ニ而差置候儀は不本意之至甚致當

惑罷在候教諭も相願度且過日面話其上書面等ニ而御承知ニは候得共鄙夷尙亦左ニ吐露及御相談候

一、當節專ら必戰必死を致主張候は從是和を破り好而兵端を開候意味ニは曾而無之候得共近年夷狄覬覦之念相萠候後天災地妖引續既ニ愼廟の御末年ニ至り墨夷浦賀港內迄も乘入紛紜之間御當代ニ被爲替爾來諸夷愈隙を窺天災も亦帝闕之炎上を始諸國之烈震洪波等頻ニ而終ニ今般之大變都下ニ相迫候如斯折合候も必偶然ニい有之間敷恐怖之至深考候得は豐太閤之朝鮮を征する彼レ荏苒として終ニ懲毖錄之戒を萬代ニ殘し候例も有之當時追ミ萬國輻湊之勢に付而は素ゟ彼之遠謀貪心不可計假令從是い平穩之御取扱有之候而も彼ゟ如何成巨害を生し候樣の儀も可有之歟と實ニ戰兢之至ニ御坐候尤品海御臺場を始夫ミ御備豫は有之候得共銘ミ之覺悟ニおいてい如何可有之哉万一今般之烈震之如く彼ゟ不虞之變を生し候いヽ自家ニ体察必可及狼狽と寢食不安心御坐候依之近ク相譬候得は兩山火防等之如くにて火事ハ不相好ハ勿論ニ候得共被仰付候即夜ゟ必出火用意は致置候必竟蠻夷之常情難計事ニ候得は器械之備不備ハ不論如何成不虞の變相發候而も今日は今日丈け銘〻必戰必死之覺悟相定置候儀當世之急務事理ニ於て至當之事と存候右急務ニ付而も如尊旨此節之貧諸侯富國ニあらされハ强兵にも至り難キ儀共御密策之趣御同意ニは候得共當世態人情を以深致觀察候得は一咋夏亞船突然渡來之節ハ衆人恐怖不大方戰爭之用意ニ及候事ニ候處咋春再渡後は敢而驚駭ニ不及勢ニ候得は若

廟堂之御趣意富國を先にし必戰を後ニするの御意味に相成候而ハ自然世俗之情愈戰爭は無之事ニ相心得依舊因循怠惰ニ陷り可申左候而は富ニ隨ひ倫安之念は增長致し器械も備はりかたく强兵ニ至り候期ハ無覺束尙戰期を御延し被成候御權道ニ而此上

御國体を被枉御平穏之御取扱而已ニ相成候ハヽ有志之向も追ゝ解躰彼
レ愈不備を窺ひ不道之争端を開き又は海賊侵掠等之變も難計假令平穏
ニ候とも馴致之弊より邪敎臭風推移り候樣之儀も可有之歟彼是　御威
光も致陵夷候樣之御運ひニ相成候而は　本邦之命令も今日之如くにハ
有之間敷哉と深案しニハ候得共甚恐懼仕候事ニ候元來强兵ハ富國ニ出
候事とハ乍申當今實ニ夷狄之屈辱を耻四民心力を合セ
神洲を保護するの勢ニ趨キ候ハヽ自然器械も相備り必强兵ニも至り可
申何分不可測之夷情銘ゝ今日は今日丈ケ必戰必死之覺悟を相極若不虞
之變有之候節は勝敗は天ニ任せ身命を擲鴻恩を可奉報ハ勿論幸ニ戰期
一年相延候得は一年丈ケ之器械も相備へ無怠慢心力を盡し不數年して
進擊征討之勢に相成候ハヽ
御國體凜然
御當家之鴻業も彌萬ゝ歲と奉仰望候事ニ御坐候右ニ付而は今日必戰必

死之覺悟第一ニ有之則必戰之儀は兼而水老公辰も同意之事故此節柄小
生抔ゟ突然致主張候ハヽ老公辰等の一助ニも可相成歟左候得は天下之
幸甚と一途ニ存込候事ニ御坐候處追ゝ懇諭之趣ニ而は存外之次第ニ而
御爲メと存詰候儀却而御爲ニ難相成候而は實以恐縮之至御坐候尤此上
私論を張候存意は聊無之如何樣ニ成とも當世御爲筋ニ可相成義精誠思
慮工夫相盡し候得共素ゝ前文之志願ニ有之且過日之書面は都而參暇之
一條ゟ出候事ニ候得は右之條相改候ニ付而は躰驗之趣意相立兼左候而
は一通り書面而已相改取繕指出候共更ニ御益ニも相成間敷殆當惑罷在
候就而は方今適當御爲ニ可相成筋御見込之處今一應深く相伺候上尚又
愚慮相加如何樣にも御爲ニ相成候樣仕度篤及御相談候間前文之次第御
參考昭亮垂敎奉伏希候不備
十二月十三日
再伸雪後近日殊更嚴寒御假住中別而御加養專祈本文之趣書中ニ難盡候

間乍御邪魔近〻推參尙又意中吐露御相談預高論度候間書面御熟覽御考
置被下候樣希申候十一日後は罷出候而も格別御指支も無之哉ニ被仰下
候得は來ル十五六日頃彌御指支も無之候ハヽ致參上度否貴答被仰下候
樣致度候以上

右被仰進候處御返報彼方樣ゟ可被仰進旨之

一、十二月十五日薩州樣ゟ御返書左之通

一昨日は尊書辱致拜見候愈御安康奉賀候然は細事被仰下且明十六日御
光駕可被下段致承知候甚手狹ニ而恐入候得共晝過御光駕奉願候委細拜
眉萬〻可申上候其余事も明日可申上候取込ミ早〻申上候頓首

十二月十五日

猶〻御自愛專一奉存候明日之儀別段不申上候吳〻麁末之儀ニ可有之其
段兼而申上置候以上

右ニ付愈明日九時御出殿ニ而可被爲入御膳御斷被成候段御直書被遣候事

薩侯邸内話

一、十二月十六日午刻御供揃にて薩州侯之御假住居麻布澁谷之別邸へ御入有御對顔之上無程御閑談之御席となりて公先日來御周旋の御挨拶被爲在其上にて仰けるハ此程申入候ひし紙上之趣意も御汲取被下候にや彼書中に盡兼候事共ハ今日追〻吐露に及ひ御見込之程も伺度候へハ猶又御垂諭相願度と御申述將當時　廟堂之形勢阿閣の心腹は如何御見拔候やと問はセ給ふに侯御答ありしハ御書面之趣も御尤之事共に拜承候ゑされと此比十二月十一日爲伺　御機嫌登　營之節阿閣へ對談致し候ひしに何分理屈クサキ事を聞くハいやなる樣子にて何方よりも何とも言はさる方か宜敷按梅に被察候ひき其節阿閣の咄に天下を人の一身に比候へハ骨肉の差別ある如く肉ハ深疵にても再ひ癒合候得とも骨を碎き候ては取返しなりかたし大名の參暇なとハ骨の尤大なるもの故中〻動かすへき事ならすといへる故外夷の交通條約ハ骨子にハ無之哉と難問せしに阿の答に是は骨にあらす肉に當れり異國通信之義ハ東照宮御代にハ頻に有之義にて則編年集成にも南蠻船八十餘艘長崎へ渡來　神君御喜悦不斜とこれあり　御三代に至つて御禁絶ありしは葡萄牙人の妖教を日本へ相傳せしより御停止となりし事候へハ通信商儀ハ敢而神慮にも相背け申間敷との事候へは此節先き行き致兼候事を強而及主張候へハ唯理屈家となりて何の所詮もなく候へハ拙者式も第二等之所置を申立器械にても整度と存候迄の事ニ而候尤第一等の事も國評に及候事も候へと是は口外不致事故御咄にハ及ひ兼候との御事なれハ　公さらハ廟謨ハ如何之結局ならん阿閣初も定見ある事にやと問はセ給ふに侯どふも分別はなきなるへしと笑はセ給ひて兎角理屈を申ものハ片付置意味にて此比も鍋島出府して長崎御用にて於營中阿閣へ逢對申入たりしか勢州ハ定而肥前がヱライ事をいふならんと甚懸念なりしよ肥前の勢案に相違して平穩の應對なる故勢州咄の次手に此節の御所置ニ付被心付候義もこれなきやと尋ねたりしに肥前の答に近來之御所置一〻無間然奉感服候儀共

にて如何にも此外に被成方もこれあるましくと挨拶に及ひしかハ阿閣大に歎ひ肥前ハさすがに事馴れたり能く時勢を會したりと同僚へも吹聽ありしと承れり如此樣子故當り障りの事は聞くを厭ふ有樣なり此節拙者ゟ肥前へ申聞候は貴兄にハ不似合の挨拶振なり如何の故と詰問せしに肥前のいへるは盛世なれハ斯る御所置あるへくもあらす今となりて彼是議するは至愚といふへし　公邊に惡くまれぬやうこそ肝要なれ夫よりハ自國を持固め候事當時セめての御奉公と存せし故かくは申述たるなりと申候ひき公必戰必死を今日に覺悟すへく且參暇之條等ハ如何御考量候哉侯此等之條ゝハ親藩の貴兄すら彼是にらみ付候事況や國持外樣の面ゝにてハ假初にも申出されぬ事にて直に嫌疑を受候ハ必然の事尤必ゝも甚御同意參暇之義も勿論無間然候へとも前條の次第なれハ申出候とて行はるへき勢ならす且參暇之事ハ別而拙者抔兎角自國へ引籠らんかとの睥睨これある故嘗て口外なしかたし拙者に取ても一ト道中一萬餘金の入費候へハ參

暇間遠となれハ格別の有益にて願は敷事にて肥前なとも同然なるへく其他大小遠近共にそれ〳〵の有餘出來すへき良策候へとも右等之意味決而主張に及ひ難しと申させ給ふ　公又右等之兩條を措て當世に行はるへき良法あるへき歟又富强の術いつれより手を下し候半哉と問はせ給ふに侯阿閣の語氣も人身に喩へ參暇ハ御大法の骨子なれハ適ふへくもあらす富强とても必然の術計何處にかあるへきされはとて當り障りある事ハいよ〳〵行はれ難き勢なれハ責めてハ諸侯を初當前窮迫之向へ御手當あらハ微益なるへしと申試候へと夫さへも先き行せねハ如何ともすへき様ハ候ハすと申給ふ　公如何にも詮方なき次第共に候か先きにもいひ給へる第一等の御國評とは如何成筋候哉別段の御入魂なれハ御密議なりとも承り度と仰せけれハ侯御他泄は御無用たるへしとの御口留にて御申ありけるハ今後の見込ハ定め兼候へと世躰追〻衰弱に及ふより外ハあるましく夫に付ても第一當時清國の亂にて官兵大に破れ無程明裔に被取潰可申趣近

來琉球ゟ申通候とて則唐刻の支那沿革圖を御小屏風に被成置候を御指示しあるを御覽ありしに詳細精密の地圖にて北京領は殘り少し南北へ通路を斷切り敵方ゟハ砦を夥敷築きて北京を圍ミたる形勢なり候御申ありしハ如此次第候へハ不遠して英佛も打混し三分とか何かといへる事に相成へし左候時は日本は愈孤島獨立となりて頗危難の勢なれハ機に乘し譬へは中國大名ハ新和蘭陀九州大名ハ咬𠺕吧印度邊陸羽諸侯ハ山丹滿州抔掠奪すといへる如き大奮發大英斷を以手を弘め兵威を引立度との事に候ひしかと中〻當今口を開くへき時にあらすとの御咄なれハ　公夫は參暇よりも目の覺たる儀候へハ御主張ありてハ如何と仰せけれハ候此節かゝる大議を唱候儀ハ親藩の貴家抔なりてハ一ッ二ッ敲きて濟可申儀を外藩の我〻式にてハ五ッも敲かれ可申先年水老公さへもあの通りにて候ひき近來無據時勢につれて少しッヽ心持ハこれあり候得へとケ様なる儀ハ更に先キ行き難致無益之儀なれハ當時相應の良法と存候義を申立る外は候は

すと御申ゆへ右様進撃の大議ハ行はれ難く候へハ其進撃すへき道行を唯今より心懸相定置度との拙策にて候か道行なくてハ其他にハ及ひ兼候事歟と仰するに其通りにハ候へと其道行さへも行はれかたきにハ殆當惑故不得止事器械の備へ自國の警衛位事心懸より外ハ候ハすと答へ給ふ　公又問はせ給ふは來春亞墨利加船渡來して測量の事申立なハ御答の可否如何あるへき候先日も球地の義ニ付水筑に逢ひ内〻探り見候ひしか筑後ハ是非「コンシユル」の事と測量ハ斷り切と申せし故戰爭になりても英斷爰に極り居候哉と承りしに其節ハ其節に應したる御評議も工夫もあるへしと申候ひき左すれハ愈「コンシユル」も測量も亦御免に可相成と推量られ候

公然らは先此の發令ハ全く無益虚妄に歸し可申其處ハ如何あるへき候又一時の御權道とか申事になるへし已ニ昨夏布廷恬下田へ渡來之節も强而登城之義を申立なハ忽ち御許容にも可相成勢なりき其譯は勢州牧備等皆〻其節の應接の用に華麗成官服を京都へ誂らへて織らせたるか夏比出來し

て此表へ廻りたる由を承りて候き　公又條約を始夷虜に被壓候情狀譬ハ醜女の戀慕して迫りて男子を推し倒すに至れとも其儘になりて手出しもせす十分畏服の姿にて候畢竟右樣屈辱を受候ても腰刀を拔んともせさるハ乃さびて切れさるか此時に當りて拔かすんは帶せすして可然腰刀を帶したる丈夫の婦女子の手ごめに逢ふ如き形勢に候はすや候如何にも貴諭のとし誠にふかいなき男子にて大息の外なし　公水老公は兼而御咄ニ及ふ如く參謀ハ名のミにて案山子同樣との御事ょてハ如何にも氣之毒の事に候はすやイッソ御引入も然るへからんか候如何にも案山子看板には候へともまたも御立物に水老有之故老公へ對セられ當時程の事もあるなるへし萬一老公御引等になり候半にハ埒もなき事にもあるへけれハ案山子なりとも御登城ある方增り可申歟　公過日之書面阿閣へ御示し御相談被下候半にハ今少し和らけて認直したる方もよろしからんかと問はせ給ふに候夫にも及ひ候ましあのまゝにて阿へ相廻し相談に及ひ候へし前ょも

申せし如き淵底へハ返答ハ如何ならん難量候へと何にもセよ今一度懸合
試候半との御事なりしとそ其餘種〻の御閑語畢而頓て北の方へ初而御對
面あり是ハ一橋公の御女にて公の御實方の從父姉妹に坐したり夫ゟ御養
女之御方へも御對顔あり是ハ薩侯御姉君の御腹御一門島津某の女にて實
ハ御姪なり此御方は
廣大院尼公御在世中御身近之御方御緣に被爲成候樣との御遺言に依て此
度
將軍家の御臺所にも被爲成んかとの御沙汰ある御方なり丈高く能く肥へ
給へる御方に坐したりとて是より種〻の御饗應あつて初更の比常盤橋の
邸へ御歸殿ありき
師質私云薩侯英邁の資を以御領國を統御し給へとも執政島津豐後ハ薩
の老公殊寵の權臣なる故老公に據て逆威を振ひ朋黨を立薩侯の富强經
綸の政治に馴致せすして闔藩合一ならす侯權臣を壓倒し給へハ事老公

へ波及して御父子の間隔を生する勢ありて深く是を憂ひ給ひ不得止候
ハ威を幕府に借つて士庶を鎮定し給へり然る折柄なる故廣大院尼公の
御遺言旁此御養女を御臺所に居ゑ參らせ竊に外戚の權を占て随意に政
敎を施行し給はんとの御遠謀にて深く福山侯に結んて親戚に等しき約
をなし給ひ今年も御滯府ありて種〻に御心に碎かれ此比とありてハ其
事漸く成るに垂たり此事に付ては
公も松榮院尼公水府老公幷福山侯の御手許を御周旋あらせられし御事
ありき

一、十二月廿四日薩州侯より被進たる御內書如左
寒氣之節御坐候處愈御清榮奉賀壽候然は別紙之通り返答申越候間差上
申候尊書之趣に而承伏と存候以後之處當世の良策御勘考專一と奉存候
前文之通故先拜眉ニ不及と奉存候來春拜顏萬〻可申上候佛炮返し參候
はゝ早〻差上可申候來書御覽濟御返却可被下候頓首

十二月廿四日

猶〻御自愛專一奉存候以上

一、勢州樣ゟ薩州樣ゟ之御密翰左之通

御上書
薩摩守樣　內用事

伊勢守

內密被仰下候華翰拜讀仕候如仰寒氣强候得共倍御清榮賀上候陳は此程
は南部遠江守結搆被
仰付誠以芽出度儀御同然安心仕候右ニ付遠江守ハ勿論家來共迄も仰天
いたし候程之由嘸と察入申候右ニ付段〻御挨拶被仰下何寄之品被下厚
難有存候且又越前守ゟ申上候書面內密爲御見得と致一覽候處同人申聞
候處隨分尤之儀ニハ候得共迚も參り不申申さハ一兩年以前迄ハまたも此
理屈之處も有之候得共富國を先ニいたし必戰を後にすると申儀は可耻
儀と申せハ申す樣之ものにニ候得共時勢之變革武備之强弱國之貧富も
少しは考慮も無之候而は只からりきミに相成事實ハ參り申間敷か御同

然之國と江戸ものゝ家來ニ而も海防の議論ニは强弱有之國ニ而理屈た申候ハ先ツ越前守申聞候如くの説多く江戸ニ而得と異國の情態を勘弁いたし候ものゝ説ハ又左樣計りニも無之有志之ものに而も一昨年昨年と當年段ゝ勘考ニ而種ゝ説之變し候儀も有之まして海防筋之儀外國之事情種ゝ樣ゝの事朝夕取扱居候身分に而ハ中ゝ當今容易之事ハ出來不申去レハとて武備迄捨ると申義ニハ無之武備ハ益盛强ニいたし度候へとも取扱方ハ時勢を勘弁無之而ハ眞の御爲とは不被申樣被考申候乍併最早先日之書面ハ備中殿へも出し有之儀故只今此處ゟの處と引替候ニハ不及と存候間左樣思召被仰遣置可被下候書面にも老公小生ハ一戰と覺悟いたし居候間越前守ヶ樣建白致し候ハゝ助ケとも可相成哉と申儀是ハ同人之存込は左ニも可有之候へ共中ゝ右を以て評議之一助と申譯ニも參り兼水老公抔ハ程能越前守へも被仰置候事故同人も實ニ左樣存込居候事ニ可有之歟貴所樣ゟも餘り色ゝ被仰遣候ても却而御面倒ニ可

相成候間此度ハ最早差出候事故御引直しニハ及不申以後ハ能〻御勘考
被仰上候方可然位に被仰遣置候方可然哉に存候間厚御熟慮宜様被仰遣
可被成下候同人別紙返上無伏藏申上候御覽後御火中可被成下候頓首
十二月十九日
二白時氣折角御厭專一存候
一、先日之炮越前肥前等へも爲御見被成度趣委細承知いたし候近日御戻
し可申上候以上
一、十二月廿五日薩州樣へ御內書左之通
昨日は貴簡拜讀仕候如仰寒氣之節ニ御坐候處愈御安寧珍重奉存候然は
阿閣御返答御廻し被下忝ニ落手再三披見仕候阿閣心体も詳悉仕候段〻
不容易御手數ニ相成御周旋被下候段誠ニ難有奉叩謝候如命先拜眉不及
來春拜顏ニ而萬縷可申上候扨又阿閣之返書返上仕候御落手可被下候
一、佛炮阿ゟ返却次第御廻可被下旨忝奉存候

一、騎兵書今夕家來ゟ庄太郎迄返上仕候筈ニ御坐候左樣御承知可被下候
右昨日之貴答御禮旁如此御坐候頓首
十二月廿五日
二白御端書忝尙又御自愛奉專念候以上

昨夢紀事第三卷終

昨夢紀事第四卷

水老公ヘノ質問書

安政三年丙辰正月歳月流るゝか如く暦の端は改りぬれとも改るへき世態にもあらす　公去年來御憂勞ありて御建白の事ハ佐倉侯よりハ何等の御答もなく却而福山侯よりハ薩州侯迄被仰入れし御次第ともありて事行るへき樣もなく且此月の八日の日より佐倉侯御登城なくて日數經ぬれハ世の間にても彼是おもひいふ事ありて何とやらん穩かならす公も大船の楫を絕えたる如く思ひ屈し給ひて天下の事爲すへからさる勢となりにたるも約る所ハ上に屹然たる　主宰坐さすして萬機閣老の手より出るを以上危踏ミ下疑ふ有樣なれハ何事も指置て例の西城の件こそいよ〳〵肝要なからめとおほせともこれは猶更果敢行くへきならねハまつ此比の廟堂の事情いかなるにやと正月十八日水老公へ御尋問の御內書如左

一簡謹啓仕候兎角春寒退兼候處倍御安泰奉恭賀候此節御障りも不被爲在候哉相伺度奉存候此蕎麥輕乏候得共信州ゟ到來幷例之國產雲丹不腆之至御坐候得共右御近況相伺候驗迄拜呈仕候御笑捨可被下候尙書外は讓別書早〻如此御坐候恐惶謹言

正月十八日

二白時下春寒折角御厭御自重爲天下奉懸念候

松榮院去ル十四日神田橋御住居江御歸輿相濟降心仕候乍序御吹聽申上候頓首

一、御別啓左之通

一、當今御時態云々ニ付舊冬も依垂問愚衷書附差出其節も懇諭之趣奉厚謝候儀ニ御坐候櫻閣江指出候後今日ニ至而未何等之返答も無之從阿閣も右邊ニ付別段申越候條も無之候世上之樣子見聞觀察仕候得は風俗彌萎弱の体ニ而綱紀之不振は勿論從

公邊舊冬來折ゝ被仰出も有之候得共只今日之細事而已ニ而格別に是迄
神州之士氣振起衰季挽回程之御處置も無之就而は姑息陵夷ゟ外無之次等ニ御坐候然ル處兼而薩州は阿閣江格別懇志付毎時内密申談之手續ゟ種ゝ申越薩州も同意ニ而不外周旋彼方江往復何卒御爲可然筋をと精誠思慮を悉候得共阿閣追ゝ返答振舊臘結末之返書之趣ニ而は反復申陳候素願之條且又拙策は勿論ニ候得共右樣之筋は迚も取用は無之却而理屈張候僻論學者風之議論ニ而當今不合と被取成右等の趣は迚も幾度申立候而も無甲斐趣且當時因循之方ならてハ相談は難出來趣ニ而忌諱に觸れ避除せられ候ハ兎も角も右之次第ニ而ハ當時骨子と依賴之阿閣之淵底も篤と相知レ候上は最早何方ゟ手を入候工夫も無之殆途方ニくれ實ニ望洋之外無之候第一
公邊之御爲如何可相成もの歟去レハとて沈默仕居荏苒如斯
御時態にて苟且因循何一ツ御武備之振興も不相伺當春も亞船渡來之不

容易風聞も有之若今日ニも來船此上彌增之御屈辱且は萬一御武備之不整ゟ巨患を引出し等之儀等有之候而は實に不堪憤懣次第無左候共彌輕蔑之狀等有之候而は傍觀は難仕居次第彼是思惟仕候得は誠ニ不安次第故舊冬も申陳候儀ニ候得共今更ニ櫻阿之兩閣依賴も無詮吳〻も望洋不知所措仕合ニ御坐候

尊公ニも案山子云〻之高論每〻拜承之別而御參謀之御儀故御苦心之程萬〻奉恭察候就而當時は又御工夫も可被爲在哉ニ奉存候追〻之成行も如何被思召候哉極密相伺心得も仕度奉存候且高論之次第ニ而周旋仕可然筋も御坐候ハヽ如何樣ニも心配可仕何分唯〻

公邊御爲筋相成候樣仕度外無之候又當今ハ兎も角も默止可罷在時勢と御見込も候ハヽ高示に任セ只管自家之備のミ嚴重ニ相守り彌研究も仕度右等之邊御見詰如何被爲在候哉何分御垂敎將又其他心得ニも相成候儀御坐候ハヽ被仰下候樣奉伏希候右は乍例前書之次第實に當惑之餘り

極密相伺且御相談も申上候呉〻も偏ニ高示奉希候謹言百拝

正月十八日

水老公ヨリ返答書

一、正月廿一日水老公ゟ御返書幷御密啓左之通

如諭春寒退兼候處御起居萬福抃賀〻〻候御尋問佳品御投恵忝存候領海之徵魚報好意候也

正月念一

二白御端書之趣忝存候時氣不順に候得は御自愛專一ニ存候扨又夫人ニ而も去ル十四日神田橋　御住居ゟ御歸輿相濟候よし御安心の義と存候右等ニ付而も色〻御心配有之候御儀と御察申候不一

松榮

御別紙ニ而內密縷〻御申聞之義何も御尤ニ存候近頃之地震抔ハよき御改所ニ候得共如何樣申候てもやハり因循云〻是が則時と申ニて如何とも可致樣無之拙老事ハ乍案山子も時〻登城いたし候事故十ニ一ツも建白も御用ニ可相成哉と時〻申候へ共御取用無之上ハ貴兄抔ゟ御建白ハ

尚更と被存候扨又因循之事申候ハヽ御取上ニも可相成哉ニ候得共夫ハ申人多候へハ申ニハ不及義勿論左候へハ閉口致居候て時を待候外無之かと存候事なき中ニ御手當等厚く相成候ハヽ何時事出來候ても御安心ニ可有之候へ共夷狄來れハ騷立歸り候へハ又わすれ候樣ニてハいつとても御手當ハ出來申間敷昨年貴兄ゟ御指出しニ相成候御書付も今以拙老へハ何之咄も無之候「薩州も御同意云〻每度薩州肥前遠州抔御同論之義ハ拙老も承知何レも賴母敷人〻候乍然前文ニも申候如く案山子之拙老申候てさへ不被用位故案山子迄ニも無之人〻の建白ハ尙〻ニ可有之哉と存候へハ當今ハやハり默〻の方も可然歟其知可及其愚不可及之處かと存候あまり强て被仰立御不興等の事ニも相成候てハ以の外の事と存候時を御まちの方可然歟雖然自家之義ハ度〻

公邊ゟも備向手厚致候樣御世話も有之候事故大名始武器も手厚にいたし彌硏究致候義ハ可然事と存候梵鐘の事抔も今以何御沙汰も無之御調

中とハ相見え候得共何レ其中ニハ可被仰出歟被仰出候ハヽ早速ニ大小炮等御出來にていつ何時ニても御備御出來ニ相成候樣致度事ニ候「萬一御武器云ゝ彌輕蔑之狀有之候てハ云ゝ是迄畢竟云ゝ故此姿ニ成行候事と恐入候又何程器ハ出來候ても士氣振起不致候てハ出來候器も敵方の助勢と可相成程も難計候へハ何分ニも士氣振起いたし候樣有之度事に候貴答迄早ゝ

一、薩州肥前へも書翰遣し可申筈之處昨年來爲指用向も無之候ニ書翰遣候も嫌疑有之候故遣し不申候肥前事ハ同人娘大和守內室ニ相成候へハ直ゝにも書面を以敎示等賴ミ可申筈之處是以未遣し不申候右兩家へも近ゝニハ新年の祝義ニても可申遣とハ存候へ共御逢ニも相成候ハヽ尙又よろしく御傳可給候別而肥前守へハ大和守敎示之義よろしく御賴可被下候

一、又極密御咄申候拙家國ニ居候谷田部藤七郞（以前ハ雲八と申者ニ候）と申大姦人連枝

高松等へ喰入居候而色〻の姦計をめぐらし申候故召捕可申と存候處此節ハ國ニ居り不申由年ハ五十計ニも可相成哉定而國を出ルからハ名をも何とか改居候半が若〻御聞出しの事も有之候ハヽ居所極〻御内〻御知セ可被下候此段御賴置申候御火中

一、正月廿八日御登城あり於營中薩侯へ御對顏ありしに侯當時阿閣へハ松平河內守媚付居て彼か言を採用セらるヽ趣なれハ彼河內がかくてあらん程ハ何につきても目覺敷事ハ行はれかたかるへしと思ぼすよしを御密話ありしとそ河州は當時御勘定奉行にて出頭無比之勢ひなりき

一、二月廿三日今茲四月八日は御先祖淨光公二百五十回之御遠忌御相當ニ付御歸國之上御追福之御法會御執行可被遊との　思召ニ而當春早御暇の義去冬中御願之通被仰出候ニ付來月中旬にハ江戶御發駕之思召ニ付此日御暇乞として福山侯の本鄕丸山別邸なる謐姫の御方へ御入あり辰ノ口の本邸ハ昨冬の烈震ニよつて御破潰ニ

阿部閣老ノ本郷丸山ノ別邸ニ對談ス

相成當時御普請中たるよつて勢州侯も此邸に御假住居あつて日〻御馬御乘切にて御登　城あり素ゟ御別邸と申且福山老侯も御住居故當侯幷謐姬の御方之御住居は殊之外御手狹にて御閑談の御席もあらせられぬ計の御事なりとそ其上昨冬來薩州侯と御內談之御次第にてハ

幕府の御爲筋と思召被入候而も大議論之儀ハ姑息因循之時勢に適ひ難き故にや兎角の被仰立も御氣障りになるのミにて御公私ニ付御益はあるましき御樣子なる故今日は　公も態と御持論の御主張ハ不被仰入一トわたりの御應答にて

淨光公の御贈官幷御假御養子之御事其他御私家の御事を御賴みありて御退散なりしとそ

水當公ト營中ニ談ズ

一、二月廿八日御登城水戶樣へ御逢之節御應接之次第御心覺御書付寫し

一、登城之處水戶殿逢對被致度旨以坊主星野久春被申越候ニ付直ニ上之御部屋へ罷越水戶殿一應之挨拶時候等畢而敷居內へ進候樣被申候ニ付

罷出候處別義ニも無之今日登　營遅引相成候も只今迄隱居と相談致候
故也當家之厄難再發何とも焦痛不少尙右等の始末委細賢兄へも無覆藏
御噺申上及御相談候樣ニとの隱居申付ニ候其譯は兼而御承知ニも可有
之家來谷田部雲八只今藤七郎と申者甚敷姦人ニ而先般亡命之上何國ニ
參候とも難相知候得共多分高松ニ居り可申哉頻ニ姦策をめくらし無謂
妄言申立高松を取入高松も亦格別に聞込ミ周旋被致夫は隱居折々登
城御政事御相談ニ預り候儀を甚鬱陶敷存再如先年駒込へ押込從
公邊嚴愼被仰出候樣致掛小子も押込加之一橋迄も同樣ニ致し度專ら配
意いたし夫故か隱居之登　營も近來は從
公邊被仰出候迄ハ先登　城不被爲在候樣ニとの事ニ而今ニ御登　城無
之是全く高松姦計井伊之黠謀ニも可有之哉と存候程之事ニ而先年小子
幼弱之砌隱居は駒込へ蟄居高松後見被仰出候砌も實は小子迄を覆沒し
自分水府公企望候惡むへき謀慮も有之候由今度も如前文隱居ハ再如前

（原頭書）讃岐聞えハ最早登城ハ先ニ而ハ御逢之義御断申候義二三日以前申遣置候夫故今日も逢不申候高松も隠居相成候ハヽ重疊之義と被申

文仕組度且高松噺を外ゟ承り候ニハ我等兄弟早く死去候ハヽ宜抔申候由一体連枝之身分として左様之儀は有間敷當家之爲を謀りハセすとも當家之巨害を發候を好み候抔ハ以之外之至是等も當時國許ニ居候姦黨之巨魁結城寅壽抔之扇揚ニも可有之哉且又先日小梅別園へ隠居小子同伴罷越其節手を持足を引戯れ候事ハ親睦之至ニ候得共矢張夫等高松邊ニ而は睨ミ居候由をも承り候只無謂妄言を申立候ニハ殆當惑今日是ゟ一橋へ罷越右等及相談候尚又所存承度旨

答委細謹承御卽答難仕尚又千思萬慮を加へ候上可申上候得共只〻水藩の重事のミに無之實ニ天下至重之大事ニて宇內觀瞻之老公再如先年相成候而は一向不相濟候先年之儀は尊公にも御弱齡之事駟馬不及不肖之小子ニ候得共忝も御親冑之名候得は如何体ニも千萬之愚考努力周旋可仕當今實ニかゝる巨姦之計策熾盛ニ行ハれ候時ニ候得は賢公御大事ハ勿論之義毫も御父子御離間之氣味有之候而ハ一向不相濟多人數之姦黨

論議致蜂起候而も聊も御動搖無之倍以御父子御親和被爲在姦邪ニ御輸負無之正人之御家臣等御親ミ之程能ミ御心得有之候樣再三申置候
水府家老武田伊賀初名彦九郎ゟも逢對尚又密ミ及垂訊候處大同小異之私共時刻を爭ひ今日は御咎明日ハ如何と實ニ痛胸焦慮罷在候當時は先ツ御父子之間ハ親睦被致高松ニ當時藤七居候趣於公邊何分正邪分明相成候樣願ハ敷事ニ候旨荒增承之
一、薩州へも右之趣極密相咄候處薩被申候ハ先刻例之一件阿閣より內意有之其節阿閣被申候ハ湯川安道伊東宗益之類ハ匕ハ能廻り候得共一向油斷不相成已ニ水戸老公之事ニ付而も不容易浮言を申觸し彼者抔ハ油斷難致此節水戸之義ニ付大心配と被申右之義承候へは望外之咄に相移り其儀相止申候と被申何分幸にして阿閣咄も有之事故三日登　城阿閣へ逢候故右等之筋委細可承と被申ニ付小子も何分御周旋被下候樣奉伏希候阿閣へ安道之事より御聞糺之程約束いたし置御禮後坊主へ承候處

水戸様今日御居殘伊勢殿備中殿備前殿御逢へ之有由坊主申聞申候

師質私云水府之御家事を記するハ頗贅疣に似たりといへとも老公の御起伏は天下之形勢に關係し將西城の件に波及すれハ　公にも事分けて御力を盡され御周旋あらせられし御事故要を摘んて追〻掲出セり

桑山十兵衛ヲ水府家老武田伊賀守ニ遣ハス

一、二月廿八日今朝於　營中水戸様御密話之趣ニ付尚又當時事情委細御承知被遊度ニ付今夕八半時頃ゟ十兵衛儀水藩武田伊賀方へ被指越之委縷之内話承之暮時過罷歸り申上候次第左之通但伊賀守口上之趣を以書綴候ニ伊賀儀御供ゟ罷歸候處ニ而上下之儘對面暮時迄密話之處ホ公ゟ召候由ニ付十兵衛引取候由○今夕橋本左内義も原田兵介方へ罷越内聞之處十兵衛聞取と大同小異にて趣意相替候儀無之候故不記之

近來　公邊ゟ格別之　思召を以老公御優待被下國政向父子相談致候樣被仰付候後は賞罰も被行奸人共ハ次第ニ擯廢被致候ニ付憂悶無止時消滅ニ至り難く候得共戸田某藤田某等厚く心を用ひ維持致し居父子之間も右兩人始之配意を以追〻解疑親睦相成奸人共手を束居候處昨年兩田壓死之時を得忽矢田部等之奸人夥敷金銀を借出し極密出府夫〻へ駈廻り申

込水府之政事向老公一己之存意ニ在セ苛察暴政等之趣ニ申立始終恰好能く取繕理を枉て非ニ飾り候事誠に深く存知之者といへとも容易く疑念を生し候樣に相認父子之間を離間爲致再老公を押込高松を後見と致し右之者共恣ニ取行ひ無止時之欝忿甘心致し度內存之趣則右書付中納言殿前へも出申候然ル處高松にも兼〻其含蓄有之故右之儀を大ニ信用セられ且家來ニも同類澤山有之主張致し候趣等公大ニ驚れ愈手元を嚴重ニ被致置候得共いかにも安心難出來ニ付則其砌態と工夫被致自書を以高松へ當時要路邊之者共いやニ相成候間致登用可然人物も有之候ハヽ內〻被申越候樣ニと被申越候處彼方ハ實事と相心得大ニ悅ひ直ニ奸人共姓名を被差上候故此儀は別段之存寄有之申越候譯ニ而決而要路之人物を眞ニ嫌候譯ニハ無之候間左樣相心得候樣申遣候得共彼方ニ而は直樣奸人共へ右樣當公ニ於て嫌はれ候人物を老公一己之存寄を以强而被用候儀と相觸廻し候ニ付奸人共ニ於て夫をつかみ居彌時を得候趣ニ而

奸謀次第ニ増長致し何分〆り方出來不申候半ては不相濟と心配致居候
内當正月初ニハ矢（マヽ）田部某も歸宅之趣ニ付追〻可申付處又〻直ニ致出奔
兼而之覺悟と相見え宅中の諸書付等一向無之夫ゟ親類共へ申付候ニ付
其趣如何して承知候かいかに探索候共いかニ相知レ不申尚又當地ニ於
ても八丁堀等へ賴込探索候へとも何樣之手蔓を以何レ之處ニ蟄し居候
歟今以心當りも無之當節ニ至り候而ハ兼而老公へ遺恨有之人〻出家等
ニ至る迄彌以種〻樣〻申觸し邸中奥表又ハ市街ニ至る迄今日ハ老公押
込明日ハ家老始擯斥有之等色〻虛說を申出し人心を動搖爲致其上四五
日以前ニハ側向之者貳三人奸連有之此者共當公へ直達ニハ當時要路之
者を擯斥被致度候ハヽ早〻直書を下し國元ニ禁錮罷在候者四五人被召
呼對決被申付候ハヽ可然等申達し當公大ニ腹立被致右之者共退役被申
付度被存趣ニ候得共左候ハヽ奸人共彌增憤激致しいかなる弊害をも生し
可申歟と乍不本意其儘ニ被致置甚心配被致候得共今以確證と申も無之

故當公ゟも取仕切相達候譯ニは中〻參り兼誠ニ手も足も出不申只手前
を嚴重ニ固メ居候而已乍去萬一此上ニも何方よりことも大切之筋へ達
し出右等之書付を差出候ハヽ兼〻忠邪亮然御辨別ハ勿論ニ候得共餘り
上手ニ書綴候處より萬一御疑惑之筋相生し候儀も可有之哉と當公ニ於
て晝夜心痛被致居候右等之奸計ニより政事向父子相談不出來樣相成候
ハヽ水府卽日ゟ皆闇ニ相成候ハ眼前之儀ニ付元ゟ右樣浮說流言同樣之
儀御取用ハ有之間敷と安心仕居候得共呉〻も理非書紛し候姿且ハ高松
の聞込も不容易趣ニ相察當公懸念被致候事之由右之儀萬一御聞捨ニも
難相成御運ひニも相成候ハヽ何卒厚御調へ被下候而是非曲直明白ニ相
分り候樣只管願ハ敷奉存候
一三月朔日薩州樣へ被進候御內啓幷御別紙左之通
然は一昨日之一件ニ付尙又相調候趣別紙ニ爲認入貴覽候御熟覽可被下
候過日御內話之通り何レ明後朝辰へ御對話可被成其上ニ而委細可相伺

候得共夫レ迄之御含ニ得貴意置候何分明後朝拜眉萬々委縷申陳御周旋
等可希と草々申洩候

御別紙

水府一條一寸御咄有之且中納言殿內話幷家來伊賀ゟ承り及候儀ニ付
歸宅之上尙又腹心之家來を以極密及探索候處當節事情荒增左の通り

近來……………………………………………………………………但都而廿八日ニ記候通り

一、三月朔日水老・（公脱カ）に被進御內書左之通（但中納言樣へ之御一封一封し込候事）

然は一昨日於　營中黃門君へ拜接之節縷々被仰聞御傳言之趣拜承仕御
心痛之段奉推察何分乍不及精々配意仕度奉存候右ニ付一封指上度候ニ
付乍憚尊公迄指出候可然奉願候表立指上候而も何とか嫌疑等も無覺束
候ニ付相願候義御坐候御亮恕可被下候

一、同日水府當公へ被進御密翰左之通

陳は一昨日於　營中拜謁之節被仰聞候條委縷拜承之尙又歸宅之上極密

伊賀方へ腹心家來指出爲相伺候趣罷歸委曲申達逐一承殊更驚入候次第御坐候右ニ付再思愚慮仕候事ニ御坐候何分乍憚御父子樣御間柄愈以御親睦ハ申迄も無之邪說不被行凛然御動搖無御坐專一之御儀ニ御座候尙又尊君ゟ閣老等へハ折角被仰含御坐候樣奉存候依而は野生も乍不及可成丈ヶ周旋仕度奉存候猶明後日拜眉萬〻申上度草〻如此御坐候

一、三月二日夕水老公ゟ御返書御密啓御別紙左之通

極密御咄申候結城寅壽藤田淸軒（此者ハ只今ハ死去候て居不申候）谷田部藤七郎（元は雲八郎と申者也）等父子を離間いたし置中納言を欺き申候て有志を打候義ハ去ル甲辰以來事ニ候處只今にてハ父子の間もよろしく相成候へハ此分にてハ自分〻〻の存通り兼候故又〻父子を離間致し度と存連枝高松へとり入又姦僧等へ申談し（姦僧之義は梵鐘御引上ニて拙老をうらみ居候故右を幸と存して姦人へは付候半此度梵鐘御引上ハ　叡慮ゟ被仰出候事ニ候へ共以前拙國の梵鐘引上申候へハ拙老手初ニ候へハ拙老を敵に取候事と被存候）父子一和無之又ハ政事向拙老のみにて扱候て暴政抔云〻天下中へ相ふれ幕後宮抔迄も手を入候て又〻拙老國邦ニ携

り不申様致し可申と高松周旋のよし然ル處此度中納言事高松の申候にかまひ不申父子一和ニ致し候へハ高松にて奸人と申合せ候様にも相成兼候ニ付てハ拙老并中納言一橋迄をも公邊ゟ御咎ニ致し置候て自分にて此方家を奪ひ申度心ニ相成り谷田部藤七郎申所を取用ひ小姓頭横山兵藏（是ハ藤七郎出奔之節夜具蒲團等迄拵遣申候）小姓大森金八郎（是ハ高松の家來にて彼方を主人と致居候様の愚物ニ候）根本新八郎（是ハ使役にて舊冬國勝手ニ相成申候右同人義國へ下り不申以前ニ拙老を押込申度との趣の由追ゝ承申候中納言話）等申合せ高松にて此家を奪申候はゝ誰ニは何役を申付候と申事迄役ゝ割付申候て右書付は中納言にても一覽致し候事有之よし（拙老中納言を迄押込又拙老子供多有之候へとも何レも天狗の雛ゟて高松心ゟ任不申中納言內ゝの子有之候得共是以心ニ任せ不申全くハ自分ニて此家を奪ひ可申との意ニ）見かけと相違ひ連枝の身分にてハ何共不相濟事ニ候殊ニ溜詰抔申候てハ外ゝにて御役人共存居候程の者にて右樣の心得にてハ決て不相濟事ニ御座候何程に此家の奸物共嚴重ニ申付候ても其長たるものハ格別不殘死刑ニも致し兼候へハ高松此まゝにてハ迚も此家治り候せんハ無之候へハ高松義輕くハ以後溜詰御免

大廣間詰被仰付國替位之事ニは不相成候而ハ同人の爲ニ本家の國ハ亡び候樣可相成候尙同人家來ニ此方奸物ニ組し居候て高松へ右樣の事すゝめ候者瀧川内膳等三人計有之候處是等も重くハ死刑輕くハ一代蟄居等ニ　公邊ゟ被仰付候樣に無之候てハ迚も奸人の根ハたえ申間敷候二三日以前ニ勢州ゟ拙老迄書通有之候處全く奸人の說信用の書ニ候得共其志ハ拙考不爲ニ不相成樣ニと深切之意ニ候乍然書中ハ奸人の說を用候義ニて返書をも遣し兼候故返書ハ斷り申候右之通閣老迄も欺れ申候へハ後宮抔ハ勿論の事と存候古昔ニ候ハヽ高松義呼付論候上ニて切腹にても致させ可申程の事ニ候へ共當世態左樣ニも相成兼候へハ公邊ゟ高松事後見御免の上にも水戶家奸人へ組し不義之儀を企候義溜詰ニハ不當と被思召候ニ付溜詰御免以後大廣間被仰付國替被仰付候よし御達にて同人家來三人共死刑輕くハ一代蟄居ニも相成候ハヽ可然事と存候本殿を奪候意味出候てハ迚も高松之家ハ六ケ敷と被存候へハ後見御免

後も云〻中位之處ニて被　仰付候て可然と存候國替之義も何レを被下候と申事迄御調ニてハ急〻の事にハ參る間敷候へ共只國替かとのミ被仰出土地の義ハ追而被仰出候振に候ハヽ急〻ニも被仰出にも可相成候良地と違ひ惡しき土地は何レニも可有之と存候一体連枝共ハ皆〻大廣間席ニ候へハ同所ニ相成候迚も表向ハ左程之儀ハ無之於內實ハ同し拾二萬石ニても難義の處ハ相違と存候へハ前文之通り溜詰御免所がへ可然事と存候追〻仙石其外之義ニて見候ても溜詰とも申者右樣ニてハ決而不相濟事ニ御坐候御含迄ニ極密御咄申候直ニ御火中希候不盡

一、此度御臺樣の事も被仰出候處近衞殿御養女と相成候よしニて大ニ安心致し候薩州ハ近衞殿御家臣筋ニ候處薩の連枝の家老娘を薩の養女ニ致し候のミにてハ倍(陪カ)臣の娘ニてあまりいかゝしき樣ニ存候處近衞殿御養女と申名目ニ候へハ先〻以前の大御臺樣の有樣ニ候へハ外〻への聞へもよろしく　將軍家をふミつぶし候にも不相成事と存候右を御臺樣ニいたし薩國の奸正をよく〳〵御咄申置候て右　御臺樣の御意を本とし奸を退け正ニ返し候心ニ候ハヽ其處ハよろしく候へ共以前琉球交易を濟せ候樣又〻四夷の交易にても初候やうの腹ニてハ以の外と今より懸念致し候何も極密御咄申候直ニ御火中〳〵

一、又申候たとへ世評等何程有之候共一二應ハ當時申付置候役人を老中宅へ呼よく〳〵聞候へハ是非も分り可申を奸家ニて當時の役人ハ云〻故呼候ても無益と申樣ニ申ふらし候半故全く風聞にてのミ存候故甲辰の節も相違の事出來申風聞も實の風聞と奸人ニて賄賂を以て頼候て風聞を出させ候とハ大ニ相違ニ候處御大政の方もとかくに賄賂行はれ候故油斷ハ相成兼申候極密〻〻直ニ御火中〳〵

一、三月三日　公上巳ニ付御登　城あり於營中水府當公へ御逢對被遊一昨日も御書面もて被仰進たる如く國家災厄之時に當りてハ猶更御父子の御際に御間隙之出て來ぬやふに御卓立あつて御正義御主張あらせられん事

を仰進められしに専ら御同意のよし御嘉納ありしかと別に彼御方より仰
セ談せらる御義は坐さゝりしとそ
一、右同時薩州侯へ御逢ありしに當日御禮後福山侯へ御對話の由にて公の
御出仕中にハ福山侯の語氣も御承知被成かたき故明後五日彼御方へ入ら
せられんとの御約束にて御退出なりしかと同夕尚又薩侯へ御書を被進五
日朝五半時より入らせらるへくと御案内被仰進しに同四日薩侯ゟ御返書
ありて昨朝は御用多の由にて福山侯へ御逢なくて十五日御登　城の節御
逢なされんとの御事なるよし明五日ハ御指支なく侯へハ御出あらせらる
へき旨を仰セ進せられたれと福山侯の御様子御分りなくてハ明日入らせ
られても詮なき御義故此御方よりハ入らせられすとも濟侯へと彼御方に
仰せらるゝ事もあらハ入らせらるへし又十五日の御逢にては此御方の御
發途に迫りぬれは福山侯へ御書ありて其御返書を御一見被成度よしを御
再答旁被仰進たり

一、三月四日勢州樣ゟ御密書左之通

內密用申上候追〻春暖相成候得共被爲揃愈御安靜賀上候陳は過日は假住居如何敷不都合而已之場處へ能社御來駕被成下厚難有奉存候與初一同難有猶是又御禮厚申出候

極密御含に申上置候ヶ條

當節御改正之御時節ニ付家政之義も夫〻心配いたし家臣之者多勢之內ニは自然無據不行居之ものも有之候ニ付少〻嚴重ニ申付候而中ニハ國住居申付候者も有之候右ニ付而ハ自然重役共抔を怨望いたし更ニ跡形も無之事抔申觸し事を拵外向ゟ之振ニいたし張訴捨訴抔いたし候間更ニ取用ひも不致却而訴狀之致方等嚴敷穿鑿いたし居候事ニ候へ共未聢と不相分心配いたし居申候尤右等之面〻疑惑にて捨訴張訴等致候趣意相違之事而已故實ハ不被行事と存候間左候へハ定て貴所樣御家ハ別段之近親之事故如何樣張訴捨訴抔万一可有之哉も難計左候へハ自然と小生方へ

相廻り候と見込可致哉も難計又ハ御重役共且秋田彈正抔へ如何樣之手續抔にて可申聞も難計若〻萬〻一訴狀ハ勿論右樣之事も有之候ハヽ極内御直書にて小生方へ御廻し可被下候尤も貴所樣御留守にも相成候ハヽ彈正暫御跡ニ殘り居可申間同人ゟ印封ニいたし小生手許へ奥廻り花井方迄差廻しニ相成候樣致度存候夫〻評議之上小生も得と承り取計候事故小生を彼是申候義に候ハヽ素ゟ不苦候得共却而重臣を疑惑いたし種〻ニ虛說を申觸し人心を誑惑いたさせ候而ハ實に以の外と存候間不外御近親之事故內實之處御含ニ打明ヶ申上置候跡ハ御火中可被成下候以上

三月四日

尙〻時氣折角御厭專要奉存候乍末閨令君にも山〻宜奉願候此程御咄申候小筒不遠買入候間其內御咄可申上候彈正へも宜御申通置可被下候前文之事柄故與一兵衞を以申上兼極密申上置候間彈正にも其心得ニて含居候樣御含置可被成下候以上

一、三月五日昨日伊勢守樣ゟ被仰進候趣委縷御承知尙又彈正へも爲相心得
被置候段御内答書大奥廻り（右カ）まて被進之
一、同日夕又〻勢州樣へ御内書左之通
然は先時貴答得御意候通り昨日縷〻被仰越候云〻御配意奧〻致推察候
仍而又申上候水府一條定而御承知可被成候昨日被仰越候貴家之云〻ハ
何方ゟも何も沙汰無之却而過日水府家來拙家來へ極密申聞候ハ今般之
儀も去ル甲辰一件之同樣ニ而何分高松聞込深く相成其外奸黨蜂起殊の
外困難之趣且又去月廿八日登
營之節中納言殿態〻逢被申右同樣之趣ニ而心配被在之旨併御父子之間
柄ニハ聊も申分無之儀何分雙方御念被入御糺ニ不相成候半而ハ不相濟
儀と掛念ニ被存候旨賴談有之候得共御先柄と申
公邊ニ被爲置候而も孰レ公正之御聞入ニ可相成儀故於小生も致方無之
定而貴君御耳へハ委曲疾ニ入候事にて御取調中と存候何分彼方にてハ

何方ゟ如何樣之儀申出候而も篤と御吟味被下候而邪正相分り候樣願ハ
敷旨ニ相聞え申候何分當御時世彼御家等にも云〻有之候而ハ不相濟と
恐惶之事に御坐候於野生遮而周旋可仕筋ニハ無之候得共中納言殿幷家
來申口ニも不拘邪正御糺シニ相成候て相分り可申哉とも被存候右は於
拙家片聞故指控居候處去月廿八日中納言殿ゟ直話之事故昨日被仰越候
儀ニ付猶又思慮いたし候處御大事之事と存候故御心得迄極密申上候何
分不惡御承知御含可被下候以上

三月五日

一、三月四日橋本左内原田八郎兵衛方へ罷越内話承候趣ハ去月廿三日一橋
殿ゟ水黃門殿へ御忠告御書通有之云〻一件ニ付大ニ御憤發相成候由其後
廿八日前顯之趣同廿九日伊賀始御前へ被召御側向ニ而三人を始奸黨夫〻
罪狀御糺にて御用書等出來翌當月朔日奸黨十三人御國勝手或ハ蟄居等夫
〻輕重ニ應し嚴敷被仰付候由何分御斷然欣悅之趣且老公ニハ御沈靜ニ被

爲入候旨將又高松侯ハ初之程ハ矢田部儀ハ手前に圍置候間早速御取用ニ相成候樣加程之忠臣御擯斥ハ御爲不可然等頻ニ御勸メ有之候事之由其砌ハ實に彼邸に追ゝ之運ひにて讃州へ隱匿ニも相成候はん哉と有志の面ゝにてハ勘考之由ニ

一、三月六日薩州樣ゟ御內答書左之通

尊書辱奉存候愈御淸榮奉賀壽候昨日は御光駕無之殘情不少奉存候扨勢州ゟ申遣候儀云ゝ奉拜承候中ゝ書中ニ而申候とも相分り候義無覺束いつれ對面あらてハ知兼可申候間十五日逢候節ニ樣子相探り萬ゝ可申上尤樣子相分り候はゝ御發駕前日御取込と奉存候得共鳥渡罷出可申上しかし手紙にて相分義に候ハゝ以書面可申上御發駕前一度ハ拜顏仕度奉存候其外申上度儀も有之候近日萬事可申上候頓首

三月初六

一、三月十一日水老公ゟ被進御書幷御別啓左之通一翰奉謹啓候兎角不同之候御坐候處倍御淸泰可被成御起居奉恭賀候陳は昨年願置候通近〻御暇被下置候得は來ル十六日發途歸國之積り御坐候昨年來不相替每度種〻之儀相伺御懇篤御垂敎被成下實ニ奉感謝候何分時候折角御厭御保重貴體御安全被爲在候樣乍憚奉專禱候此品輕乏奉耻入候得共折節御見舞申上候驗迄奉進呈候御笑(捨脱カ)可被下候右御見舞何角之御禮申上度旁草〻如此御坐候謹言

三月十一日

尙〻吳〻不順候折角御加養專一奉存候乍憚黄門君ニも宜御致聲奉希候以上

副啓得貴意候先日は御別啓細縷被仰下候條逐一拜承今更驚入候次第嘸〻御心痛奉察候乍去阿閣ゟ書中申上候條彼是不都合御坐候得共兎角黄門君ゟ閣老等へ厚被仰立候方可然と奉存候則其段黄門君迄申上置候事ニ御坐候尤黄門君ニは不一方御痛心之趣承之乍憚致感佩候且當月初彼

黨數輩轉遷擯斥等之御沙汰內〻傳承竊ニ欣然罷在候事に御坐候何分にも
公邊ゟ御糺ニ而正奸判然相成候樣願ハ敷諸有司聞込種〻相成可有之候
得共第一閣老ニ而糺明之筋ニ相成候ハヽ自然黑白辨別ニ相運ひ可申彼
奸魁有處等も相分り讚州主張之勢も礫キ可申哉右は申上候ニも不及果
敢〳〵しからぬ愚案ニ而可有之候得共兎角時勢斷然とハ參り兼候折柄
故右ニ應し前文之趣愚存申上試候事ニ御坐候先日來も彼是周旋仕置候
筋も有之候得共未是と確證申上候程之事も無之心配仕居候事ニ御坐候
彼是と發途相迫り候故寸情申上候儀御坐候頓首

一、三月十三日水老公ゟ御答書幷御密啓左之通
瑤章披讀氣候不同之處彌御健勝令欣躍候近日御暇被仰出候得ハ御發軔
可被成ニ付御書中縷〻佳品之貺德薰令感荷候此段布答草〻也
　三月十三
二伸爲時御保重專一ニ候些少之國產表永好之意候不一

御別紙毎度御懇ニ被仰越候義厚忝存候扨又中納言迄縷〻被仰下候よし
介多謝候畢竟同人義十三歳之時ゟ廿余迄拙老教誡不相成様　公邊ゟ御
仕向故奸人の教諭にて成長いたし候故近頃拙老へ相談致候様相成候て
も動もすれハ奸説に欺かれ候故此度之様なる事も出來申義於拙老痛心
致候

一、公邊ゟ御糺ニ而云〻御尤ニ候へ共左様之幕ニ候ハヽ第一去ル甲辰之
節も御糺ニ而奸人共嚴重ニ相成候半故是迄ヶ様之事ニハ相成申間敷候
處正の方ハ正法ニて扣へ奸ハ本ゟ奸の事故内外へ賄賂を以頼ミ込夫の
ミならす奸僧等先手ニ使ひ様〻の計策を以致候故
幕ニてハ奸の方をのミよろしきと存候義と被存候風聞等も皆奸の方へ
のミ聞候て片聞ニて被遊候様ニ有之候拙家正奸早く片付不申候へハ自
然幕迄も押移り候様相成候半と兼〻心配致候諸有司聞込種〻ニ可有之
云〻御申聞之通りと存候處十之者に候ハヽ八九ハ皆奸説の讒言浮説と

被察候奸ニてハ不思寄根なき事を様〻作り候て風聞ニ相成候様うり物同様ニて申觸し候へ共元ゟ無之事を一〻斷候て觸候事も不相成候へハ有志之者聞候てハ一笑致し居候處奸家ゟハ數右樣之事持出候へハ幕の御役人も終ニ尤と存候樣相成事と被存候此度高松ニて拙老を押込候か又ハ國へ下し當時有志の役人共不殘公邊ゟ御沙汰ニ而蟄居申付奸人を入かへ可申萬一夫も埒あき不申節ハ當時有志の役人を毒殺致し候樣ニとの事ニて側醫師十河船安といふ者ゟ中納言へ毒藥二包一ツハ礜石粉一ツハカンタリス粉を渡し奸家自分〱ニて毒殺致候へハ其罪身ニ及候と存中納言を欺き候て是ゟ呑セ自分〱ハ不存顔致し候心得高松初奸人共如何ニも武士道不存者ニ候左程不宜役人ニて主君の不爲と存候ハヽ幾重ニも中納言へ申聞不用候ハヽ打果候て自分ニて切腹致候がよろしき事ニ候處奸家の計策ハ皆陰ニて驚入候奸計ニ候一体高松事ハ後見御免ニ相成候上ハ以前の手づるにて奸家ゟ取入候とも後見中ハ格別今ハ拙老

へ相談候樣御達ニ相成候上ハ扱兼候由拂候へハ奸家も取付處無之候へ共預ケニ致置候結城等と內ミ通し居り遣し物も致し結城ゟ上ケ物も致し候程ニて書通のミハ度ミの事顯然と存候一体溜詰ハ外ミニ而も御役人と存居候程の者ニ候處預け人と音信致し居候義不相濟事ニ候今　幕ゟ大名へ御預ニ相成候人と拙老音信等有之候ハヽ幕ニて其儘ニハ御指置被遊間敷高松ハ連枝に候へハやはり幕ゟ大名へ御預ニ相成候人と拙老文通いたし品物とりやり致候も同然の事ニ候谷藤出奔致し候をも高松ニ而町奉行へ賴ミ町同心付添候抔申事も承り及申候一体本家ニ而指出候樣申候へハ本家の人の事故早速召捕候て不指出候てハ不相成程の事に候近ミ高松へ召捕指置候やう申遣候含ニ候得共多分ハ不居とか申出し申間敷哉と被察候惡しく致候はゝ異船抔へ移り不申候へハよろしくと懸念致し候彼奸惡人異船へ萬一ニも移り申候ハヽ必日本の大御不爲と存候何卒勢州ニて能ミ呑込居候樣致度候第一閣云ミ是ハ溜詰相勤

高松と懇意ニ候半故高松の方を尤と存候半難計候扨萬一一閣ニてハ高松の方を尤と存二閣にてハ此方の申處を尤と存候樣相成候へハ此方の正奸直ニ幕へ移り候義ニて如何ニも不容易事ニ候二閣二ツに相成候と下〻役人迄も二ツに相成候義さし見え申候品〻御周旋之由每度忝存候此上之處も何分よろしく御賴申候此節ハ中納言ニは正ニ返り候故大ニ安心は致し候へ共高松幷同人家來三四人此まゝニてハ又〻後日再起無疑候故くれ〳〵此處ハ心配仕候御答迄早〻也

三月十三日

又御別紙にて委曲書面ニハ認兼候故安島彌次郞に成とも御聞可被下候

一、三月十三日福山侯ゟ御內答書左之通

過日は華翰被下謹而拜讀仕候不同之氣候御坐候得共被爲揃益御安泰奉賀壽候陳は水府之義ニ付縷〻蒙仰候條〻委細拜承段〻承込候義も有之候ニ付甚恐入候得共尙中納言殿へも不顧憚申上候事共も有之候實ニ老

公御心配之事と奉察候乍不及此上共心得居候間御安心可被下候扨又阿蘭陀ゟ持渡候小筒小生買求候内甚聊ニ候得共先ツ御廻し申上候御留置候而宜御坐候此段申上度如此御坐候早〻謹言

三月十三日

二白時氣御自愛專要奉存候乍末閣令君へも宜被仰上可被成下候奥も追〻續快方ニ付乍憚御安心可被成下候何も取込早〻以上

一、三月十四日福山侯ゟ御再答左之通

華答書致拜見候如諭未不同之候御坐候得共御揃愈御佳安珍重之至御坐候陳は過日水府之儀得御意候處段〻御聞込之儀も有之候條當中納言殿ニも被仰入候而老公御心配も御察尚此上御配慮可被成旨實ニ安心致候然ル處昨晩老公ゟ別紙之通被仰越候右は申迄も無之候得共其筋ニおゐてハ正詳ニ御糺明ニ可相成儀ニ而他家之事見留も難出來儀を兎角ハ難申述候得共何分被入御念公正ニ御辨別願ハ敷故不外貴兄迄ニ有之儘入

御内見候尤御披見後御返却可被下候

一、兼而相願置候和蘭陀持渡小筒御買入之内五挺先つ御廻し被下留置候而宜旨被仰下萬謝之至御坐候兼而懇望之處御配意を以御廻し舶來之眞面目難得品ニ而不堪雀躍候全以御厚配故と呉々感謝難申盡候右一應之御禮報旁草々如此御坐候以上

三月十四日

二伸時下不順氣尚又御加愛專祈申候昨日は御暇被仰出難有奉存候荊婦へ御加書之趣申聞候處尚又宜敷申上度旨申出候お諭事も追々快方之由御同怡不過之候尚亦宜御添意希申候本文之一件呉々御配意願ハ敷事御坐候且御廻し被下候小筒早速家來共へも拜見爲致候處何（も脱カ）珍重無限候くれ／＼御禮申上候彼是取込草々寸答御海恕可被下候以上

右御書通ニ前記水老公之御密啓添被遣候處御返報ハ無之卽夜別紙御密書

まゝ御返却[ママ]

一、三月十五日佐倉侯へ御逢對ありて御假御養子の御封物を被指出たり此侯は從來御懇意なりしかとも御再職後始而之御對話なれハ種〻打解られたる御物語共にて舊冬御建白之事も侯より御申出にて閣老の定套にて御近親の外ハ御書通無之事故御返書も無之無禮のよし御挨拶ありて猶思召付れたる御事共ハ無御遠慮御申聞ありたき旨抔御申ありしとそ

一、右同日水老公へ御再答書如左

一翰謹啓漸暖和相成候處倍御清泰奉欣賀候然は一昨日は貴答被成下御國產二品御惠贈奉拜受每度御懇篤之至奉感謝候且又御別啓を以て細縷被仰越候條逐一奉拜承之尙更御心痛共吳〻奉推察候乍不及心配仕居候則去ル十三日阿閣ゟ來書中貴家御事實ニ心配仕居候趣共申越候故尙又申遣候儀も有之將又內〻探索之處薩州ゟ之內話にも福山不外心配は致居候由ニ承及候兎角黃門君御卓然被仰立候方專一と奉存候則今朝於

營中黃門君へ拜謁猶略御模樣も相窺ひ乍憚申上候義も御坐候何分阿閣も心配之趣追〻亮然所仰御坐候不肖之野生或周旋ヶ間敷も躐等にも可有之哉に御坐候得共日夜焦思罷在候事御坐候是と明辨申上候程之儀も無之候得共前文之趣一寸申上候十三日

御暇被仰出今朝右御禮申上候ニ付彌明後日發途何角紛多乍草〻致歸國候而は自然疎濶にも相成候故申上候事ニ御坐候頓首

三月十五日

尙〻時下御加愛奉專禱候此一品此節到來乍失敬呈上仕候御笑捨可被成下候以上

一、前に記たる如く今玆四月御遠忌御相當によつて早御暇御願ありし故三月十三日

上使を以御暇被仰出同十五日爲御禮御登城あり同十六日江戶表御發駕にて同月廿九日御歸城なり去年は天下之御爲に種〻御建言も被爲在しかと

御採用なき而已ならす福山侯さへに理屈家學者風と見なし給へる世態なる故公御慷慨に堪へさせ給はす幕府の事ハ爲んかたもなし自國ニおゐてハ將來の警戒なくてハ適ふへからすと此年の御在國にハ大ニ明道館を開らき給いゝ文武の道を講明して治敎を弘め必戰必死を御心とし給ひ軍制を實にし武備を嚴にし演武場を一集し武術を勵し給ふ公の勵精圖治諸有司の鞅掌勤勞實に目覺しき形勢なりしか其事ハ諸局の記錄に詳なれハ爰に略して例の天下に關係せる御往復等を次ゝに專と記し侍りぬ

一、四月十五日飛脚發ニ付御歸國ありし御吹聽水老公へ被仰進たりし御書の御別紙如左

副啓奉得尊意候其表發途前彼是多冗乍懸念上程仕事ニ御坐候其後御模樣如何御坐候哉御心痛之程奉遠察候奸魁ハまた御手ニ入不申哉其他正邪之分徐ゝ判然にも相趣ゝ候勢にも相成候哉日夜御案し申上居候歸國後も御承知之通り先祖追遠祭祀等彼是繁多罷在候餘は後鴻可奉得貴意草

〻申縮候頓首

四月十五日

一、右同時福山侯へ御同前被仰進候御書御別啓如左

副啓發途前内密被仰下候貴邸内一條云〻其後如何有之候哉日夜御案し申上候程能鎭靜に相運ひ候哉彈正ゟ申上候樣等之筋等ハ無之候哉彼是懸念仕候水府一件も追〻相納り候哉是亦懸念仕居候何分尙亦御介意伏希申候百里を隔候得ハ懸念も一入ニ御坐候異船沙汰も不相聞彌穩之方と存候餘は後音可申陳彼是多事草〻申縮候不盡

四月十五日

一、五月二日四月廿六日發之飛脚着福山侯ゟ右之返書ありしかと一トわたりの御答而已にて記すへき條もなけれハ略之

水老公ヨリ堀田閣老ヘノ建議ニツキ相談書

一、水老公ゟ御返翰幷御副啓御別密啓左之通

三月十二幷四月十四日貴書何レも其時〻拜讀仕候三月は御承知之通り

之義にて延引御發駕ニ指かゝり候故御歸城之上と存居候中二度貴書被下失敬之段御海恕可給候先以御道中無御恙御歸國之段十四日之貴書ニ而承知仕候爲　天下爷大賀候拙老事も無異罷在候故御安心可被下候先ツハ御答幷御着城御歡申旁申進候也

四月念五

御別紙趣何も承り申候事濟候義ハ文略いたし候御承知之通奸臣共も相分り申候上は父子之義ハ益熟和ニ相成候故御安心可被下候奸臣處置も今明日中抔と被存候只〻連之高砂ニハこまり申候得共當節何分致し方も無之候右高砂居候中ハたとへ一度ハ奸人治り候ても拙老泉客と相成候後ハ又如何樣の事仕出し候も難計候一閤ニて糺明筋ニ相成候へハ自然黑白可相分云〻御尤ニ候得共ランペキ先生迚も左樣ニハ相成間敷奸人より申込候をさへ取上不申候へは先ツ〳〵宜敷と存候畢竟ハ甲辰之節も林大鳥甲等結城等幷上野奸人等申合候て出來候事と存候兎角國〻之

義ハ御任せ置の事故其領主次第ニ罷成不申候得は行違ひ出來可申候能ミ不宜候ハヽ其節ニ御たヽしの上ニてしかと被仰付候ハ又格別と存候得共當世態幕の風聞承り候者ハ金子遣し候て頼候へは右頼之通り風聞出し申候事も有之樣子故奸人ハ風聞きヽに賴申候へは夫を於　公邊實と取候事も可有之何もかも金ニきし候ニはこまり候世態ニ候御答迄早ミ御火中

又別ニ御密啓御上書

（原注）六月五日立ニ又ミ被遣候御朱書かき入

御相談書　御覽後御返し可被下候

俄之
薄暑無御障御精勤令抃賀候扨近來國學者御取扱被下物等御定ニ相成候處洋學ゟ薄候由伺及候如何樣之御振合に候哉拙生考慮ニ而ハ國學第一漢學第二洋學第三と申序次ニて可然候國學ニ而我國開闢已來

皇統連綿し上下之分正敷萬國ニ比類無之尊き

神[國]州也と知セ我國之御爲ニハ其身を抛ち義勇を勵セ候も是亦萬國ニ勝

校訂者曰傍書及削除ノシルシハ皆朱書ナリ

れる大和魂有之故とニて此上如何程も國學ハ御引立無之てハ天下の御爲不
宜候漢土ハ文物盛ニ候得共道義之實行は疎候得は彼堯舜始國王之血統
さへ繼不申終ニ夷狄ニ被奪候されし共其道義書面ニ詳ニ候得は我今日之
用と致して大ニ國學の助と相成候たとへハ漢土ニて忠孝ハ君父ニ事る
道なりと申候へは我國之人ハ我君父ニ事る道を指て忠孝と名付其道義
義唐人ハ唐人の君父ニ忠孝を盡し我國之人ハ我君父ニ忠孝な盡し候教
と相成候へハ禽獸之外ハ何國にも被用漢土の學問致候へは國學のたすけと相成候處
大方通用致候へハ禽獸之外人類ニは何國へも取用候洋學ハ今日大小炮
之事を初天文地理總而窮理之事之中には用ニ足候得共申さは末事にて候と存候共人類
義も有之候
薄情强欲無禮義ハ如禽獸候然ハ國學ニ而人心を定め漢學ニ而道義を助
け洋學ニ而天文地理を明め船炮等之器械を製て我御國を守衞する助と致
候事と存候何程如西洋諸國窮理之學ニ而も其性禽獸ニ近候てハ不相濟
西洋ハ窮理〳〵と申候得共君臣之窮理ハ薄候か不致
又何程漢土の如く文物盛なり候ても其實行なき時
ハ無詮事ニ候故國學を本と立候へハ人心一定して△我國ハ萬國ニ勝れ尊く雖我國之御爲ニ邪惡を

有と上下共に心得候てたとへ身死斥攘候處を第一と致し漢學ニ資て其道を益明し洋學ニ而船炮等之器械まて精し皆彼ニ取て彼を禦候用ニ相成候國學を本と不立候得は何程船炮ニ功者ニ而も却而敵之資と相成候事も難計されハ如何ニも國學漢學洋學と申序次ハ御立被遊可然事と奉存候且　公邊ニて國學ハ御好無之洋學のミ被遊御立候とも諸藩有志之者も有之國學を引立候はヽ終ニハ（三字朱書）

公邊ニも御廢被遊兼自然眞似を被遊候樣ニも可相成哉既ニ廿年前より船炮之事拙老數十度建白迂遠之説抔と御評議候哉御取上ニも不相成候處近來船炮〻〻と御世話有之候へハ拙老先見之樣ニて如何ニ候得共此末國學を本と可被遊御立勢ニも可相成哉難計奉存候へハ今の中御卓見ニ而國學御引立被遊候方御爲宜奉存候扠又國學と歌學と一物ニハ無之歌學は國學之枝葉に候へ共心得違候者も可有之御選用大切ニ存候當時國學ニ而御用相勤候者ハ前田健介計と存候得共外ニも人有之候ハヽ御召

（原注）下ニ附紙にて此御人といふハ御役人を指なり

出ニ相成新ニ局を御立可被遊候只今漢學之支配へ國學を被差置候樣ニ而は乍憚本末を失候たとへハ外科醫師之支配ニ本道醫師を被差置候類ニ候且亦洋學より被下物薄きよし左候てハ馬醫之下ニ御匕を被差置候と可申哉餘り御人なき樣ニ而後世ハ勿論當世ニ而も識者ハ服從仕間敷候西洋僻之人ハ末を論候故洋學ハ急務と可存候得共前文ニ申通り國學ニ而人心を定候上ハ漢洋之學も用立申候義ニ候へハ熟と御勘辨有之國學御引立之事於拙老至願ニ候餘り存分ニ認恐入候得共何も
公邊御爲宜樣存候故申進候也

五
四月十八日 念五
水隱士

堀田殿 參（朱書）

二白乍憚
公邊御爲と存入候事故勢州初ニ御相談賴入候不盡
（二行朱書）
拙老中處不理に候は丶無御遠慮御教示希申候

御充行之定

御儒者　貳百俵拾五人扶持

西洋學此度蕃書調所出來候て三段ニ學者の御宛行定まり候

上等　三拾人扶持　金五拾両

中等　二拾人扶持　金三拾両

下等　拾五人扶持　金貳拾両

右之通

去ル十九日御用調中國學者前田健介へ被下候御定

十人扶持　金拾八両

右は江川門人鐵砲打ニ近日被下候御手當

五人扶持　金貳拾五両

右之通り江川門人と格別之相違も無之國學御引立之處ニハ相當不致候へハ前文之通り堀田へ可・〔申脱カ〕遣と存下書認見候得共當世態一閣ランペキの

處へ申候とて通りも致し申間敷殊両林漢學ニ候へは和漢蘭之順に相成候へハ林ハ元ゟ和の事嫌ニ候故六ヶ敷候半一体於

御所も國學と申ハ無之日本人ハ皆國學不致候てハ不相成故畢竟ハ國學の舘ハ無之儀と存候所只今西土の學のみならす西洋の學御引立ニ相成候上ハ國學の舘無之候てハ佛學漢學蘭學等皆海外の學ニのミ相成り本朝之學ハ益衰へ可申と存候へハ右之通り堀田迄可申遣と下書は認候得共奸人ニて奸説申ふれ於

幕も信し候人も可有之哉當年ハ未登城をも不致程の事故先ツ〳〵と存遣し申候義ハ扣へ申候處任序貴君の御存意ハ如何可有候半哉と御相談かた〳〵申進候御覽後此書面御返し可被下候也

くれ〳〵も御存意ハ御存分御申聞ニいたし度候老眼晩景認候へハ文字違等も可有之御推覽可給候

一、五月七日飛脚發ニ付水老公ゟ被進御内答書左之通

尊答書奉捧讀候薄暑之候相成候所倍御清泰被成御起居奉抃賀候陳は先便得貴意候云〻御答被仰下候縷〻奉拜承候且又御別啓佐倉へ可被遣御下書爲御見被下拜誦仕候乍憚無間然至當之御建言ニ而忌諱ニ觸候と申儀も心付無之候間　御採用之有無は難計候得共何分被遣候方可然御儀と奉存候將又被仰越候通當世態六ヶ敷儀共ニ而容易ニ通り候半哉否林家等之意味も可有之候得共何分ニも御書面之趣仰望不啻事ニ御座候間早速被指越右樣之御運ひニ相成候樣實ニ默禱仕居候如來諭外國學のみニ而國學湮滅ニ成行候ニ付而ハ人心奮興不仕慨歎之至高示ニ依而今更ニ彌增憤然之事ニ御坐候何分御主張御爲可然と乍憚呉〻奉企望右卒爾之貴答振ニも相聞可申哉ニ候得共再四熟慮仕候處實ニ御同意ニ付申上候事ニ御坐候不惡御承知可被下候右貴報旁如此御坐候謹言

五月七日

尙〻時下梅天殊更御加愛奉專祈候次ニ小生無異罷在候間乍憚御降意可

被下候

一、任來示御別紙奉返上候且又本文貴答縷〻は不贅候以上

宇和島侯ヨリ水府事件報知

一、五月十日去ル三日發之飛脚着伊達遠州侯ゟ御密啓左之通

密啓申上候水府一條着府後十二日和州十五日麟兄十八日武田原田へ家僕遣等之密話事情左ニ大意謹述仕候條何分意表之處置妙略御密敎被成下度奉渇望候夜白心痛ハ仕候得共愚劣之賤夫不行屆儀計ニ而心痛仕候

一、川越云當節ハ御父子之間彌親睦無二礫館要政之者有志相揃義ハ近年來無比ニ而奸徒之處置も多分調相成首惡寅壽も自刎可被申付合之由亡名〻之矢田部大嶺両人何分捕得不相成由〇一橋君ハ讃州之處置隱居ニは相成度達而存慮有之候得共老公それハ不宜讃之不屈ハ尤可惡候得共當公も一旦ハ煽惑疑動親父を如何と被存候罪有之讃州計云〻と申事ニハ相成間敷讃隱ニあれハ當公も其儘ニは參らす候故此儀ハ不可然と差留ニ相成候由 公御返答ハ御老熟之御賢慮公正之議ニも可有之哉と感服申上候得共一公之後患見破之御卓識ハ實ニ敬服不啻奉存候乍併一公と尾公と之御合力

ニ無之候而ハ讃當時之樣子ニてハ隱云〻ハ迚も六ヶ敷可有之其因ハ麟兄密話之條ニ而御洞察可被下候是非隱迄ニ不相至候而は水後患ハ除去候樣ニハ不相成事ハ一公之如見拔候此他密話も有之候得共緊要之條には無之候○麟兄對話之內阿閣も內實ハ老公最早御登營無之方を望み被申候樣考候由先頃阿之口氣にも元來堀田ニハ御不手合之處歸職後も御逢之時堀田をハ嚴敷御きめ付被成或ハ同人へ御挨拶無之儀も折〻あるゆへ堀田も甚不決ニ存居いろ〳〵心痛いたし候得共面倒不絕御用部屋內へ打合不申候故不得止申上候迄ハ御控被成候樣申上置候處老公之御宜敷儀も有之又迷惑之儀も有之候と被申候由阿口氣も据りなき說話に存申候先ツうるさく被存候意に被察候當公も中〻油斷不出來御方ニ而自分なと申上さる事を御取繕ニ而老公へ被仰上候故老公も御疑惑被成候而自分共へ御尋被成候事折〻有之先頃も餘り之事有之候故同列申合候而當公へ御心付申上候儀も御坐候此話も不可解樣存候何にしても辰年又此度と度〻元藩中不靜謐ハ御家事御不取締と申ものにて候得は大政之御相談抔も如何に存候旨此一言よて御登營を不欲念ハ明白いたし候不取締之字面不相當之樣存候讃之奸說耳ニ入候哉と存候○奥御右

筆之口氣ニ而ハ老公御夫婦を極能き御機嫌ニ而水府へ御移シ申上度と
の注文出居候由右之都合候得は最早迚も御登　營あるましくと存候旨
此説甚以不容易一大事ニ御坐候尚薩兄ニても極密相談仕心痛居候堀田ト讃井伊之存立ニ而其根本水奸人之運策ニ可有之實ニ決着にも至候而ハ又ミ一大事起り可申候阿閣と讃と合は隨分宜敷旨麟兄登營之節見受候よも讃密話之席へ井ト參り三人密談之處見懸候由右之御考よても三人之奸謀ハ明白ニ老公御始水藩有志へ此事申渡候得共もし防遏之處置ニ狼狽此密議漏泄いたし候而ハ彌以大切ニ至候間いまた吐露不仕候其段ハ御心得被下度幕議之様子聞探候上水へも極密發露仕へく候○十七日武田
原田兩人へ一席にて家來吉見左膳及密話候處二月望日讃州讒言ゟ十河
船庵揚屋入抔之義ハ委曲承知と奉存候間不申上候兎角讃州奸首と愚考
仕候間此人之奸謀證跡を得候儀緊要ニ付其義爲尋候處結城へ之文通一
兩通取押有之趣相話候事
○矢田部大嶺之兩奸讃國へ潛匿かと申説有之候ニ付兩公より御賴ニて
當時探索中ニ御坐候捕得候得ハ無此上折角心痛仕申候慨畧右之通御坐
候間密奏仕候謹言

四月廿五日

一、五月十五日飛脚發ニ付福山侯へ御內書左之通
然は當春御內密被仰越候貴邸內云々一條愈靜肅相成候哉其後彈正ゟも何とも不申越候故定而御取締出來之儀とハ存候得共時々懸念仕候故竊ニ相伺申候且又先鴻彈正ゟ密々申越致承知候得ハ水府一條兼而御配意有之故と被存奸魁夫々御處置相成候由竊ニ欣抃申候全以段々之御周旋故と存候講武場も愈御開發ニ相成先頃ハ
御立寄も被爲在其後追々盛行之由承及之乍憚御時勢御相當之御儀と難有諸國へも相響き候御奬勵と奉存候右ニ付而も水老公ニハ先年被仰出も有之儀愈以此節も御登　營有之御相談之趣ニ相聞え候ハヽ天下有志之族も愈相進ミ可申事と存候處當春來御登　營無之等之風聞にて候得ハ何とか意氣込も薄き人心ニ成行候而ハ誠ニ以御大事至極ニ御坐候定而　幕廷ニ而委縷之御譯合ハ有之儀と致推察候得共何分ニも今度水府ニ而奸黨御處置之事追々相聞別而一入天下之有志眼目も注き候折柄ニ

候得は此節水府御家ニ付事立候儀ハ無御坐樣仕度もの歟と奉存候申迄
も無之候得共水府ニも不限御三家之儀ハ御親藩ニ而諸侯とハ格別之義
御一家内同樣ニ而御三家ニ御過チ有之候得は則乍恐
公邊之御瑕瑾と奉存候且乍憚當時ハ御三家共ニ御年若且御相續等ニ而
別而自然人望老公ニ歸し有之實ニ御大事之儀と奉存候萬一御非義も御
坐候ハヽ如何樣ニも御篤諭有之專ら御登城御相談等無之候而は御形計
りも不相濟哉とも奉存候近年両度之被仰出を御立被遊候方可然と奉存
候近ク申候得は歸國以來奬藩之人心相考候而も少有志之向は何も前文
之趣ニ有之候間諸國も推而可知事ニ候昨年來も御内話も致承知候儀且
當春は每ゝ水當公へ御忠告有之候條等も承知ニ而前文之邊は申迄も無
之候得共今般之儀承知ニ付而も尚更御大事と奉存候例之愚存申陳候尤
万ゝ御拜（手カ）配中ニ而可有之ニ右樣あたらしく得御意候義定て贅言と御聞
取も可有之候得共退而沈思候ニ少ゝ

幕議ニ被觸候御儀も有之候ハヽ徐ニ御辨解御忠諭ニ而何分ニも彼老君爲天下御維持有之候樣ニ願ハ敷奉存候右之處御周旋振り甚御六ヶ敷儀ニハ可有之候得共老公御進退之儀も貴兄御一心に歸し有之趣ニ天下擧而倚賴致居候儀ニ候得は此節別而御配意萬〻と奉存候此邊純熟ニ相成候得は御禪益無量と奉企望候右等理屈ヶ間敷御聽取可被成歟ニは候得共何分ニも天下之人心歸熟仕候儀何卒も相勝レ候御爲筋を反覆存付候故愚意不殘及吐露候萬一御配意之一助ニ相成候得ハ實ニ本意ニ候敝藩等も人心之歸着之處甚致心配居候事ニ御坐候就而も前件之次第甚以御案事中上候儀ニ御坐候右申陳度時候御見舞旁草〻如此御座候不具

五月十五日

一、同日水老公へ御内書左之通

一翰謹啓仕候薄暑之節御坐候處倍御壯健可被成御起居奉恭賀候然は先日貴答被仰下候節御内諭之通其後も彼奸黨數輩夫〻御處置御坐候旨稱

ニ承知仕先以聊御安心之御儀と奉存候乍併右ニ付而も種〻之説密〻傳聞眞僞辨兼候得共潜ニ心痛罷在候何分當時態愈以御沈默御肅然被爲入候方可然奉存候就而は過日再答申上候佐倉へ被遣候御建言御書面も其節は實ニ感佩御同意ニ付乍憚疾被指越可然と申上候處前文之趣ニ而右等之儀も御採用無覺束其上色〻風説承り候ニ付而も愈奸説被行候事と遠察仕候間先ッ當分ハ御扣置之方可然哉ニ奉存候右樣反覆之儀申上恐入候得共御正論も此節却而御裨益無之のミならす奸謀之種ニも相成候而ハ御大切至極と愚意存付候事ニ御坐候何分ニも當節成丈ケ御肅靜之方可然と奉存候右等萬〻御承知之事ニ可有之候得共存付候儀不申上候も如何ニ付得貴意候尚亦御良考願ハ敷奉存候右愚衷申上度草〻如此御坐候謹言

五月十五日

宇和島侯へ返簡

一、五月十五日飛脚發ニ付伊達遠州侯ヘ御返翰要文左之通

薩兄御對話之節阿閣之口氣老公を厭ひ或ハ櫻閣之不服或ハ御家事御取締御大政之御相談ハ如何或ハ内史〻之注文老公御夫婦水府へ御移し申上度等の件〻何も
廟堂之安危ニ致關係候儀共にて御楮上拜閲駭然之至御坐候一〻不容易事件なから就中水府へ御移住之一儀ハ至大至重之難題と存候賢兄之御苦心御察申候拙生天涯隔地如何とも難致ニ付熟慮默思致候處姦兇之浸潤寢〻行はれ候大勢を挽回するの任ニ當るへきハ薩之外は有之間敷又薩をして此任ニ當らしむるの任ハ賢兄之外ニハ無之候阿閣初當今平時之處置に於てこそ老公を忌憚候得共實ニ天下之一大事と相成候時ハ積德重望萬人之具瞻老公之右ニ出る者無之候へハ阿閣初之依賴も亦老公之外ニハ無之儀已ニ先年墨船初而渡來夷情難測人心必戰を期候節阿閣初老公へ依附致候ニ而も炳然たる事にて候又薩の薩たる外藩之豪雄富强無比加之謀慮深遠天下之疑懼する處にて阿閣初之畏憚も此人ニ決し

申候此時ニ當つて老公ニハ都を御離れ薩ハ幕の外戚として威望を逞ふせんにハ薩閣と謀を合せ老公を移すの嫌疑薩におゐて遁るゝ處無之候竊ニ謂薩之説ハ閣も拒ミ難キ勢ひ有之候得は薩實ニ天下之御爲を存詰候はゝ幕府を初奉り閣老諸有司ニ至るまて老公を信任重用有之樣説得周旋可有之儀と存候乍併老公之建議ニおひても弊害なき事能ハさるの委曲有之幕議も御委任ハ難被成次第も有之候ハゝ不及是非事共不本意なから外形計なりとも昨年來之通り時〻御登　營も有之御相談之御振合ニ相成有之候ハゝ先ッ天下有志之缺望丈ケハ彌縫出來可申候左候得は何となく都府之鎭定も堅固ニ而薩之嫌疑を蒙候も半を減し可申候得は特り天下之爲のみならす又薩におゐても避遁すへからさる重事ニ有之候何分愚見ハ如此ニ候へハ此邊猶又御敎演薩兄を御説得にて將に墜んとするを千仭ニ救ふの强有力ハ偏ニ賢兄一片之誠赤を仰望するの外ハ無之候

五月十五日

一、五月十六日去ル九日江戸表出立之飛脚到着水老公ゟ之御副啓如左
内密結城寅壽初大奸之分ハ去ル廿五日夫〻處置相成其他ハ悉く見捨申候然ル處御承知も御坐候半谷田部藤七郎大嶺庄藏と申者高松にて相應に遣し物致し置候と申事候得共又如何樣事にて貴國へ參候事も有之候ハヽ御召捕置にて御沙汰可被下候若人相書御承知も被成置度候ハヽ拙臣原田兵介抔申有志へ御內〻貴臣之中之有志ゟ御聞セ置に致度候御火中

一、右同時宇和島侯ゟ御內書之內拔萃如左
水藩首惡ハ多分高松に潛匿と被成御考候旨折角左樣存候從兩黃門殿御賴も御坐候間相尋居候いまた遠路故不相分浪華鎭撫土屋へも御賴可然申上是も疾く下手故周旋と存候火急に尋候而ハ却而不相分歟と奉存候結城始ハ去月廿五六日裁許に相成候罪付ハ密示相成筈いまた不參候武

伊密話にてハ最前之考ゟも至極一藩折合宜敷旨御坐候當今僕か懸念ハ讃岐か窮鼠之勢（奸計當公へ委曲吐露し當公御改悟にて老公初有志へ顚末御話相成候故奸黨皆以發露いたし讃も甚薄氷寒心之處先便申上候通辰へとり込ミ堀閣へ賴腰押いたし井伊加談よて當公を讎如くあしさまに申居候間阿閣もかゝり居られ候間讃隱とハ急々にハ不參候勢之事）故両公始彌增御一和御謹愼第一と奉存候老公御樣子ハ依然たるへきかと御察之由如其御坐候尤此間中上候老公水府へ云ゝハ尙探候へは御用部屋ゟ出候儀にハ無之讃か工ミて當公へ申進め當公ゟ一橋君へ密話御漏泄らしく此義ハ聊降心仕候尙當公之心術實ハ御動搖ゟ起候事にて是にハ辰閣も憂患之趣にて辰ゟ當公へ内ゝ訓戒有之哉ニ御聞被成候由丁度御同樣之密話麟兄へも僕へも御坐候根元患所ハ畢竟ハ是ゟ起候哉と存候當公ハ當朔端午之御逢にも阿閣かくら〳〵するにハこまると御話有之故阿閣ハ如何樣くら付候而も両公御間柄一毛一厘も御間隙不被爲在御親睦被爲在候へハ山か川に變候とも奸謀ハ不被行譯故此處乍憚御緊要ニ奉存候と申上候處其所ハ御安心被成度父子共聊無隔意萬事相談致候儀ニ候との

御返答故さ様にさへ候得ハ阿閣のくら付も追〻相止可申と申上置候扨阿閣へも麟兄を先ニ密話有之様いたし其口氣承候末愚僕弁論可仕と存居候御縁組云〻之かとにて麟兄ハ晝後之逢整候由ニ付十分緩話も出來候故委曲可相分と奉存居候云〻

一、六月十二日去ル五日江戸表出立之飛脚着水老公ゟ御書翰御別紙如左

俄之暑貴邦ハ如何候哉無御障大賀ニ候過日貴翰被贈候處尙又御再考之趣被仰下御懇篤之義辱存候右報萬〻草〻也

五月念八當賀

別紙五月七日付にて別紙之趣御相談申進候處御同意にて林抔之意味ハ有之候共早速申遣候方可然云〻御申聞有之處當世態殊ニ拙家奸人ゟ幕へ手入等有之哉ニて御政事海防御軍制之事迄被仰付居候身分にて當年ハ一度も登　營も不致程之事故右等之事心付候て申遣とても御用ニハ相成間敷とハ存候故畢竟ハ貴兄へも極密御相談申候處云〻被仰越候

故尙又考候處貴兄ニても可指出と有之上ハ不指出置候てハ御相談申候せんも無之萬一指出候て不宜候ニて又ミ如何樣ニ被仰付候共天下之御爲と存候義不申も如何と存候故念五ニ認念六御城付ゟ指出候處昨念七ニ又ミ貴書被下先ニ云ミ被仰越候へ共云ミの摸樣故扣候方可然との御書ニ候へ共もはや指出候事故無已候（今念八迄何等之事も不申來候）勿論ランペキの一カク抔之存意ニハ甚相違と存候得とも何も
公邊之御爲と存候事故申遣候義ニて閣之心ニ不叶候て不用迄ニて相濟可申候此度之義ハ遣し候故くれ／＼も無已候へ共段ミ御敎示之趣も御懇之儀忝候へハ此後ハ何分不申遣樣可致存候
序ニ申候閣ハ近緣ニ候へハ格別左も無之候へハ他人とハ出會不申かに覺申候處近頃連枝高松ゟの賴ニて一閣互ニ出會有之よし（如何樣之緣有之候か遠緣ハ不知）（近緣有之事は覺不申候）又ミ拙家奸人奸僧抔ゟ高松へ持込是ゟ一閣相談等ニて奸人引出し候事抔無之樣致度事に候

去月念六日方（マヽ）水戸山寺住日華といふ者法華悪僧也江戸へ出候よしニて長持等迄水戸城下へ出し候處念五ニ奸人夫ゝ處置ニ相成候へハ俄ニ江戸登りを止山の方へ引込候よしかゝハり無之候て何も山寺へ歸り候ニハ不及事成へし然る處又ゝ此節出府之摸様も有之よし長持抔ハ一掉ニも無之よし多分ハ出府之上夫ゝ要路へ之進物等にて奸説を入候事ニ可有之哉との沙汰ニも聞及候別て一向法華ハ我意つよく國家之不為に相成ニハこまり申候夫と申もバクにて賄賂行れ候故右様之者も取入相成事とくれ〳〵大息致し申候バクにてさへ無構候へハ何レの國も一方ハ治めよろしくと存候賄賂ニてハ兎角正論ハ本ゟ正論故賄賂等ハ不遣奸人ハ非を理ニ頼候事故賄賂をも遣し候へは兎角邪の方へハかたむき勝ニ相成候ニ指支申候ヶ様の風に相成候もはや　徳天七ッ過之景氣故とくれ〳〵恐入事ニ候御覧後直ニ御火中〳〵

○先ニ入御覧候下書少ゝ直し候故又ゝ為念入貴覽候手元ニ扣無之

候故御覽後又〻御返し可給候

右御別紙櫻閣へ被遣候御下書前記有之故今度爲遣しの通り朱書入候

事前顯可見合

一、六月十四日飛脚發に付水老公江御返翰幷御密答書左之通

華翰奉捧讀候如高諭俄之暑相成候處先以愈御清勝被成御起居奉欣賀候

然は先日愚考之趣申上候處御謝辭被仰下却而恐縮之至奉存候右再報申

上度如斯御坐候謹言

六月十四日

追而錦地も梅雨後俄ニ大暑相成候由殊更御加養專一奉存候當方も同樣

ニ而當節實ニ鑠金之熱消兼候事ニ御坐候次ニ野生無異罷在候乍憚御降

意可被成下候以上

御別紙拜見仕候五月七日付ニ而御別紙之趣被仰下其節ハ御同意ニ而御

答申上候處其後復思再案之愚考又〻申上候條廿七日相達候得共已ニ廿

五日彼方〻被遣候由段〻之御次第細縷被仰越逐一奉拜承候何分素意ハ御同然ニ候得共時勢如何と案思候愚存丈ケ申上候儀ニ而右指出候とても如尊示彼方ニ而不用迄ニ而相濟候半哉ニ奉存候

一、高松一閣出會之條委細被仰下拜承是亦不審之事ニ御坐候何分可恐時態御坐候乍憚呉〻も御豫防奉專祈候

一、去月廿六日水戸山寺僧日華坊出府催し之處廿五日夫〻御處置ニ付指扣又其後出府之條委曲御內示拜承左樣之者ニ而も賄賂次第ニ而奸計も行はれ候と申儀ハ扨〻歎ケ敷時態ニ御坐候段〻と細縷被仰下候趣拜承ニ付ても御苦心共乍憚奉遠察候其後之御摸樣如何と乍不及日夜懸念仕居候儀ニ御坐候

一、先日之御下書御直し之所も御坐候故又復御廻し被下御入念之御儀難有拜見則任來諭奉返上候御落手可被下候他可得貴意條無之故草〻貴酬如此御坐候頓首

水老公ヨリ返翰奸臣當公ヲ毒殺セントスルモノアルヲ云フ

六月十四日

一、七月四日去月廿七日江戸表出立之飛脚到着水老公ゟ御返翰幷御密啓如左

華墨拜讀如諭盛暑候處無御恙大賀〻〻爲尋問貴邦美魚御投惠忝多謝候
麁品報好意候也

六月念三

內密御咄申候義ニ付又〻被仰越何も承知致候過日之下書もたしかに落手いたし候事濟候義故文略仕候

一、四月念五結城初夫〻申付候へ共惡をにくむの甚しきハ亂云〻の語も有之候故極惡ハ格別其黨類ハ相成たけ輕く申付候處中ニハ見けしに致候者も多〻有之候ハ是迄之舊惡を改めさせん爲に候所四月念五後高松屋敷中ゟ拙老父子不和拙老ニて中納言を毒殺致し候との義觸れ出し候由ニて右屋敷中ハ勿論他所迄も沙汰ニ及ひ遠國迄も右之義傳承之よし

尤夫ハ實事なき事故不苦候得共右樣の沙汰を觸弘め置候て其後五月十三十四十六と三度中納言へカタンタリスの水にて飯をたき進候故中納言にても臭く食し兼候て拙老方の食を用ひ候處右カンタリス飯ハ迚も食し申間敷奸ニて申合候哉廿九日ニは礜石丸を中納言にて食し候茄子の中へ入遣し候處歯へ當り出候て衆醫へ爲見候處無相違礜石の末をのりにて丸候品ニ有之驚入申候全ク拙老ニて中納言を毒殺致し候と申義觸置候て夫ニ符合致候樣の奸計と相見え申候處其後ハ拙老飯へも礜石之粉を交候て進め申候（是は拙老方の者にて改候節見付候故勿論食ハ不致候）是ハ拙老ニて中納言を毒殺いたし候と觸廻し候へハ少ゝ付（符カ）合不致候へ共奸人等窮策ニ迷ひ最早中納言ニて心付候上ハむだと存拙老へ中納言ニて毒を用候抔と又觸廻し候策ニも可有之哉尤親を毒殺致し候と申ニ相成候へハ中納言只ハ不相濟候得へハ中納言を落候爲の奸計にも可有之哉水戸山寺法華坊の日華といふ奸僧抔ハ五月念五蟄居抔申付候人の所へも行或ハ一宿等いた

し候由故如何之奸計を廻し候も難計候此節内〻は吟味いたし居候へ共
未たしかと相分り兼申候何レ臺所と奥膳所ニかの奸人ニ付居候人可有
之所謀主は何レ外ニ有之事と存候其他品を色〻と拙老の事惡樣ニ申觸
候よし承り候へ共全くハ拙老不德故ニ候へ共其惡しき者ニは惡まれん
と孔子も申候へハ善人にも惡人にも譽られ候樣ニはさて〳〵六ケ敷事
と存候前文之通りニは候へ共只今ハ表奥有志之者共ニて拙老幷中納言
食事を初心を盡し申候へハ一切御案し被成間敷候其中ニは奸人も尻尾
が出候半其尾をとらへ候へは謀主迄も可相分と存候○拙老愚考ニハ前
廣より沙汰致し置候て中納言ニて疑心いたし候樣仕向置毒出候ハヽ必
疑心發し万〻一奸人ハ四月念五夫〻申付候處今以ケ樣の事ハ如何若哉
有志の人ニて致候事ニは無之哉と存奸人へ懸候ハヽ奸人共其尾へ取付
有志之者ニて云〻致候とて有志之者を打落し奸人共靑雲可致若毒かき
ヽ過候て万一ニも中納言死候ハヽ拙老か殺候ニいたし拙老幷有志を云

〻可致との淺き計策と相見え申候所右樣之事を奸人等致し候故中納言ニてハ尚更奸人の惡業をにくミ父子の方ハ別而一和と相成り今ハ前文毒を進め候者を可見出と中納言ニても張込居申候何卒右仕業ゟして謀主の者迄一〻早く相分り候やういたし度事ニ付先ニ申進候家來谷田部藤七郎等之義ニ付家來若年寄太田誠左衞門と申者を高松屋敷へ使に遣し右人高松ニ居候ハヽ早速指出候樣申聞候所高松家老ニてハ一向不存（是は不存筈ニて高松の家來瀧川內膳田中七郎秋山平藏抔申奸人と申合セ內〻高松豪家へ預ケ置候よし右誠左衞門ゟは八ツ時頃右屋敷へ參り候處七ツ半過迄待せ置候て挨拶出來不申此方より挨拶可致との事ニて追て右家老來り右樣の人高松へハ參り不申若參り候ハヽ指出可申との挨拶ニ候扠沙汰ニは高松家老大久保要といふ者本家ニて尋候人を連枝ニてかこまゐ居候てハ不宜候故云〻申高松國へ申遣候かニて今ハ城下近くの豪家ニも居れ不申城內へ入かくし居候か又は何レへ遣候哉不相分との事ニ候若〻貴邦抔へ來り候はゝ御召捕置ニ致度候前文毒殺云〻抔格別之事致し候も何レ此者抔かとも被存候是も早く見出し度者ニ候）事ニて全く高松ニて三四人の奸人と申合高松國へかこまゐ候樣子ニ候何も御覽後直に御火中ニ致度候毒藥云〻等他へ聞候ても外聞不宜候得共任御懇意極密御咄申候也

一、梵鐘之事抔も日本御警衛之爲之義ニて重き
叡慮ゟ出候事も出家ゟ云〻申候へハ立消ニ相成候樣ニてハ迚も天下の
事は六ケ敷と存候夫も〓等が働候事かと存候直ニ御火中〳〵

一、七月九日飛脚發ニ付水老公ニ御再報左之通
尊答書奉拜讀候殘暑尙酷烈御坐候處愈御壯健被成御起居奉賀候然は先
日國產枯魚奉呈候處御謝辭却痛之至奉存候將又佳品御投惠被成下拜受
別而嗜好品故不打置拜賞奉萬謝候每〻御懇篤吳〻奉叩謝候右御禮再報
如斯御坐候謹言
七月九日
再伸殘暑兎角甚敷候貴境も同候〔マヽ〕とも被存候折角御加養專一奉存候頓首

一、御密答左之通
御別紙御密啓拜見仕候毒殺云〻之奸計扨〻驚入候次第如來諭奸人尻尾
か出候而御とらへニ相成候樣默禱仕居候

一、谷田部藤七郎云〻委細被仰越逐一拜承之是亦以の外之儀彼藩と同意之奸之所業來示之通りと奉存候若〻弊國等へ參り候はゝ召捕候樣被仰下拜承仕候先日來追〻消滅之方ニ赴候半歟と存居候處意外之事共彌增御心配共奉遠察候右ニ付而も

幕邊奸説行はれ候半哉も難計何分にも乍憚御肅靜より外無之哉ニ奉存候乍不及先日も福山へ內書遣し申越候事も有之正奸分明相祈居申候

一、梵鐘之事も立消らしく恐入候事共御坐候何國も同しく黃白先生の働次第とハ可歎之至ニ御坐候前文毒云〻之事ハ秘中の秘尊書拜見後直ニ丙丁ニ附し申候態と委曲ハ不及貴答候恐〻不具拜

七月十一日

宇和島侯ヨリ水府內乱ノ件ニツキ內啓

一、七月四日立江戸ゟ飛脚着伊達遠江守殿ゟ御內啓左之通

極密申上候水府光景依然中先日ゟ少〻宛傳聞之義有之候處多源の義奸說申觸シ候哉又ハ當春十河船庵之事を誤聞致候事と存居候處昨日當公へ緩〻拜眉仕候處實事にて甚朝暮御飲食ニ御心痛御當惑之由御密話有

之候大意左之通御坐候御應接之略申上候

一、五月中旬三度當公へ進毒藥ヨセキ老公へ一度同前ニ御坐候右ニ付女中共多人數揚屋入ニ相成御吟味最中ニ候處首惡之者出不申甚御不安心御當惑被成候由何そ愚考又世評も承候ハヽ申上候樣被仰聞扱〻驚入候次第深宮中迄如右とハ實ニ危御義不容易次第痛歎之極奉存候徹底御吟味被相竭除根誅首惡之御處置無御坐候而ハ不相濟片時も御安心不相成儀とハ奉存候得共何分にも深宮且御腋下之儀候故愚劣僕存付ハ無御坐候兎角衆婦人中首惡可有之其婦女を使ひ候元惡必極奸男子可有御坐候ニ付兩明公御始英明之御洞察御吟味ニて御見拔被爲在度進毒發露にても老公へハ當公云〻と御疑セ申上當公へハ老公云〻と御疑ひ相生し候樣可申上儀ニ奉存候惡計不被行とも御離間可申上猾姦之密計と奉存上候先〻御高運に御遁れニ相成候段ハ重疊之恭悦奉存候得共逆罪人不相分內ハ片時も御油斷不相成御大切ニ御用心被爲在度旨申上置候扱〻御同情驚愕痛歎之極御坐候五月廿五日之裁許にて奸は屈伏可致處右樣腋下不測之大患ニ可相至危害之段實ニ不可解事共にて乍憚亂家之極と奉存候根深之首惡結城輩ハ云ゝ相成候ても谷田部大嶺匿在故如右之患憂相生候儀ニ可有之此兩人在世ニ而ハ一日も兩公御安心は不相成如何とかいたし捕得有之樣仕度ものニ御坐候兩公すら如右候得は武田始之身の上も扨ゝ岌々乎危哉と奉存候一向事情も不相分儀申上候段ハ未熟ニ候得共不取敢密奏仕候條尚御賢考被下度老公も當今無比英明主にて候處何故かよふに御困難被成候哉實ニ恐入晝夜懸念之餘り心痛難堪候故近日辰閣へハ極密申述得內慮度存居申候近鴻尚又可申上候長大息嗚呼謹言

七月初二

二仲尾公ゟハ老公へ右之風説御傳聞にて御心痛と申參候由ニ候得ハ薄ゝハ賢兄御密聞ハ御坐候半と奉存候以上

薩侯ヨリ密

一、七月廿日去ル十三日立飛脚着薩州樣ゟ御密啓左之通

啓水府内乱ノ件幷ニ一橋卿簾中件

別啓仕候扨例之御一條御養女熟談之屆差出申候未タ御沙汰ハ無之候得共七日夕願濟ニ可相成旨今日辰ゟ申來候追ゝ御手續ニ可相成と奉存候

右ニ付倉橋事厚く世話ニ預り忝全く

貴所樣御周旋故と厚辱奉存候御序之節宜敷奉希候實に萬事差圖有之甚タ都合宜敷大仕合ニ御坐候呉ゝ奉萬謝候

一水府之儀先ッ治候得共又ゝ両公御食之内ニは如何之事有之由此程朔日登

城之砌ニ當公ゟも御直ニ相伺候何分未タ奸物相殘候事と被存候且また辰ニも去月罷越候節口氣も承候處閣中も不承知之樣子只今之通りニ而は御登營之事六ケ敷奉存候全く當公之御心底御治定ニ相成候而其上ならでは安心之場ニは相成間敷哉と奉存候老公も御議論無之先ゝ當世に御從ひ之上ニ而寛大之御處置不被爲在候而は十分平和無覺束奉存候何分三家之御方色ゝ混雜候而は第一天下之御爲不可然義尾公ニも能ゝ被仰上候而此節は尾公御口入ニ而御登營之義有之候樣致度左候而水

府御國政も當公ゟ十分御讓之姿ニ被遊候而程能御教諭被爲在候而當公之御心中老公ゟ眞實御從ひニ相成候樣無之候而は十分ニは治申間敷哉と乍憚愚考仕候呉ゝも厚く御勘考專一奉存候

一、一橋刑部卿殿御簾中之儀去ル十六日御自害可被成處漸ゝ取留ニ相成候由夫ゟ只今も御不快之姿ニ相成居候風聞ニ而は刑部卿殿德愼院殿之事幷老女之事惡事有之段御書置有之よし承申候夫ニ付いつれ京ゟ御歸ニ可相成哉未タ委敷樣子は相分不申候右も矢張水府之御續旁ニ而御本丸評判何かに付而不宜樣子兼而西丸之事も右樣之事御坐候而は甚タ六ケしき事かと奉存候

一、老公之事此節大奥向評判ニ而は線姫君と如何之儀被爲在候而當公御立腹ニ而姫君へ御對面無之其夜之老女御中ろふも引入ニ相成候との事申觸らし候由實は前文御食事之事ニ而其節之女中引入居候よし夫ゝ之事取交申候ニ相違無之候へ共たとへ風評ニ而も右樣之義申候は全當時

老公之事惡様ニ申度もの有之申ふらさせ候事かと被存候
一、讃州之事辰へ申見候得は格別工ミも有之間しく第一當公不宜色ゝと御心底變り候故之義此節御心付ニ相成候て讃州ハ惡事ぬり付之思召之様ニ存候趣之口氣に御坐候實は其譯も可有之候得共讃州ハ余程よく申含メ有之哉ニ存候間是亦能ゝ御勘考專一と奉存候只今之儘ニ而は又ゝ色ゝ之事起り候ニ相違無之と奉存候小子は表は老公之事時ゝあしく申居候而諸人之口氣相さくり候考ニ御座候辰へ申候節も少ゝ惡様ニ申候て相さくり候義も有之候間殊ニ寄り水府ハ小子之義如何ニ相聞候も難計候間此段は貴君ハ兼而申上置候御含置可被下候
一、兼而御存し候哉川路方ハ居候水府浪人宮崎事當時日下部伊三次右は國許出之者之悴ニ而兼而願望有之よしニ而水府も御承知ニ而此節小子方ハ召抱申候是は只御はなしに申上候
一、伊達へ過日被仰遣候御手傳之儀辰へ承候處是は急度御沙汰は無之と

の事ニ御坐候先は要用迄早〻申上御亂筆御仁免可被下候猶後便可申上候頓首

七月五日

猶〻御用大船廿四間之方去ル廿九日品川ゟ着船廿間之方ハ横濱迄參り當時普請取掛罷在候先少〻安心仕候色〻取込亂筆呉〻御高免奉希候已上

一、右之御書中に一橋公の御事ハ公も大ニ驚き憂ひ給ひ事實なるへくとハ思召さねと猶橋邸の内狀を御探あられんとて御實母之青松院の方へ仰越されしに爾後さし上られし御請文如左

（一橋卿簾中ノ作ニツキ實母青松院ヨリノ返書）

一、御内〻仰いたゝき候一はしの事いさゐ伺まいらせ候　六月廿四日廿八日か御登城之節　刑部卿樣へ御對面のセつ御簾中樣御容體の事御咄御坐候由右ハ折〻御さし込御氣絶にてよほとの間御ふさき遊し度〻御吐氣にて御上り物も納り不申御心配被遊候よし御咄し中納言樣御歸殿にて伺

まいらせ候早速御年寄より御文にて御見舞出まいらせ候其後日々御樣子聞せられ御文出まいらせ候へとも委敷御樣子は知れかねまいらせ候もはや追々御快なにて日々の御樣子御聞かせられは御斷り遊し候よし申し參まいらせ候こなた御やかたへ三味せん稽古に上り候八重路と申ものもはや六十才餘是ハ慈德院樣ニ三味せんにて勤候者に御さ候只今に一橋へも上り候者ゆへ内々にて御樣たいの事承り候へハ至つて御嫉妬ふかき御氣性にて刑部卿樣へ德信院樣御うたい御好にておおしへ被遊候とやら御謠本を御持被遊譯を御伺ひ遊しとやら申事まつ德信院樣にハ御親樣に相成候ゆへ御いんきんにも遊し候のを御立腹にて其坐にて直に御聲を御はつし刑部卿樣を御こつき御立腹あらせられし故御迷惑にも思召候半御表へ被爲入候との御事度々　德信院樣との外御心配遊し左樣に御表へ被爲入候てハあしゝと御世話なあそはし候よしいやな〳〵御れん中なとゝの外御評判あしくと内々申聞まいらせ候御密通なとゝ申事ハ御さ候や内の

者ならてはしれかね申候よもやさやうの事ハなくと存候へとも御年もかくへつ違不申ゆへ世間にて左様の御噂なと致候と存〱御殿内の事さへ間違候まゝ外にてはしれかね申候又何そ承り候事も御さ候ハゝ御内〻申上〱中略さて〱いやな御簾中ゟ右實正に御さ候ハゝ殿様ハ始終恐入申候左様の御方様江戸へ被爲入候ハ京の外聞あしくと存〱京に御歸りに相成候ても御よろしくなから御時節柄と申御歸しも御物入とさやふにも相成候ましくと存〱御尋あらせられ候ゆへ聞及候まゝ申上〱御受まて申上候已上

葉月十六日　青松院

宇和島侯へも同し御事に被仰遣たりし御返書ハ末に記之

一、七月廿三日飛脚發ニ付福山侯へ御書被進御副答如左

副啓内密得御意候然者水府一條彼是之取沙汰有之趣風説仄聞申候先達而も申上候通り何分御三家等にて右樣之義有之候而ハ實ニ御瑕瑾恐入

候義ニ御坐候尤此節專ら御配慮萬〻と致遠察候事共に御さ候何卒御周旋被配意にて程能鎭靜相成候得は天下之大幸と存候遠境ニて委細之事情承知不致唯〻日夜縣念のミ罷在候乍憚尙又賢考御配慮にて正奸判然萬祈之事に御坐候定而委曲も可有之何分御配意願は敷奉存候右例之贅言と可被思召歟に候得共幸便一寸得御意候不盡

七月廿三日

宇和島侯ヨリ水橋卿閫門醜聲ニツキ返書

一、九月五日去月廿八日立飛脚着宇和島侯ゟ御返翰之内

老龍公線君と密接云〻麟兄ゟ御傳聞の由虛說とハ御遠察御坐候得共萬一虛を實とする勢に相成當今天下依賴之老公嚴咎相成候而ハ有志爲之に屈するに可相至哉と御憂痛御尤千萬御同情に御坐候先鴻右之義ハ粗申上候樣奉存候僕も傳聞仕候間極密探索仕候所水奸之策に御坐候虛說無相違候間速に阿閣へ吹込置候間何事も爲之御沙汰抔ハ無之儀と奉存候且橋公閫君先頃自盡せんとの一條賢兄嫂君と橋公云〻ゟ起候事と而嫂

君御容姿橋公閨君とは霄壌に被爲在候故何かも爲御亡兄樣御心痛云〻右ハ先達而傳聞仕候當龍公御密話も候き御心痛至極御尤奉存候難言儀もなきにもあるへからざるにや乍然橋閨君之御處置ハ甚不宜段申迄も無之候全躰無御間隔御坐候處與風此騷きに相成候義ハ離間之策を施候惡婦人御坐候半橋公にも汚各を付西城云〻の邪魔いたし候密謀かも不相知と憂痛無量奉存候當時ハ先〻爲差傳聞も不仕候兎角龍公始諸公子之汚名を付たく存候者朝野に多く有之候には當惑心配仕候下略

八月廿一日

昨夢紀事第四卷終

昨夢紀事 一

日本史籍協会叢書 117

大正九年十一月二十五日 発行
平成元年二月六日 覆刻再版

編者 日本史籍協会
代表者 藤井貞文
東京都杉並区上井草三丁目四番十二号

発行者 財団法人 東京大学出版会
代表者 菅野卓雄
一一三 東京都文京区本郷七丁目三番一号
振替東京六・五九九六四 電話(八一一)八八一四

印刷・株式会社 平文社
本文用紙・北越製紙株式会社
クロス・日本クロス工業株式会社
製函・株式会社 光陽紙器製作所
製本・誠製本株式会社

日本史籍協会叢書 117
昨夢紀事 一（オンデマンド版）

2015年1月15日 発行

編　者　　日本史籍協会
発行所　　一般財団法人　東京大学出版会
代表者　渡辺　浩
〒153-0041　東京都目黒区駒場4-5-29
TEL　03-6407-1069　FAX　03-6407-1991
URL　http://www.utp.or.jp

印刷・製本　　株式会社 デジタルパブリッシングサービス
TEL　03-5225-6061
URL　http://www.d-pub.co.jp/

AJ016

ISBN978-4-13-009417-7　　Printed in Japan